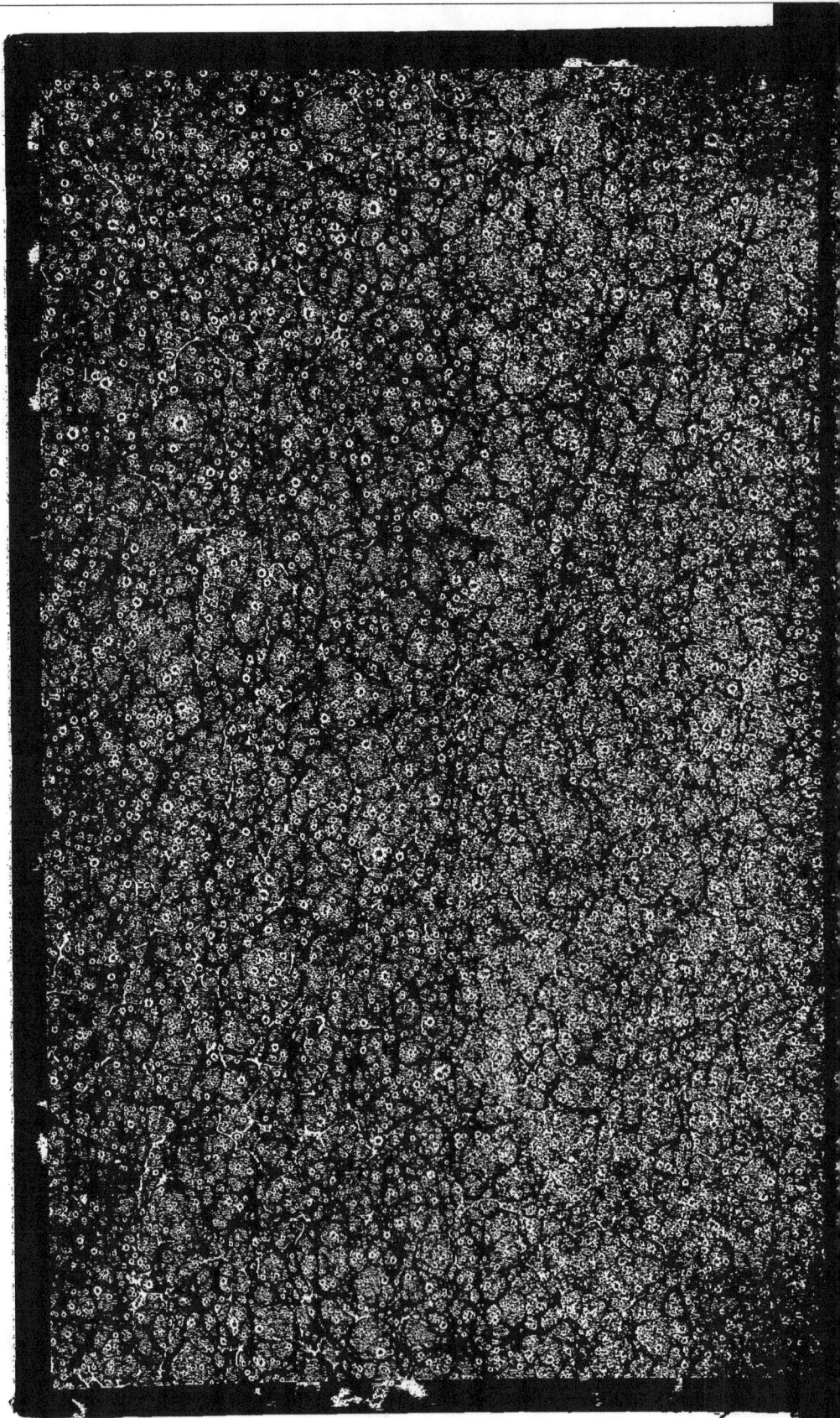

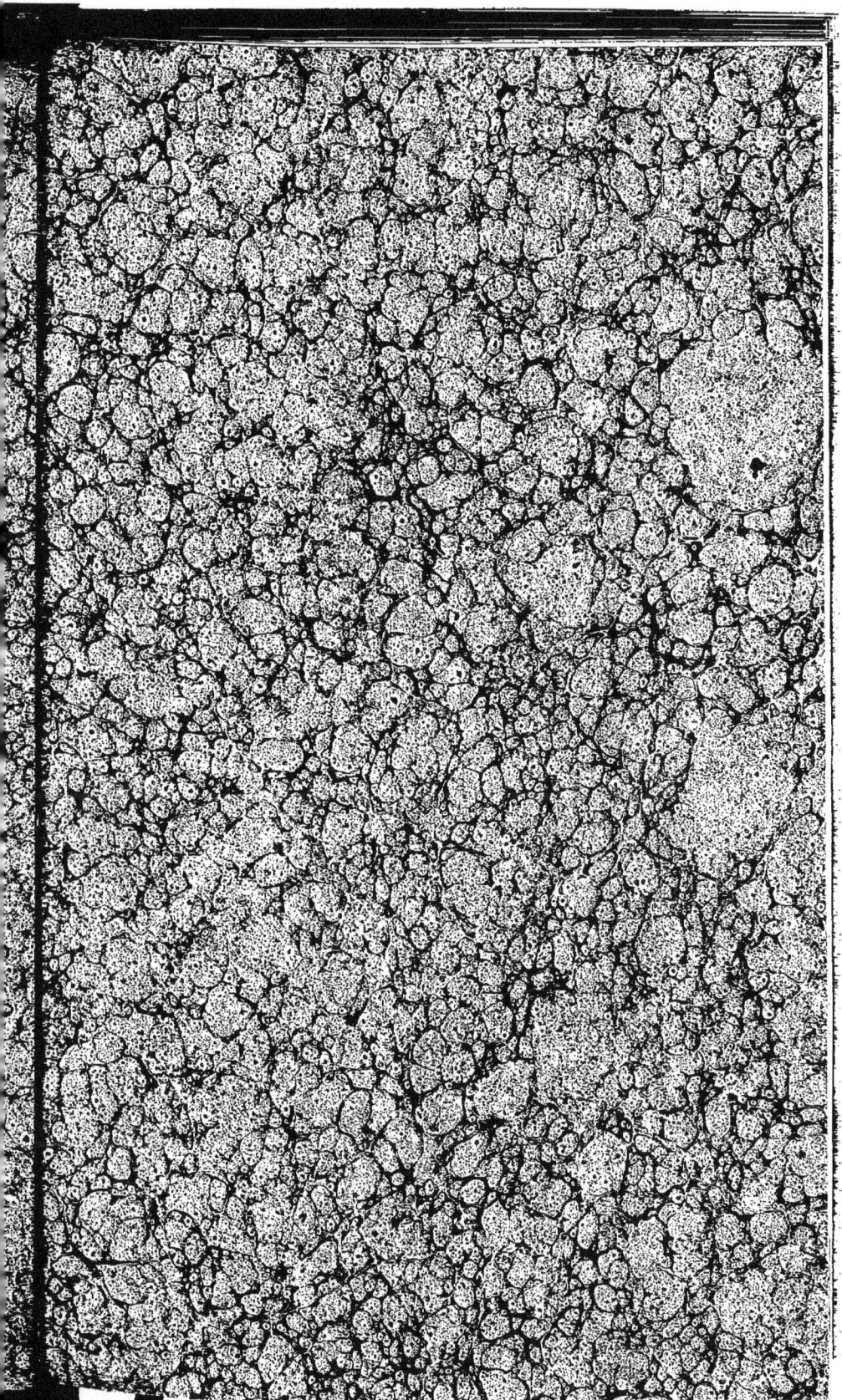

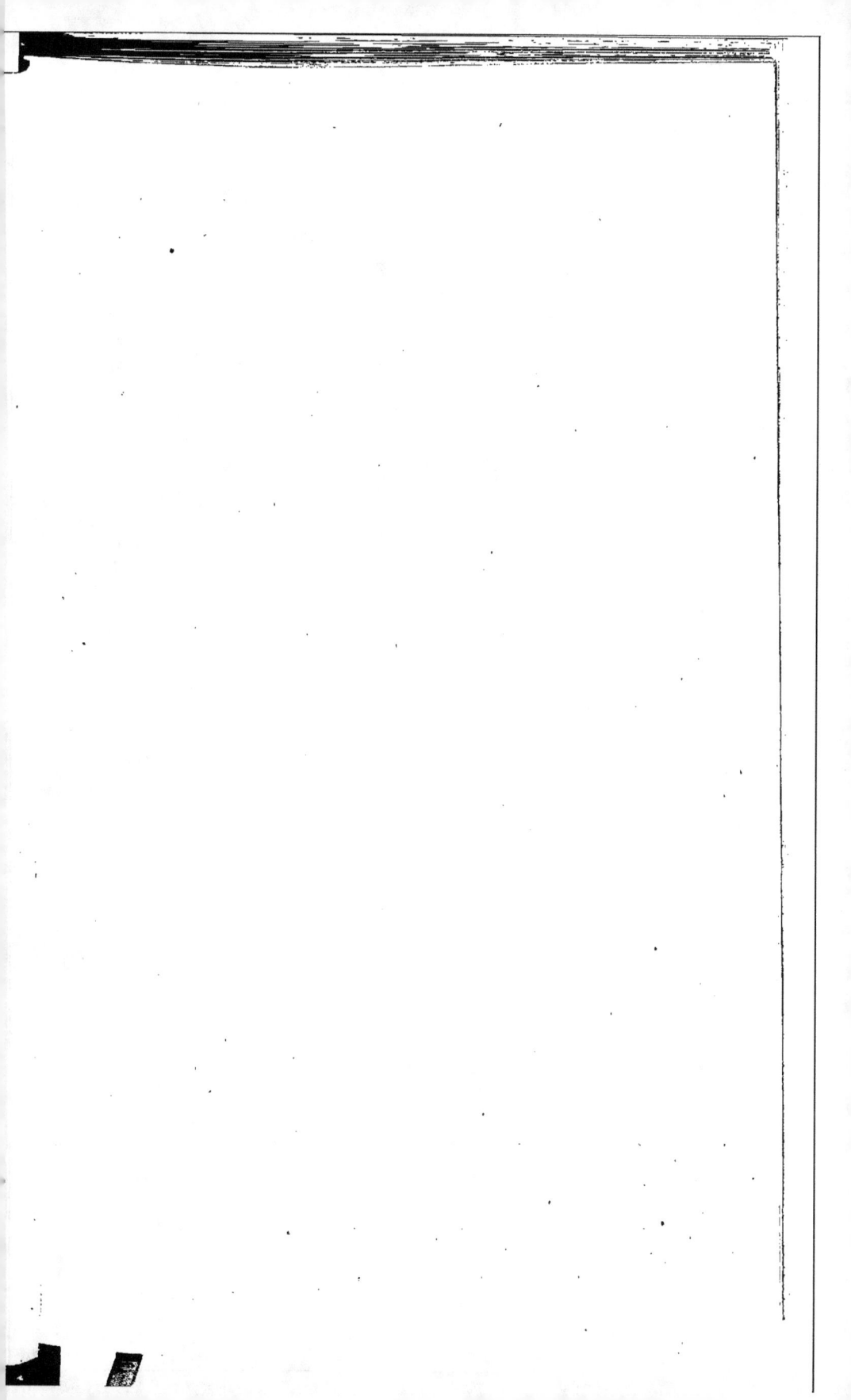

LÉGISLATION

ÉLECTORALE.

ERRATA.

Page 43, ligne 3, au lieu de : *par son article* 2, lisez : *par son article* 11.

Page 93, note 1, au lieu de 202, lisez 102.

Page 178, ligne 11, au lieu de § 1, lisez § 2.

Page 214, ligne 11, après les mots : *du texte des art.* 6, 7 *et* 8 *de la loi du* 2 *juillet* 1828, ajoutez : *rapprochés des art.* 11, 12, 14 *et* 18 *de la même loi.*

Page 312, ligne 27, au lieu de : *l'y faire écrire*, lisez : *l'y fait écrire.*

On trouve à la même Librairie d'autres ouvrages de M. Favard :

1° *Conférence du Code civil*, ou recueil des discussions *intérieures* du Conseil d'état et du Tribunat, avant la rédaction définitive de chaque projet de loi. — 8 vol. in-12. Prix . . . . 22 fr.

2° *Motifs du Code civil*, ou recueil des discussions *publiques* dans les deux chambres avant l'adoption du Code civil. — 8 vol. in-12. Prix . . . . 22 fr.

3° *Supplément au Code civil*, ou recueil des lois rendues depuis 1789 jusqu'en 1814, et qui se rattachent au Code civil. — 2 vol. in-12. Prix . . . . 5 fr.

4° RÉPERTOIRE de la nouvelle législation civile, commerciale et administrative. — 5 vol. in-4°. Prix . . . . 90 fr.

5° RÉPERTOIRE de la législation du notariat, 2ᵉ édition. — 2 vol. in-4°. Prix . . . . 36 fr.

IMPRIMERIE DE A. FIRMIN DIDOT,
IMPRIMEUR DU ROI, RUE JACOB, N° 24.

LÉGISLATION

ÉLECTORALE,

AVEC

L'ANALYSE DES PRINCIPES ET DE LA JURISPRUDENCE
SUR CETTE MATIÈRE;

PAR

M.. LE PRÉSIDENT **FAVARD DE LANGLADE**.

PARIS,

CHEZ FIRMIN DIDOT FRÈRES, LIBRAIRES,
RUE JACOB, N° 24.

1830.

INTRODUCTION.

Dans notre *Répertoire de la nouvelle législation civile, commerciale et administrative,* publié en 1825, nous avions développé, sous le
mot *Élection,* les principes de la législation
électorale telle qu'elle existait à cette époque;
mais la loi du 2 mai 1827 sur le jury, et celle
du 2 juillet 1828 sur les listes électorales, ayant
complété cette législation, nous avons cru qu'il
pouvait être utile de la mettre dans les mains
des Notaires, qui, étant répandus dans chaque
canton, seront plus à même d'éclairer les citoyens sur les conditions de capacité nécessaires
pour être électeur ou juré, et les Maires, pour
la préparation de leurs listes. Il nous a semblé
que le ministère des Notaires, à cet égard,
devrait d'autant plus les flatter, qu'il rentrait
tout-à-fait dans l'espèce de judicature gracieuse
qu'ils exercent dans leurs fonctions ordinaires.

Tel est le but que nous nous sommes proposé
d'atteindre, par le Supplément joint au nou-

1*

veau *Répertoire de la législation du notariat,* que nous venons de publier.

On a bien voulu applaudir à notre intention, mais on a trouvé qu'elle était trop restreinte pour les besoins du moment. On a pensé que, pour mieux faire connaître nos lois électorales, il serait bon de donner plus de publicité à notre travail, en le faisant imprimer séparément de notre Répertoire. Nous cédons au vœu qui nous a été exprimé, et nous serons heureux s'il peut en résulter quelque bien pour notre pays (1).

---

(1) M. Hoguer, chef du bureau chargé, au ministère de l'intérieur, de *l'exécution des lois sur les élections,* à qui sa position particulière a donné les moyens de recueillir avec exactitude de précieux documents sur les questions contentieuses en matière électorale, a bien voulu travailler, de concert avec nous, à cet ouvrage.

LÉGISLATION

ÉLECTORALE,

AVEC

L'ANALYSE DES PRINCIPES ET DE LA JURISPRUDENCE SUR CETTE MATIÈRE.

Dans un gouvernement constitutionnel, une bonne législation électorale est de la plus haute importance; elle doit être considérée comme le fondement et la garantie de toutes les libertés.

C'est sur la vérité des élections que repose l'entier développement du gouvernement représentatif; et cette vérité dans les votes électoraux ne peut se faire entièrement jour avec une législation incomplète. Si le vote de l'électeur doit être calme et consciencieux, si le désordre et l'illégalité dans les opérations électorales doivent devenir impossibles, ces résultats ne peuvent s'obtenir que de lois conçues dans l'intérêt de tous, et dont la prévoyance aura tout embrassé.

Pénétré de ces principes, le Roi a voulu mettre la législation électorale en harmonie avec la Charte;

1.

nous devons à sa sollicitude paternelle la loi de 1828, loi tutélaire dont nous avons été le rapporteur à la Chambre des députés, et dont M. le vicomte de Martignac, alors ministre de l'Intérieur, a si bien fait sentir la nécessité dans son exposé des motifs.

« La Charte, dit-il, a fait connaître à quelles conditions tout citoyen peut et doit être appelé à jouir du droit d'élire. La législation a désigné les citoyens qui doivent composer la liste des jurés. Nul autre que ceux qui remplissent les conditions prescrites ne doit participer à l'exercice de ce droit ou à l'accomplissement de cette charge ; mais aucun de ceux que la Charte ou les lois désignent ne peut en être privé ou dispensé.

« Tel est le résultat qu'il importe d'assurer, et pour lequel la législation existante nous a paru insuffisante.

« La formation des listes électorales avait été réglée par les lois des 5 février 1817 et 29 juin 1820 ; mais ces deux lois avaient seulement posé quelques principes et s'étaient peu occupées du mode à suivre pour en régler l'application.

« La loi du 2 mai 1827, qui comprit dans ses dispositions les listes électorales comme élément de la liste des jurés, consacra quelques garanties nouvelles et pourvut à quelques-uns des inconvénients qu'avaient offerts les lois précédentes.

« Toutefois l'expérience n'a pas tardé à faire reconnaître que ces précautions étaient incomplètes, que les délais indiqués étaient insuffisants, que les mesures prises pour assurer la répression des fraudes ou la réparation des erreurs manquaient d'efficacité, que les droits divers n'étaient pas assez clairement définis, que l'importante division des juridictions offrait de graves embarras et de fâcheuses incertitudes, et que les questions du domicile des fonctionnaires pouvaient donner lieu à des difficultés pénibles.

«Ce sont là, Messieurs, des inconvénients graves, que les dernières élections ont signalés à l'opinion publique et révélés à la sollicitude du gouvernement. Les débats qui ont marqué l'ouverture de cette session ont achevé de l'éclairer sur le besoin pressant d'en prévenir le retour, en donnant à cette partie de notre législation plus de force et plus de clarté. Nous avons cherché à remplir ce devoir, et nous venons vous faire connaître le résultat de nos travaux.

« Une pensée dominante a présidé à la rédaction de la loi nouvelle que nous avons à vous présenter.

« Il faut non-seulement que tous les droits soient garantis, que toutes les voies régulières soient ouvertes à la vérité et que les fraudes soient rendues impossibles; il faut encore que ces précautions et leur efficacité soient comprises et reconnues; il faut que l'administration soit placée au-dessus du soupçon, et que la malignité soit contrainte de s'arrêter devant l'évidence de la bonne foi et l'ascendant de la vérité.

« C'est vers ce double but que nous avons tourné tous nos efforts, en cherchant constamment à concilier la plénitude des droits qu'il faut respecter avec ce que prescrivent le bon ordre et la légalité.

« Aux termes de la loi du 2 mai 1827, les listes ont été arrêtées. La première partie, qui comprend les électeurs, n'est point, comme sous l'empire des lois antérieures, dressée pour une opération isolée et passagère; elle est permanente comme la seconde. Toutefois cette permanence des inscriptions individuelles sur les différentes parties de la liste ne peut, comme on le conçoit aisément, être absolue et définitive. Un individu valablement inscrit peut perdre, dans le courant d'une année, quelques-unes des conditions de capacité qu'il possédait à l'époque de son inscription; le cens électoral est particulièrement susceptible de fréquentes variations. La liste d'une année ne peut donc être identiquement la liste de l'année suivante, et il devient indispensable de s'assurer, chaque année, si la situation des électeurs n'a pas changé.

« Quelques personnes avaient pensé, et les termes dans lesquels est conçu l'article 2 de la loi du 2 mai pouvaient justifier cette opinion, que les listes n'avaient qu'une existence annuelle, que le préfet devait chaque année en composer de nouvelles, que les premières ne pouvaient servir que de renseignement et ne conféraient plus aucun droit à ceux qui y étaient portés. Elles concluaient de là que la déclaration faite par l'article 5, que nul ne pouvait cesser de faire partie de la liste qu'en vertu d'une décision motivée, n'avait d'effet que pour une année.

« Pour lever tous les doutes à cet égard, le projet

de loi que nous présentons décide formellement qu'il n'y a lieu chaque année qu'à *une révision et à une rectification*. Toutefois les erreurs relevées dans les listes arrêtées ont fait reconnaître la nécessité d'étendre cette révision au-delà des droits acquis ou perdus depuis la clôture faite dans l'année précédente, et de la faire porter sur les erreurs antérieures, qui devraient être signalées par des décisions motivées. »

Malgré la manière précise dont le ministre s'était expliqué sur la permanence des listes, la commission de la Chambre voulut qu'elle fût consacrée par la loi ; elle nous chargea de proposer par amendement l'article suivant.

« Les listes faites en vertu de la loi du 2 mai 1827 « sont *permanentes*, sauf les radiations et inscrip-« tions qui peuvent avoir lieu lors de la révision « prescrite par la présente loi. »

Cet amendement, qui était une conséquence nécessaire de la loi, fut vivement combattu. « La permanence, disait-on, organise en corps politique des individus qui jusque-là n'avaient été appelés à remplir qu'une mission temporaire. On crée une puissance démocratique, dont l'influence constante peut devenir dangereuse pour la royauté et pour nos libertés publiques.

« Ces craintes, avons-nous répondu, au nom de la commission, sont-elles fondées ? Ces dangers ne vous paraissent-ils pas chimériques ? Sans doute les collèges électoraux sont une organisation démocratique ; mais cela n'est-il pas de l'essence même de

notre constitution ? N'y reconnaît-on pas deux éléments bien distincts : l'un aristocratique, représenté
par la Chambre des pairs ; l'autre démocratique, représenté par la Chambre des députés ? L'existence de
ces deux éléments étant incontestable, n'est-ce pas
une conséquence nécessaire que chacun d'eux soit
institué selon les principes qui lui sont propres ?
N'est-ce point par la sage combinaison de ces éléments opposés, que l'État se maintient et se con-
solide ?

   « Cela posé, où est le danger de déclarer permanentes les listes électorales, déja considérées
comme telles dans l'esprit de la loi du 2 mai 1827 ?
Quelle est, en réalité, l'innovation introduite par
cette loi et par le projet actuel ? Elle ne change
rien à la qualité ni aux droits des électeurs ; cette
qualité et ces droits subsistent sans interruption,
tant que ceux qui en sont investis réunissent les
conditions requises. La disposition qui consacre la
permanence des listes, n'a donc d'autre objet que
de reconnaître, en droit, ce qui existe, en fait,
par la force et la nature des choses. Comment le
corps des électeurs pourrait-il présenter, à cause
de cette disposition, des dangers qu'on ne redou-
tait point auparavant ? Dans l'un et l'autre cas, ils
ne peuvent jamais se réunir, pour exercer des
droits politiques, qu'en vertu d'une ordonnance
de convocation ; dans l'un et l'autre cas, leur assemblée et leurs fonctions cessent au moment
même où l'opération du collége est terminée. Ils
conservent leur qualité d'électeurs ; mais elle de-

meure inerte dans leurs mains, jusqu'à ce qu'ils soient régulièrement appelés à exercer de nouveau leurs droits.

« Ainsi, nul inconvénient à craindre de la permanence des listes, et dès-lors nulle raison fondée pour la repousser.

« Si, d'un autre côté, on en considère les précieux avantages, on voit qu'elle donne de la certitude et de la fixité aux droits électoraux ; qu'elle n'expose plus les citoyens, une fois inscrits, à des justifications renaissantes, et enfin qu'elle est sans interruption un obstacle puissant aux fraudes électorales. »

Ces considérations frappèrent la Chambre, et l'amendement de la commission fut adopté à une très-grande majorité.

Des discussions assez vives s'élevèrent également à la Chambre des députés sur l'article de la loi qui attribue à tout individu inscrit sur la liste, le droit de provoquer l'inscription d'un électeur omis, ou la radiation d'un individu qu'il croit avoir été mal à propos inscrit.

Toutes les objections pour et contre cet article ont été fidèlement analysées dans le rapport fait à la Chambre des pairs, par M. le vicomte Lainé, et nous ne saurions mieux faire que de rappeler ce qu'il a dit à cet égard.

« La question, dit-il, de savoir à qui appartient le droit de réclamer, après la publication des listes, exige un plus long examen. Elle a été un sujet de controverse dans le sein de votre commission.

« Personne n'a contesté aux individus le droit de réclamer, par eux-mêmes *ou par procuration*, contre les inscriptions, radiations, omissions ou erreurs dont ils auraient à se plaindre personnellement : les premières notions du droit et les règles élémentaires du mandat ne permettent pas le moindre doute. La difficulté est relative à la réclamation des tiers.

« Il est bien vrai, disent les uns, que le projet n'accorde le droit qu'aux individus qui sont sur la liste des électeurs ou des jurés ; mais l'exercice de ce droit n'en est pas moins trop étendu. Ce n'est pas seulement le droit de réclamer par des avertissements, par des dénonciations licites, par des pétitions ; c'est l'action même, qui est conférée à des tiers, soit devant l'administration, soit devant les tribunaux. Voilà une grande innovation dans nos lois et dans nos mœurs ; c'est restituer aux particuliers l'action publique des anciens, dont le ministère public, si heureusement établi en France, nous avait épargné les dangers et le tumulte. N'est-ce donc pas assez de la dénonciation légale que toutes les lois conservent aux particuliers, et qui trouble si souvent la société ? Faut-il ajouter à l'action de tant de fonctionnaires publics la jalousie d'un rival, la haine d'un ennemi ? Faut-il exposer les familles aux investigations de tout genre ? C'est une force de plus qu'on donne à la démocratie, déja si turbulente, et qui nous envahit, tandis qu'il serait si raisonnable de lui opposer des digues.

« Oui, répondent les autres, l'action pourra être

exercée par des tiers : mais on ne l'établit pas, on
la règle; elle dérive du droit commun, qui la permet à tout intéressé. Le droit des électeurs, des
jurés, est aussi un devoir. C'est une charge; chacun d'eux a intérêt que personne n'usurpe le droit,
ne se dispense de la charge; de là, pour chacun, la
faculté de dire : Tel n'a pas le droit d'être électeur, d'être juré; tel doit concourir avec moi aux
charges de cette qualité. Aucune loi n'a dérogé à
la règle du droit commun, si certaine qu'elle est
triviale : sans parler des lois de 1790 et de quelques autres, la loi du 5 février, en indiquant le
juge des réclamations qui s'élèveraient contre la
teneur de la liste, suppose, comme la loi du 2 mai,
l'action des tiers. Elle a été souvent exercée en
conseil d'état (1), sans qu'on eût eu la pensée d'opposer de fin de non recevoir. Personne, avant et
après l'exercice de cette action, ne l'a mise en
doute dans les nombreuses discussions qui se sont
élevées sur le régime électoral.

« On se méprend sur la nature et les effets de
l'action publique des anciens, confiée parmi nous
au ministère public. On confond l'action criminelle, l'accusation publique, avec l'action toute civile d'un électeur ou d'un juré, agissant en vertu

---

(1) M. le vicomte de Martignac a fait ensuite remarquer que, depuis la loi de 1817, l'action des tiers avait été successivement reconnue dans les circulaires du ministre de l'intérieur, et qu'elle
avait été consacrée par deux ordonnances royales, des 5 juillet 1821
et 4 juillet 1822.

de son droit personnel. Il ne doit pas être dépouillé de son action privée, parce qu'elle se lie à l'intérêt public; car on pourrait, sous le prétexte d'intérêt public, détruire la plupart des actions privées. Il y a d'ailleurs moins de danger à régler l'action des tiers, qu'à la laisser vaguement errér au milieu des dénonciations et des pétitions.

« N'exagérons ni le nombre, ni les effets de ces actions. Il ne s'agit, chaque année, que d'ajouter ou de retrancher quelques noms. La jalousie ou la haine n'ont pas plus d'aliments, par l'action, que la dénonciation, que l'on préfère. Dans les deux cas, les investigations sont les mêmes. Ne perdons pas de vue que le but de cette loi, comme le vœu de toutes les autres, est la vérité incontestable des listes; il faut bien souffrir quelques inconvénients pour atteindre un si grand bien. S'il est vrai que la démocratie influe pour faire inscrire un électeur vrai, pour en rayer un faux, c'est sa part dans la constitution; c'est son droit. L'aristocratie en jouit aussi; l'administration a la même faculté, et l'autorité juge les actions de l'une ou de l'autre. Le gouvernement retient ainsi la démocratie dans le lit que le projet a creusé; c'est la meilleure des digues. »

La perfection d'un système électoral consiste essentiellement en ce que tous les vœux, tous les besoins de la France soient fidèlement exprimés par des mandataires dignes de sa confiance et de celle du trône, qui est inséparable de nos institutions.

Aujourd'hui notre législation électorale réunit

ce double avantage; elle concilie tous les intérêts
et garantit tous les droits. Le meilleur moyen de
faire jouir les Français des bienfaits de cette législation, c'est de les familiariser avec elle, et de la
leur faire aimer par une franche et impartiale exécution.

Nous avons cru que nous pourrions concourir à
atteindre ce but en réunissant dans cet ouvrage
toutes les dispositions législatives sur lesquelles repose notre système électoral, avec les décisions et
arrêts qui en ont fixé l'application.

La publication de notre travail, en éclairant les
citoyens sur les droits électoraux que la loi leur
confère, sera pour eux un guide non moins sûr
dans ceux qu'elle leur attribue comme *juré*.

Cette dernière fonction que la loi de 1827 les
appelle à remplir, les place momentanément au
niveau de la magistrature et assure aux accusés la
garantie si consolante d'être jugés par leurs pairs.

Les attributions dont jouissent les citoyens
comme *électeurs* et comme *jurés*, sont donc de la plus
haute importance, et exercent une grande influence
tant sur les intérêts politiques que sur les intérêts
privés. Si les électeurs ont pour mission spéciale
d'éclairer la Couronne sur les vœux, les besoins
et les nécessités du pays, les jurés, chargés de décider les questions qui intéressent l'honneur et la
vie des citoyens, concourent à l'ordre et à la tran-
quillité publique en assurant la punition du cou-
pable et l'absolution de l'innocent.

On conçoit facilement que de telles attributions

ne sauraient être confiées qu'à des personnes dont la position sociale présente le plus de garanties.

Aussi, pour être admis à exercer ces deux fonctions la loi impose-t-elle certaines conditions d'âge, de fortune, de capacité, et exige-t-elle l'accomplissement des formalités les plus propres à attester que l'on réunit les qualités requises.

La nature des fonctions électorales est telle que tout, dans l'application de la loi qui régit la matière, doit tendre à ce que nul possédant les conditions prescrites ne puisse être injustement exclus, de même aussi à ce qu'aucun de ceux qui ne les posséderaient pas n'y soit frauduleusement admis. C'est ainsi que la représentation deviendra l'expression fidèle de l'opinion nationale; c'est ainsi que les électeurs maintiendront sans secousses la balance entre les pouvoirs constitutionnels.

Ce résultat si naturel et si desirable était difficile à atteindre sous l'empire de la législation antérieure à 1828, parce qu'elle se prêtait à des combinaisons contraires à l'intérêt public; mais la dernière loi prévient tous les abus, et les rend pour ainsi dire impossibles. Le frein salutaire d'une loi franche dans son esprit, explicite dans ses dispositions, est là pour retenir ceux qui dans l'exécution voudraient s'en écarter; bienfaisante pour tous, elle protége aussi les agens de l'administration contre les imputations calomnieuses.

Notre Recueil sera divisé en cinq sections, à chacune desquelles nous rattacherons les questions qui leur appartiennent, ainsi que les décisions, ordon-

nances, arrêts des Cours royales et arrêts de la
Cour de cassation, rendus depuis la loi de 1817
jusqu'au 1er avril 1830.

Pour prévenir toute confusion sur les différentes
autorités dont émanent les nombreuses décisions
rapportées dans ce Recueil, nous devons faire remarquer qu'en ce qui concerne le jugement définitif des questions électorales, la juridiction a varié
de 1817 à 1828 ; elles étaient d'abord attribuées au
Conseil d'état, et les Cours royales statuaient seulement sur les questions relatives aux droits civils et
politiques. Depuis la loi du 2 juillet 1828, toutes
les questions contentieuses, en matière d'inscription sur la liste électorale et du jury, sont portées
devant les Cours royales, et le Conseil d'état n'a
plus aucune compétence sur ces matières. Le projet de loi lui avait conservé quelques attributions,
mais elles furent combattues dans la discussion ; et
le gouvernement consentit à ce qu'elles fussent
également renvoyées devant les Cours royales.

Voici le titre de chaque section, et celui de chacun de ses paragraphes :

Ire SECTION. — De la capacité électorale.

§ 1er. De la jouissance des droits civils et politiques.

§ II. Du domicile.

§ III. De l'âge.

§ IV. Des contributions.

IIe SECTION. — De la capacité des jurés autres
que les électeurs.

IIIe SECTION. — De la révision des listes électorales et du jury.

§ I. Des opérations préparatoires à la révision
annuelle.

§ II. De la révision effectuée par le préfet.

§ III. De la publication de la liste revisée.

§ IV. Formes relatives au jugement des réclamations portées devant le préfet en conseil de
préfecture.

§ V. De la clôture des listes et de la formation
du collége départemental.

§ VI. Formes des pourvois devant la Cour
royale.

§ VII. De la formation d'un tableau de rectification en cas de convocation d'un collége électoral.

§ VIII. De la formation des listes d'éligibles.

IVe SECTION. — Des formes de la tenue des sessions électorales.

Ve SECTION. — Elle contient la Charte avec les
lois, ordonnances et instructions sur la matière
des élections, et sur la formation de la liste générale du jury.

Nous terminerons par annoncer que ce Recueil,
aussi complet qu'il puisse l'être, sera suivi d'une
table des matières qui fera connaître d'un coup
d'œil les différentes questions que l'on voudra
consulter.

SECTION Ire.

DE LA CAPACITÉ ÉLECTORALE.

I. Tout Français jouissant des droits civils et politiques, âgé de trente ans accomplis, et payant 3oo francs de contributions directes, est électeur dans le département où il a son domicile politique. (Art. 4o de la Charte ; — Loi du 5 février 1817, art. 1er.)

Les électeurs compris dans la précédente définition, forment des colléges électoraux d'arrondissement, dont chacun élit un député.

II. Parmi les membres des colléges d'arrondissement d'un département, les plus imposés jusqu'à concurrence du quart de la totalité, forment un collége *départemental*, qui nomme un nombre de députés déterminé par le tableau annexé à la loi du 29 juin 1820.

Toutefois, il y a sept départements où tous les électeurs forment un seul collége, qui élit toute la députation. (Loi du 29 juin 1820, art. 1er, § 2.)

Au moyen de ces trois sortes de nominations, la chambre des députés est composée de quatre cent trente membres, desquels dix-huit sont nommés par les colléges uniques, deux cent quarante-sept par les colléges d'arrondissement, et cent soixante-cinq par les colléges des plus imposés.

III. La qualité d'*électeur de département* est relative. Il faut, pour la posséder, 1° être électeur d'arrondissement ; 2° être du nombre des plus imposés en prenant le quart du nombre total des électeurs d'arrondissement.

La qualité d'*électeur d'arrondissement* résulte de conditions absolues, qui ont été énoncées ci-dessus.

Ces conditions sont au nombre de quatre : la jouissance des droits civils et politiques, l'âge, la contribution, le domicile.

Examinons successivement ces quatre conditions dans l'ordre suivant : 1° jouissance des droits civils et politiques, 2° domicile, 3° âge, 4° contributions.

§ Ier.

De la jouissance des droits civils et politiques.

Cette première condition n'est pas susceptible de longs développements : elle est régie par le droit commun, et ne présente aucune spécialité en ce qui concerne son application à l'exercice du droit électoral.

La suspension, ou la perte des droits civils ou politiques, prive également de l'exercice du droit électoral. Voilà tout ce qu'il importe ici de savoir.

Les motifs qui entraînent la suspension ou la perte, soit des droits civils, soit des droits politiques, soit des uns et des autres à-la-fois, sont indifférents. C'est leur résultat seul qui influe sur la capacité électorale.

§ II.

Du domicile.

I. L'influence du domicile politique, sur la capacité électorale, est de déterminer la localité où elle doit être exercée.

II. Circonscrit par département sous l'empire de la loi du 5 février 1817, il l'est aujourd'hui, et par département et par arrondissement électoral, depuis que la loi du 29 juin 1820 a établi des colléges d'arrondissement, formés dans chaque département d'après une nouvelle sous-division territoriale.

L'article final de cette dernière loi ayant maintenu toutes les dispositions de la première, qu'elle n'abrogeait pas, et les ayant spécialement rendues *communes aux colléges électoraux de département et d'arrondissement*, la conséquence est que tout ce qui est dit, dans la loi de 1817, du domicile dans le département, doit s'entendre également, soit de ce même domicile départemental, pour ce qui concerne le collége électoral de département, soit du domicile dans l'arrondissement électoral, pour ce qui concerne les colléges électoraux d'arrondissement. (Voyez ci-dessous, n° xxv, p. 42.)

III. Le domicile politique dans une des communes comprises dans la circonscription d'un département ou d'un arrondissement électoral, détermine l'exercice du droit électoral dans cet arrondissement. C'est ce que porte textuellement le § 4 de l'article 2 de la loi du 29 juin 1820; c'est ce qué disait, du domicile politique dans un point quelconque du département, la loi de 1817, qui n'admettait qu'un seul collége de département.

IV. Qu'est-ce que le *domicile politique ?* Comment peut-on l'acquérir, le conserver ou le transférer ? Quels sont les effets de sa translation ? quelles formes particulières y sont-elles requises? Voilà ce qu'il convient d'examiner successivement.

V. Le premier acte législatif qui ait introduit l'expression *domicile politique*, est le décret du 17 janvier 1806.

Après avoir employé cette expression en son article 2, il la définit en ces termes, par l'art. 3 :

« Le domicile prescrit par l'article précédent, « est celui exigé pour l'exercice des droits politi- « ques. »

VI. Ces droits, à l'époque du décret que nous citons, embrassaient, et le droit d'élire, et celui d'être élu ; et non-seulement d'être élu au Corps-législatif, mais encore aux conseils généraux de département, aux conseils d'arrondissement, aux conseils municipaux, et aux fonctions de juges de paix, de suppléants de ces juges, et de maires et adjoints de maires dans les communes ayant plus de cinq mille habitants.

Aujourd'hui la seule manière d'exercer les droits politiques est de concourir à la formation de la Chambre des députés des départements, soit comme *électeur*, soit comme *éligible*.

Ce n'est donc qu'à cet égard qu'il convient de considérer le domicile politique.

VII. Ce domicile, aux termes de l'art. 3 de la loi du 5 février 1817, suppose le domicile réel, et s'y rattache, dans le cas où il n'y a pas de déclaration contraire.

Le domicile réel dont il est ici question, est le domicile civil qui fait l'objet du titre III du livre 1er du Code civil (1).

VIII. Le domicile politique suit les variations de celui-ci; en telle sorte que le changement ou la translation du domicile civil emporte, de droit, le changement ou la translation du domicile politique.

Ce principe, qui repose sur le texte formel de l'art. 3 de la loi du 5 février 1817, a été reconnu par de nombreuses ordonnances du Roi, rendues en Conseil d'état (2); et par quatre arrêts, l'un de la Cour d'Agen, du 16 janvier 1829, relatif au

---

(1) Une circulaire, du 24 décembre 1823, faisait observer que la loi du 5 février 1817 a employé le mot *réel*, au lieu du mot *civil*, employé par le Code; qu'en général, elle a entendu y attacher le même sens, mais qu'il peut se présenter telles circonstances qui pourraient établir, entre l'un et l'autre, non une véritable différence, mais des raisons de décider en cas de doute, raisons toujours tirées du fait de l'habitation; et que c'est ainsi qu'il faut envisager le mot *réel* employé par la législation électorale.

(2) Ordonnances des 22 octobre 1820 (général Dejean), (Pihan Delaforest); 27 octobre 1820 (Leclerc); 2 novembre 1820 (Dubuc); 6 avril 1821 (Clavier), (Dubarret); 15 juillet 1821 (plusieurs électeurs de l'Isère), (Brochet de Vérigny); 4 juillet 1822 (plusieurs électeurs de la Côte-d'Or); 21 septembre 1827 (Charlemagne Lucy).

sieur Dufau; deux autres de la Cour royale de Rennes, du 30 octobre 1829, concernant les sieurs Aubrée et Basset-Villéon; le quatrième de la Cour royale de Bourges, du 13 novembre 1829. Ce dernier est ainsi conçu.

« Considérant que le sieur Rabier est originaire du département de l'Indre, dans lequel il est né; qu'à la vérité, il avait formé un établissement à Paris, et paraissait y avoir fixé son domicile, mais qu'il a vendu cet établissement, et acheté, dans le département de l'Indre, des propriétés sur lesquelles il s'est fixé; que même, dans un acte public du 24 janvier 1828, antérieur de plus d'un an à sa demande d'admission sur la liste du jury, il a pris la qualité de *demeurant dans le département de l'Indre;* que ces circonstances sont suffisantes, d'après l'art. 105 du Code civil, pour constater le domicile civil que suit naturellement le domicile politique, lorsque rien ne manifeste, de la part d'un citoyen, l'intention d'exercer les droits attachés au domicile politique, hors du domicile réel; que ce n'est que dans ce dernier cas que l'art. 3 de la loi du 5 février 1817 exige une déclaration expresse. »

On trouvera ci-dessous, pages 25, 28 et 30, l'analyse de trois autres arrêts qui reconnaissent le même principe, ceux d'Agen, du 16 janvier, et de Rennes, du 30 octobre 1829, concernant les sieurs Dufau, Aubrée et Basset-Villéon.

Deux arrêts de la Cour royale de Paris, en date des 9 décembre 1828 et 19 janvier 1829, relatifs

aux sieurs Ragon et Favard, ont semblé reconnaître que le domicile réel peut changer, sans entraîner avec lui le domicile politique.

Cette doctrine serait entièrement en contradiction avec la loi du 5 février 1817.

C'est une erreur assez généralement répandue,
que toutes les fois qu'un individu ayant domicile
réel dans un département ou dans un arrondissement électoral, y a été inscrit comme électeur, il
doit toujours y exercer ses droits, quand même il
transporterait ailleurs son domicile réel, et qu'il
ne peut être inscrit dans un autre département ou
arrondissement, que s'il fait la double déclaration prescrite par l'article 3 de la loi du 5 février
1817.

Telle était, en effet, la législation sur le domicile
politique, antérieure à 1817, ainsi qu'elle avait été
réglée par des lois et décrets de 1802 et 1806. Mais
la loi du 5 février 1817 a posé, en principe, que
le domicile politique n'est autre que le domicile
réel, sauf le cas d'exception qu'elle a autorisé. Ainsi
lorsqu'un électeur n'a point usé de la faculté de
séparer ces deux domiciles, le domicile politique
doit suivre le domicile réel : l'exception établie
pour les fonctionnaires révocables par l'art. 25 de
la loi du 2 juillet 1828, confirme le principe, et
prouve que, suivant le droit commun, la double
déclaration, mentionnée dans la loi de 1817, n'est
pas nécessaire à l'électeur non fonctionnaire, qui
a changé son domicile réel, pour exercer les droits
politiques à son nouveau domicile. L'art. 1er de la

loi de 1828, sur la permanence des listes, n'est
pas contraire à ce principe, puisque cette permanence n'empêche pas la *radiation* des individus qui
ont perdu les *qualités requises*. Or, la perte du
domicile produit cet effet.

Ce qui a jeté quelque confusion sur cette matière, c'est qu'à l'époque de la mise en exécution
de la loi du 5 février 1817, au lieu d'obliger chaque électeur qui voulait voter hors de son domicile réel, à en faire la déclaration expresse selon
les formes indiquées par l'art. 3, on considéra
comme valables les séparations de domicile faites
sous le régime de la législation de 1806. Ainsi,
l'on a maintenu, par exemple, dans le département du Rhône, sans exiger de nouvelles déclarations, un habitant de Paris qui avait fixé, en
1809, son domicile politique à Lyon. L'exemple
de ces inscriptions, en vertu d'un domicile politique qui n'avait pas été transféré selon les formes
de la loi de 1817, a engagé des électeurs qui, postérieurement à cette dernière loi, avaient changé
de domicile réel, à soutenir qu'ils devaient voter,
en 1824, par exemple, là où ils avaient voté en
1820, quoique, en 1822, ils eussent changé leur
domicile réel.

On ne peut nier que quelques abus n'aient eu
lieu dans l'attribution du domicile depuis 1817, et
avant la loi de 1828. Mais les sages dispositions
qu'a établies cette loi, l'indépendance des Cours
royales, à qui appartient le jugement définitif des
difficultés en matière d'inscription électorale, of-

frent des garanties suffisantes contre le retour de ces inconvénients.

Peut-être serait-il sage de considérer cette loi comme point de départ à l'égard de l'application des principes, et de regarder, comme *droit acquis*, la possession du domicile politique séparé du domicile réel, lorsque cette possession serait antérieure à l'année 1828, quand même l'origine n'en serait pas parfaitement régulière.

Toutefois, la Cour royale d'Agen n'en a pas jugé ainsi; et, par un arrêt du 16 janvier 1829, elle a décidé que le sieur Dufau, inscrit en 1827 sur la liste électorale du Lot, et ayant voté dans ce département, n'y pouvait être maintenu comme électeur, attendu qu'il a son domicile réel dans l'Aveyron; que dans ce même département est par conséquent son domicile politique, puisqu'il n'a point fait, pour le transférer dans le Lot, la double déclaration exigée par la loi du 5 février 1817; que son inscription sur la liste du Lot, en 1827, sans que cette dernière formalité eût été remplie, n'a pu l'en dispenser pour les années postérieures.

IX. Néanmoins cette règle souffre une exception à l'égard des fonctionnaires publics exerçant des fonctions temporaires et révocables. Cette exception résulte de l'art. 25 de la loi du 2 juillet 1828, suivant lequel les individus, promus à de telles fonctions, ne peuvent être inscrits sur la liste électorale que six mois après la double déclaration prescrite par l'art. 3 de la loi du 5 février 1817. Ainsi, à leur égard, la translation du domicile po-

litique ne résulte pas, comme pour les autres individus, de la translation du domicile réel. Il faut,
dans tous les cas, qu'ils recourent à la double déclaration devant les préfets des deux départements.
(Voyez ci-dessous, n° xiv, p. 3o.)

Les motifs de cette disposition sont que les fonctionnaires amovibles ou révocables sont plus exposés que toutes autres personnes à de fréquents changements de résidence; que, dans le plus grand nombre de cas, le changement de·domicile réel ne
pouvant être reconnu que d'après le fait de l'habitation *et les circonstances* (Code civ., art. 1o5),
les circonstances desquelles s'induit le changement
de domicile réel sont bien moins concluantes, bien
moins faciles à reconnaître, à l'égard d'un fonctionnaire révocable, que de tout autre individu;
et que, dans les cas où il y a déclaration expresse
devant le maire (Code civ., art. 1o4), cette déclaration n'étant assujettie à aucun délai pour
produire son effet, pourrait donner le droit électoral à des fonctionnaires arrivés depuis peu de
jours, et qui seraient transférés dans une autre résidence quelques jours après.

Toutefois, cette disposition de l'art. 25 n'a pu
avoir d'effet rétroactif, et empêcher un fonctionnaire révocable, déja inscrit avant 1827 sur une
liste électorale, de conserver le domicile politique
qu'il avait acquis régulièrement, selon les principes
qui étaient en vigueur avant la loi du 2 juillet
1828.

IX *bis.* Bien qu'en principe général, la nomina-

tion à des fonctions à vie attache le domicile réel
au lieu où s'exercent ces fonctions (Code civil,
art. 107), la Cour royale de Grenoble, par un arrêt du 29 décembre 1829, a déclaré que cette règle
n'est pas applicable aux fonctions de pair.

Un tiers prétendait que M. le vicomte Du Bouchage, en devenant pair de France, avait acquis,
de droit, domicile réel à Paris; qu'il avait perdu
par conséquent celui qu'il avait à Grenoble, et auquel était attaché le domicile politique : qu'ainsi,
il devait être rayé des listes électorales de l'Isère.

La Cour royale a maintenu l'inscription de M. le
vicomte Du Bouchage, « attendu que la dignité
de pair, compatible avec des fonctions conférées
à vie, ne peut changer le domicile; qu'il s'ensuivrait qu'un premier président de Cour royale, un
évêque, etc., à qui elle aurait été conférée, n'auraient plus leur domicile dans le lieu où ils exercent leurs fonctions, ce qui serait contraire à la
lettre et à l'esprit de nos lois civiles; que cette dignité n'entraîne que des fonctions momentanées
et purement législatives, ce qui laisse les pairs de
France, hors de l'époque de la réunion des Chambres, dans le droit commun, et leur permet de se
choisir un domicile ou une résidence autre que
celui où se réunissent les Chambres. »

X. On peut, par une déclaration expresse, faite
six mois d'avance devant les deux préfets, séparer
les deux domiciles, et prendre son domicile politique dans un autre lieu que celui de son domicile
civil.

Cette formalité est absolument nécessaire pour voter hors du lieu du domicile réel. C'est ce qui a été jugé par un arrêt de la Cour royale de Rennes du 30 octobre 1829, rendu contre le sieur Aubrée; il a décidé que l'art. 3 de la loi du 5 février 1817 continuait d'avoir son exécution. L'affaire présentait cette circonstance remarquable, que le sieur Aubrée, réclamant, n'avait *jamais exercé ses droits électoraux*. Il demandait à être inscrit en qualité d'électeur dans le département d'Ille-et-Vilaine, où il paie des contributions directes. Mais comme il avait son domicile réel à Paris, la Cour royale a déclaré qu'il ne pouvait exercer ailleurs ses droits politiques, sans remplir préalablement les formalités prescrites par la loi du 5 février 1817.

XI. Cette déclaration toutefois ne suffit pas; il faut que l'électeur paie des contributions directes dans le département ou l'arrondissement électoral où il veut conserver ou établir son domicile politique, sans y avoir son domicile civil. C'est la condition imposée par l'art. 3 ci-dessus cité de la loi de 1817.

Le lieu du domicile politique doit être telle commune déterminée, dans laquelle l'électeur paie des contributions directes.

En outre, l'électeur, qui a établi son domicile politique dans un autre département que celui de son domicile réel, est tenu, aux termes de l'article 8 de la loi du 2 juillet 1828, d'y élire un domicile spécial pour recevoir les notifications qui lui seraient adressées. Il peut le choisir dans toute

autre commune que celle où il paie des contributions, et qui est le véritable lieu de son domicile
politique. (Voyez ci-dessous, section v, circulaire
du 25 août 1828.)

XII. Suivant l'art. 3 de la loi du 5 février 1817,
la translation du domicile politique, soit séparément, soit par suite de la translation du domicile
réel, n'autorise l'exercice du droit politique, relativement à l'élection des députés, dans le département ou l'arrondissement nouvellement adopté,
qu'en faveur de celui qui, dans les quatre ans antérieurs, n'aura point exercé le même droit dans
un autre département : c'est encore une des dispositions de ce même art. 3, qui n'admet d'exception à cette prohibition, que dans le cas de la dissolution des Chambres.

Il est douteux que cette prohibition soit encore
en vigueur. (Voy. ci-dessous, n° xxx, p. 45.)

XIII. On a demandé si l'on pouvait avoir domicile politique dans un lieu où l'on a, à la vérité,
son domicile civil, mais où l'on ne paie aucune
contribution (1).

La solution ne pouvait être douteuse. La loi de

---

(1) Cette circonstance est très-rare; mais elle peut cependant se
rencontrer quelquefois, notamment à Paris, où la contribution personnelle résulte du loyer.

Par exemple, un électeur payant ses contributions foncières hors
du département de la Seine, demeure à Paris, chez ses père et
mère; le loyer est au nom de ces derniers : ainsi il ne paie pas même
à Paris l'impôt personnel.

février .1817, en attachant le domicile politique
au domicile réel, n'a point ajouté, en ce cas, la
condition du paiement d'une contribution dans la
même localité.

Elle n'a imposé la condition de paiement d'une
contribution directe que pour le cas de la séparation des deux domiciles. C'est à ce dernier cas qu'il
faut la restreindre; et il a été décidé en conséquence,
par arrêt de la Cour royale de Rennes du 3o octobre 1829, que le droit électoral pouvait s'exercer
au domicile réel, quoique l'électeur n'y payât aucune sorte de contribution.

Voici les motifs de cet arrêt :

« Considérant que Basset-Villéon a son domicile
réel dans le département d'Ille-et-Vilaine ;

« Considérant qu'à moins d'intention contraire,
légalement manifestée, le domicile politique suit
toujours le domicile réel ;

« Considérant que l'obligation de payer une contribution au lieu du domicile politique n'est prescrite que pour le cas où ce domicile est séparé du
domicile réel ;

« La Cour ordonne que Basset-Villéon sera inscrit
sur les listes électorales du département d'Ille-et-
Vilaine, si, d'ailleurs, il remplit les autres conditions prescrites par la loi. »

XIV. Depuis la loi du 2 juillet 1828, il existe,
pour certains électeurs, une position nouvelle qui,
au premier coup d'œil, paraît une infraction à la
législation électorale, mais qui, cependant, n'en
est qu'une conséquence nécessaire.

Quelquefois un fonctionnaire révocable ayant été inscrit sur la liste d'un département ou d'un arrondissement, en vertu de son *domicile réel*, a établi ce domicile réel dans un autre département ou arrondissement, n'a conservé aucune habitation et ne paie plus aucune contribution dans la première localité; cependant il n'a pas fait la double déclaration mentionnée par l'art. 25 de la loi du 2 juillet 1828, pour acquérir l'exercice des droits politiques dans son nouveau domicile. Il ne peut être inscrit comme électeur dans celui-ci; et, s'il était rayé sur la liste où il figurait précédemment, il se trouverait privé de l'exercice du droit électoral. Il faut donc le maintenir sur cette liste, quoiqu'il ne paie plus dans le département ou l'arrondissement aucune contribution directe.

Cette question s'étant élevée dans le département de la Moselle, au sujet de M. de Balsac, inscrit comme électeur dans ce département depuis 1824, parce que, à cette époque, il avait établi à Metz son domicile réel, et qui, fixé à Paris en 1828 comme secrétaire-général du ministère de l'intérieur, a cessé, depuis le 1er janvier 1829, de payer aucune contribution dans la Moselle.

Il avait été maintenu sur la liste électorale de la Moselle, revisée en 1829.

Un tiers attaqua cette inscription, attendu que que M. de Balsac n'avait plus dans la Moselle son domicile réel, et qu'il ne pouvait y avoir son domicile politique, puisqu'il n'y payait plus de contribution.

La Cour royale de Metz, par un arrêt du 1er décembre 1829, a reconnu qu'il avait conservé à Metz son domicile réel. L'arrêt est conçu en ces termes :

« Considérant que le baron de Balsac n'ayant été appelé à Paris, en 1828, que pour y remplir une fonction publique révocable, il est clair *qu'il a conservé le domicile civil et politique* qu'il avait alors à Metz depuis quatre ans. Sa position, à cet égard, est restée la même : pour qu'il en fût autrement, il faudrait qu'il eût manifesté une intention contraire, et il ne l'a point fait. C'est donc avec justice et conformément, tant à l'article 106 du Code civil, qu'à la première disposition de l'article 3 de la loi du 5 février 1817, que la réclamation élevée contre lui a été rejetée. »

Quand même il eût été reconnu que M. de Balsac avait transféré son domicile réel à Paris, il aurait dû toujours être maintenu sur la liste électorale de la Moselle, par cela seul qu'il n'a pas fait la double déclaration prescrite par l'art. 25 de la loi de juillet 1828.

Le maintien de cette inscription ne constituerait pas une infraction à l'art. 3 de la loi du 5 février 1817, sur le paiement d'une contribution directe ; parce que, dans l'espèce, il ne s'agit pas d'un domicile politique qui avait été séparé du domicile réel, mais d'un domicile politique qui était uni au domicile réel.

XV. On a demandé encore si un électeur, en transférant son domicile réel, notamment par l'effet de la déclaration mentionnée à l'art. 104 du Code civil, a besoin d'une déclaration expresse pour transférer également son domicile politique.

Il a été répondu que cette déclaration expresse n'est nullement nécessaire (1), et qu'il faudrait, au contraire, une réserve formelle pour que le changement du domicile politique ne suivît pas le changement du domicile réel.

Observons ici que cette réunion des deux domiciles, dans le cas dont il est question, n'a lieu que lorsqu'ils n'ont pas été précédemment séparés. Car s'ils l'étaient au moment de la translation du domicile réel, cette translation n'entraînerait plus celle du domicile politique. Ce dernier resterait dans la localité où il aurait été antérieurement fixé, et ce serait alors une déclaration contraire qui serait nécessaire pour changer cet état de choses.

XV *bis*. Un arrêt de la cour royale de Grenoble, du 29 décembre 1829, semble avoir reconnu qu'un électeur dont le domicile politique est uni au domicile réel, peut, en transférant celui-ci, conserver, par une déclaration formelle, le domicile politique qu'il avait précédemment.

Il s'agissait d'un tiers qui attaquait l'inscription de deux électeurs, comme n'ayant plus leur domicile réel dans l'Isère.

---

(1) Ceci ne s'applique pas aux fonctionnaires révocables, à raison de la disposition prescrite, à leur égard, par la loi du 2 juillet 1828 (art. 25.)

La Cour, considérant qu'ils ont dans l'Isère leur principal établissement; qu'ils ont, par des déclarations faites en 1820, en quittant le domicile qu'ils avaient à Grenoble, pour se transporter dans d'autres communes, exprimé formellement vouloir conserver leur domicile politique dans l'Isère, a maintenu leur inscription.

Cet arrêt n'est pas complètement développé; mais il y a lieu d'en inférer que les déclarations faites par les électeurs dont il s'agit, ont eu pour effet de *séparer leur domicile politique* de leur *domicile réel*, sans l'accomplissement des formalités et des délais prescrits par l'article 3 de la loi du 5 février 1817.

Pour appliquer strictement cet article, il eût fallu que ces électeurs, après avoir déclaré, devant le maire, qu'ils transféraient leur domicile réel hors de Grenoble, fissent devant les deux préfets la double déclaration, pour reporter à Grenoble leur domicile politique; double déclaration qui n'aurait eu d'effet qu'au bout de six mois.

Mais cette manière de procéder serait bien compliquée, et l'on peut dire, en faveur de l'exception admise par la Cour royale, pour dispenser des formalités et des délais dont il s'agit, qu'il serait bien rigoureux de les exiger de la part d'un électeur qui demande, non à prendre un nouveau domicile politique, mais à conserver celui dont il était déjà en possession. Le ministre de l'intérieur avait déjà, en 1820, dans sa correspondance, paru disposé à reconnaître la nécessité d'admettre la déclaration faite, *au moment de la translation du domicile réel*, pour en séparer le domicile politique, et le conserver où il était précédemment.

Mais il importe de remarquer qu'une telle déclaration ne peut être valable que lorsque l'électeur qui veut conserver son domicile politique, continue à payer des contributions directes dans le lieu de ce domicile ; autrement il y aurait violation de l'article 3 de la loi du 5 février 1817. De plus, il conviendrait qu'en prenant son nouveau domicile réel, l'électeur déclarât, au préfet ou au maire de ce nouveau domicile, qu'il a conservé son domicile politique au lieu où il les avait possédés tous deux jusqu'alors.

XVI. On a demandé si un délai est nécessaire pour que le droit électoral puisse s'exercer dans le nouveau domicile politique acquis, soit par le changement du domicile réel, soit par la translation du domicile politique, régulièrement opérée au moyen d'une déclaration faite six mois d'avance.

Il a été répondu, avec la loi, que le seul délai prescrit est l'intervalle de quatre ans depuis le vote émis dans le précédent domicile :

Mais que, cessant cette circonstance d'un vote émis dans le précédent domicile pendant les quatre ans antérieurs, on peut voter immédiatement et sans délai dans le domicile nouvellement adopté(1).

_____

(1) C'est ce principe et l'application qui en avait été faite, en 1824 et 1827, aux fonctionnaires publics révocables, qui ont déterminé l'adoption de l'article 25 de la loi du 2 juillet 1828.

XVII. Un individu qui n'est pas électeur, peut-il transférer son domicile politique ?

Rien ne paraît s'y opposer. Bien que la translation dont il s'agit, ne puisse avoir d'effet que pour l'exercice du droit électoral, le choix du domicile politique peut précéder la possession de ce droit.

XVIII. Il a été demandé, 1° si un électeur peut transférer son domicile politique dans un département ou un arrondissement électoral avant d'y payer des contributions directes, et sauf à y acquérir ultérieurement des biens, ou y prendre une patente qui le rendrait imposable; 2° si le propriétaire d'une maison exempte d'impôt, peut être considéré comme imposé dans ce département ou arrondissement et y transférer son domicile politique.

Il a été répondu que l'art. 3 de la loi du 5 février 1817 exigeant le *paiement* de l'impôt, le fait d'être inscrit au rôle dans la localité où l'intéressé veut établir son domicile politique doit précéder la déclaration.

XIX. Un individu qui ne paie aucune contribution dans un département ou dans un arrondissement électoral, mais dont la mère, aïeule ou belle-mère lui a délégué des contributions foncières qu'elle paie dans cette localité, peut-il y transférer son domicile politique.

En ne consultant que le texte de l'art. 3 de la loi du 5 février 1817, il semble que l'individu qui veut transférer son domicile politique, doit payer lui-même des contributions ; cette considération jointe à ce que, suivant le texte de la loi du 29 juin 1820, la faculté donnée à la veuve (art. 5) ne concerne que le *cens électoral*, et non le *domicile*, avait fait résoudre négativement la question. (Solution du 24 décembre 1823.)

Mais cette interprétation peut paraître rigou‑ reuse : et il y a lieu d'observer que les contribu‑ tions déléguées étant comptées à l'électeur *comme s'il les payait lui‑même*, pouvant même former seules son cens électoral, quand il n'en paierait aucune personnellement. (Voyez ci‑dessous, pa‑ ragraphe IV, n° LIII), les contributions qui lui con‑ fèrent le droit électoral, sont susceptibles de lui servir à acquérir le domicile auquel s'attache l'exer‑ cice de ce droit.

XX. Il a été demandé si un électeur payant une contribution directe à raison d'une propriété qu'il possède *depuis moins d'un an*, peut transférer son domicile politique dans la commune où il paie la contribution dont il s'agit, quoiqu'elle ne fasse pas partie de son cens électoral.

Cette question paraît avoir reçu diverses solu‑ tions.

Il semble étrange qu'un électeur puisse voter dans un département, à raison d'une contribution qui n'entre pas dans son cens électoral. De plus, l'article 4 de la loi du 29 juin 1820 étant ainsi conçu : *Les contributions ne seront comptées pour être électeur ou éligible*, etc. on en conclut que la condition de la possession annale s'applique à tout ce qui concerne le droit d'élire et d'être élu , *cens;*

domicile, etc. ; que par conséquent cet article a ajouté une condition nouvelle à celle de la loi de 1817.

Mais, d'autre part, en considérant que l'art. 3 de la loi de 1817, n'exige que le paiement d'une *contribution directe ;* que l'art. 4 de la loi de 1820 n'a eu pour objet que la *formation du cens électoral*, on peut dire que ce serait ajouter au texte de la loi, que d'exiger la possession annale à l'égard de la propriété dont l'impôt donne la faculté d'élire un nouveau domicile politique.

De ces deux opinions, la première paraît plus rationnelle.

XXI. Les formalités prescrites pour la translation du domicile politique, se réduisent à deux déclarations faites, l'une au préfet du département auquel appartient le domicile quitté, et l'autre au préfet du département auquel appartient le domicile nouvellement adopté.

Lorsque les deux arrondissements électoraux appartiennent au même département, il suffit d'une seule déclaration au préfet de ce département.

XXII. La déclaration doit être faite en personne par un fondé de pouvoir, et être inscrite sur un registre particulier.

C'est ce que prescrivaient les circulaires des 18 février et 18 avril 1817. Une ordonnance, du 15 février 1824, statua qu'elles devaient être faites par des actes formels, et que la preuve qu'un tiers avait été chargé, en temps utile, de les effectuer, ne suffisait pas pour les suppléer.

Depuis , la Cour royale de Pau a reconnu, par un arrêt du 2 décembre 1828, que l'intention de transférer le domicile politique, manifestée par des lettres adressées aux deux préfets, suffisait, sans déclarations inscrites sur le registre, pour opérer cette translation. Elle a donné pour motifs que la loi n'a pas prescrit de formes expresses et sacramentelles pour cette déclaration,

Mais il faut remarquer que l'arrêt est motivé subsidiairement sur ce que, dans l'espèce, l'électeur avait, depuis ses deux lettres, réuni son domicile politique à son domicile réel.

Un arrêt de la Cour royale de Grenoble, du 29 décembre 1829, a statué dans le même sens; « Attendu, dit-il, que la loi n'indique pas de formes « sacramentelles dans lesquelles doivent être faites « les déclarations qu'elle a prescrites ».

Nous devons faire remarquer qu'en admettant la déclaration de translation de domicile par simples lettres, il serait quelquefois difficile de constater la date précise de la déclaration ; et que l'administration s'exposerait à voir contester les inscriptions qu'elle aurait faites en conséquence, comme n'ayant pas été fondées sur des pièces régulières et ayant une date certaine.

XXIII. La déclaration doit être faite six mois d'avance, et ne peut produire d'effet qu'au bout de ce terme. Pendant les six mois, le nouveau domicile n'est pas encore acquis.

Le délai de six mois ne court qu'à partir de la dernière déclaration, dans le cas où il y en a deux.

Ce principe a été reconnu par une ordonnance du 15 février 1824. En effet, l'intention de transférer le domicile d'un département dans un autre, n'est complètement manifestée que lorsque les deux déclarations ont été faites devant les deux préfets. Jusque-là, celui qui avait fait une des déclarations pour tranférer son domicile politique, peut la révoquer par un acte formel, et en fournissant la preuve authentique qu'il n'a pas fait de déclaration dans l'autre département; dans ce cas, il conserve son ancien domicile.

XXIV. Mais si, à l'époque de la clôture de la liste annuelle, les six mois nécessaires pour opérer la translation du domicile politique ne sont pas expirés, doit-on inscrire l'électeur sur la liste électorale du département ou de l'arrondissement auquel il appartenait avant cette translation ?

L'affirmative a été reconnue par une ordonnance du Roi, rendue en Conseil d'état le 14 octobre 1827.

Il s'agissait de M. de La Bouillerie qui, ayant son domicile réel dans le departement de la Seine, avait transféré son domicile politique dans celui de la Sarthe, par deux déclarations, dont la seconde avait eu lieu le 20 juin 1827 ; en sorte qu'il ne pouvait acquérir domicile politique dans la Sarthe que le 20 décembre suivant. Il demandait d'être inscrit sur la première partie de la liste du jury de la Seine, arrêtée le 30 septembre 1827. Le préfet ayant repoussé sa demande, il se pourvut au Conseil d'état, et il intervint une ordonnance, qui annula l'arrêté du préfet de la Seine ; elle est ainsi motivée :

« Considérant que c'est le 20 juin dernier seulement, que le préfet de la Sarthe a reçu la déclaration faite antérieurement par le sieur de La Bouillerie devant le préfet de la Seine , et que ce n'est que six mois après sa dernière déclaration qu'il pourra réclamer l'exercice de son droit électoral dans le département de la Sarthe ;

« Que jusqu'à ce moment, il conserve son domicile politique dans le département où il a son domicile réel ;

« Considérant que la première partie de la liste du jury, dressée par les préfets , doit comprendre toutes les personnes qui , au 30 septembre dernier , remplissaient les conditions requises pour faire partie des colléges électoraux de leur département , sauf les rectifications à y apporter par la suite , conformément à l'art. 6 de la loi du 2 mai 1827 ;

« Considérant que, dans tous les cas , le sieur de La Bouillerie devait faire partie de la liste générale du jury du département de la Seine , comme électeur ayant son domicile réel dans ce département, etc. »

La même décision semble applicable aux fonctionnaires à l'égard desquels ne sont pas encore expirés les six mois exigés par l'art. 25 de la loi du 2 juillet 1828 , pour que leur inscription électorale puisse être effectuée en cas de translation de domicile réel.

XXV. On a demandé si les règles sur la translation du domicile politique de département à département, telles qu'elles ont été établies par la loi
du 5 février 1817, s'appliquent aux arrondissements
électoraux, créés par la loi du 29 juin 1820.

L'affirmative a été reconnue par une ordonnance
du 2 novembre 1820, et par un arrêt de la Cour
royale d'Amiens, du 20 novembre 1829. Ces décisions sont fondées sur le texte de l'art. 11 de la
loi du 29 juin 1820, qui porte que les dispositions
des lois antérieures sont applicables aux collèges
d'arrondissement.

Ces principes ont été consacrés par un arrêt de
la Cour de cassation du 22 février 1830, qui a rejeté le pourvoi contre l'arrêt ci-dessus cité de la
Cour royale d'Amiens. Voici les motifs de la décision rendue par la Cour de cassation.

« Attendu que la loi du 5 février 1817, voulant
que les Français puissent exercer leurs droits politiques dans les collèges électoraux qui leur con-
viennent le mieux, leur permet, par l'art. 3, de
séparer leur domicile politique de leur domicile
réel, et de le transférer dans un autre département,
pourvu qu'ils en fassent la déclaration six mois d'a-
vance;

« Attendu que si cette loi n'a point parlé de la
translation du domicile politique dans un autre
arrondissement que celui dans lequel se trouve le
domicile réel, c'est parce qu'elle n'a établi qu'une
seule circonscription électorale, et un seul collège
par département;

« Mais que la loi du 29 juin 1820, après avoir créé des circonscriptions électorales d'arrondissement, a, par son art. 2, déclaré communes aux colléges électoraux de département et d'arrondissement, les dispositions de la loi du 5 février auxquelles elle n'a pas dérogé;

« Attendu que la disposition précitée de l'art. 3 de la loi du 5 février n'est point au nombre de celles qui ont été abrogées par la loi du 29 juin;

« D'où il suit, ainsi que l'a jugé l'arrêt attaqué, que la faculté de transporter son domicile politique dans une circonscription électorale autre que celle où l'on a son domicile réel, a lieu d'arrondissement à arrondissement, comme de département à département, pourvu qu'on remplisse d'ailleurs les conditions prescrites par la loi. »

Par ces motifs la Cour rejette le pourvoi. Fait et jugé, etc.

M. Favard, président. — M. de Malleville, rapporteur. — M. Laplagne-Barris, avocat-général. — Me Odillon-Barrot, défenseur.

Ainsi, la translation du domicile politique peut s'effectuer d'un arrondissement électoral à un autre, dans le même département, en remplissant les conditions prescrites par la loi de 1817.

XXVI. Lorsque le domicile politique est séparé du domicile réel, l'électeur qui veut réunir le premier au second, est assujetti à en faire la déclaration six mois d'avance dans les deux départements. Bien qu'il rentre dans le droit commun, c'est en réalité une translation de domicile politique qu'il a dessein d'opérer, et elle doit s'effectuer suivant les formes établies par la loi.

XXVII. Mais si l'électeur cesse de payer des contributions dans le département où il possédait le domicile politique séparé du domicile réel, la condition à laquelle il le possédait n'existant plus, la séparation cesse de droit, et le domicile politique se réunit au domicile réel, sans qu'il soit besoin d'aucune déclaration, d'aucune formalité; c'est-à-dire que l'exception cesse pour faire place au droit commun. (Circulaire du 24 décembre 1823.)

XXVIII. Quelquefois un électeur, après avoir vendu ses biens et cessé de payer des contributions dans le département où il a établi son domicile politique, rachète presque immédiatement des propriétés dans le même département. Si, dans l'intervalle, il n'a pas déclaré qu'il entend reprendre l'exercice de ses droits politiques au lieu de son domicile réel, ou transporter son domicile politique dans un troisième département, il doit être considéré comme reprenant, avec le paiement de contributions directes, le domicile politique qu'il avait précédemment, et qui n'a été que suspendu par la vente de ses biens. Il doit donc être dispensé, dans ce cas, de renouveler la double déclaration faite six mois d'avance.

Mais il ne peut profiter des contributions du bien qu'il a racheté nouvellement, et le faire entrer dans son cens électoral, qu'un an après l'acquisition. (Voyez ci-dessous, § IV, n° LXXIV.)

XXIX. Quand un électeur qui, par exemple,

avait son domicile réel dans le département de
l'Ain, et son domicile politique dans le département du Rhône, veut transférer ce dernier domicile dans un troisième, par exemple celui de la
Côte-d'Or, il n'est assujetti par la loi qu'à faire
deux déclarations; savoir, dans les départements du
Rhône et de la Côte-d'Or. Il serait néanmoins plus
régulier qu'il fît aussi une semblable déclaration
dans le département de l'Ain, où il a son domicile
réel, pour que le préfet de ce département sût où
il exerce ses droits politiques.

XXX. On a demandé si la loi du 9 juin 1824,
en établissant la septennalité et le renouvellement
intégral de la Chambre des députés, n'a pas fait
cesser la restriction que l'art. 3 de la loi du 5 février 1817 a mise au vote des électeurs qui ont
changé de domicile. Suivant cette disposition, un
électeur ne peut exercer ses droits dans son nouveau domicile que s'il ne les a pas exercés dans un
autre département *dans les quatre années antérieures.* Cette exception cesse en cas de dissolution
de la Chambre.

Nul doute, d'après ces derniers mots, qu'à l'époque d'une élection générale la restriction cesse à
l'égard de tous les électeurs. Mais en est-il de même
lors des élections partielles qui ont lieu dans l'intervalle d'un renouvellement à un autre?

La question s'est présentée au Conseil d'état et
devant une Cour royale.

Le Conseil d'état a reconnu que la prohibition
n'a pas cessé d'exister. (Ordonnance du 10 avril

1828, relative au sieur d'Arlincourt.) Voyez ci-
dessous, n.º xxxi.

La Cour royale d'Amiens, saisie de cette question, l'a écartée par un arrêt du 20 décembre
1828, attendu qu'elle n'avait à statuer que sur la
formation de la liste du jury, et que la prohibition dont il s'agit se rapporte à l'exercice du droit
électoral.

Voici quelques considérations propres à appuyer
l'opinion émise par le Conseil d'état.

En ne consultant que le texte des lois, la prohibition établie par l'art. 3 de la loi de 1817 subsiste toujours, puisqu'elle n'a pas été formellement
abrogée, et que les lois subséquentes n'en rendent
pas l'exécution impossible.

On peut observer que l'esprit de cette restriction était d'empêcher un même électeur de con-
tribuer à l'élection de deux députations différentes,
siégeant simultanément à la Chambre; que le choix
du délai de quatre ans l'annonçait suffisamment,
et que l'exposé des motifs de la loi de 1817 ne lais-
sait point de doute à cet égard.

Mais, nonobstant ces considérations, il avait été
décidé que le délai de quatre ans devait être observé, lors même que la députation nommée par
l'électeur avait été renouvelée avant ce délai (ordonnance du 31 octobre 1822, relative au sieur
Bavoux, p. 51), et que l'empêchement cessait
après *quatre ans accomplis*, quoique la députation
dût encore siéger pendant quelques mois.

Ces décisions, conformes au texte positif de la

loi, mais dont l'application semblait s'écarter un peu de son esprit, déterminaient à penser que, au défaut de révocation formelle, le paragraphe 2 de l'art. 3 de la loi du 5 février subsistait toujours.

La conséquence de cette disposition serait qu'un même électeur pourrait, pendant la durée septennale d'une même Chambre, avoir coopéré à élire deux députations différentes, mais jamais trois.

Ce serait donc une restriction, sinon complète, du moins assez forte, à l'inconvénient qu'on avait cherché à prévenir en 1817; inconvénient qui du reste est maintenant moins fréquent qu'autrefois, puisque les élections, dans l'intervalle de la durée septennale, ayant lieu par suite de vacances imprévues, et devant se faire dans le délai de deux mois (loi du 29 juin 1820, art. 10), par conséquent *moins de six mois après la vacance,* un électeur n'a pas le temps de transférer son domicile, dans le but d'exercer ses droits dans un autre département, ainsi qu'il le pouvait faire précédemment, connaissant d'avance l'époque du renouvellement de toute une série.

Tel paraissait être l'état de la question avant les lois du 2 mai 1827 et du 2 juillet 1828. Mais ces lois ayant substitué à la formation d'une *liste électorale,* dressée lorsque la convocation d'un collége le rendait nécessaire, une liste permanente du jury, dont la liste électorale ne forme que la première partie, il semble que la prohibition établie par l'article 3 de la loi du 5 février

1817, qui déja, depuis 1824, était sans objet direct, est devenue fort difficile dans son application. En effet, et la Cour d'Amiens l'a reconnu par son arrêt du 20 décembre 1828, l'exclusion du droit de voter pendant quatre ans, ne se rapporte *qu'à l'exercice du droit électoral*, et ne peut empêcher un électeur, ayant acquis domicile politique dans un département, d'y être inscrit sur la liste du jury, puisqu'il possède la capacité électorale, et que l'exercice de ce droit est seulement *suspendu* pendant quatre ans (1). Il peut donc être inscrit sur la première partie de la liste du jury, arrêtée le 16 octobre, et être appelé à exercer les droits de juré. Il y en a eu plusieurs exemples; et l'on n'a point attaqué devant la Cour de cassation la capacité d'un tel juré. Mais si le collége électoral, parmi les membres duquel il est inscrit, vient à être convoqué avant l'expiration des quatre ans, la prohibition du droit de voter ne pourrait s'exécuter à son égard que par un arrêté de radiation, pris par le préfet en conseil de préfecture, en dressant le tableau de rectification prescrit par l'art. 22 de la loi du 2 juillet 1828. Si aucune réclamation ne s'élevait contre l'inscription de l'électeur dont il s'agit, ce serait au préfet, agissant d'office, à saisir de la question le conseil de préfecture, et à or-

---

(1) On peut objecter contre cet arrêt, que l'individu dont il s'agit, ne pouvant exercer le droit électoral, n'est point véritablement électeur, et que, par conséquent, il n'a pas capacité pour être inscrit sur la liste du jury.

donner la radiation de l'électeur pour cette convocation seulement. Mais ici se présente une grave
difficulté : en vertu du principe de la permanence
des listes, et conformément à l'art. 6 de la loi du 2
mai 1827, nul ne peut être inscrit ou rayé sur le
tableau de rectification à la liste électorale, qu'à
raison des droits *acquis* ou *perdus* depuis la clôture
de la liste annuelle, c'est-à-dire depuis le 30 septembre précédent. Ainsi on pourrait contester le
droit de rayer l'électeur dont il est question, à
raison d'un fait qui était connu à l'époque du 30
septembre ; à moins que le préfet n'eût pris la
précaution de mentionner, à cette époque, sur la
liste du jury, que cet électeur devrait être rayé en
cas d'élection dans le cours de l'année. Mais le préfet est-il autorisé à faire une telle mention ?

En second lieu, il est une époque où toute radiation est impossible : c'est lorsque l'élection a
lieu dans le mois qui suit la publication des listes
annuelles, c'est-à-dire du 20 octobre au 20 novembre (Art. 21 de la loi du 2 juillet 1828.). Dans
ce cas il n'y a aucun moyen d'empêcher l'électeur
de voter.

En 1828, cette circonstance s'est présentée
pour l'élection de Dieppe : le préfet s'est borné à
avertir deux électeurs ayant voté dans un autre
collége depuis moins de quatre ans, de la difficulté à laquelle leur vote pourrait donner lieu.
L'un d'eux s'est abstenu de voter ; l'autre a pensé
en avoir le droit : aucune réclamation ne s'est élevée ni dans le sein du collége, ni à la Chambre

4

des députés, lors de la vérification des pouvoirs
du député élu, qui avait obtenu une grande majorité.

Ces dernières considérations tendent à établir
que depuis la loi du 2 mai 1827, et surtout depuis
celle du 2 juillet 1828, l'exécution de la prohibition établie par l'art. 3 de la loi du 5 février 1817,
présente de grandes difficultés, et que la question
du maintien de cette prohibition est susceptible de
doutes très-fondés.

Il est à desirer que cette question importante
soit définitivement résolue.

Nous allons placer ici quatre solutions, relatives
à des difficultés qui peuvent se présenter dans l'hypothèse du maintien de la prohibition du vote
pendant quatre ans : elles seraient sans objet si
cette prohibition n'était plus en vigueur.

XXXI. On avait demandé si la prohibition dont
il s'agit ne cessait pas lorsque les députés, à l'é-
lection desquels l'électeur avait concouru depuis
moins de quatre ans, dans son premier domicile,
avaient cessé leurs fonctions par un motif quelconque.

On objectait que la loi de 1817 avait eu pour
motif d'empêcher qu'un même électeur ne con-
courût à la nomination de deux députations siégeant en même temps à la Chambre des députés ;
et que ce motif n'existait pas lorsque le député, ou
les députés, nommés dans le premier domicile, ne
faisaient plus partie de la Chambre.

Quelque plausible que fût ce raisonnement, il

n'a pas prévalu ; et le Conseil d'état, estimant que, dans cette matière, on ne pouvait s'attacher trop rigoureusement au texte de la loi, a constamment décidé que la prohibition de voter pendant quatre ans dans un nouveau domicile, n'admettait d'autre exception que le cas de dissolution de la Chambre.

On peut citer, notamment, deux ordonnances : l'une, du 31 octobre 1822, concernant le sieur Bavoux ; l'autre, du 6 avril 1828, concernant le sieur d'Arlincourt.

M. Bavoux avait voté à Paris, en 1820, pour élire les députés du collége départemental, en vertu de l'art. 2 de la loi du 29 juin 1820. Ces députés cessèrent leurs fonctions en mai 1822, époque où la députation de la Seine fut entièrement renouvelée. M. Bavoux ne prit aucune part à cette élection. En octobre suivant, il prétendit avoir le droit de voter dans le département de Seine-et-Marne, où il avait transféré son domicile politique.

Voici l'ordonnance royale qui intervint le 31 octobre 1822.

Louis, etc. :

« Considérant que le sieur Bavoux reconnaît qu'il a exercé le droit d'électeur dans le département de la Seine, au mois de novembre 1820 ;

« Qu'aux termes de l'art. 3 de la loi du 5 février 1817, déclaré applicable aux colléges d'arrondissement et de département, par l'art. 11 de la loi du 29 juin 1820, la translation du domicile réel ou politique ne donne l'exercice du droit électoral qu'à

4.

celui qui, dans les quatre ans antérieurs, ne l'aura point exercé dans un autre département ;

« Que la loi du 5 février ne porte qu'une seule exception, dans le cas de dissolution de la Chambre ;

« Que le texte de l'art. 3 est trop explicite pour permettre l'interprétation que réclame le sieur Bavoux, et pour lui donner un droit électoral dans le département de Seine-et-Marne, avant le mois de novembre 1824.

« Notre Conseil d'état entendu ;

« Nous avons ordonné, etc.

« Art. 1er. Le pourvoi du sieur Bavoux est rejeté.

« Art. 2. L'arrêté du préfet de Seine-et-Marne, pris en conseil de préfecture, à la date du 11 octobre, est approuvé. »

M. d'Arlincourt avait voté, en novembre 1827, au collége du premier arrondissement de Paris. M. Dupont, élu député, opta pour la députation de Bernay ; et le collége du premier arrondissement de Paris fut convoqué en avril 1828, pour lui donner un successeur. Mais M. d'Arlincourt avait transféré son domicile politique dans le département de Seine et Marne et dans l'arrondissement électoral de Melun. Le collége de cet arrondissement était convoqué en même temps. M. d'Arlincourt demandait à y voter, comme il l'aurait fait à Paris, sans sa translation de domicile. Sa prétention fut repoussée par l'ordonnance suivante :

CHARLES, etc.

« Considérant que le sieur d'Arlincourt reconnaît

qu'il a exercé les droits électoraux, au mois de novembre 1827, au collége du premier arrondissement et au collége départemental de la Seine;

« Qu'aux termes de l'art. 3 de la loi du 5 février 1817, la translation du domicile réel ou politique ne donne droit à l'exercice du droit électoral qu'à celui qui, dans les quatre ans, ne l'aura pas exercé dans un autre département;

« Que ladite loi ne porte qu'une seule exception à ce principe, savoir, dans le cas de dissolution de la Chambre;

« Qu'aucune des lois postérieures sur les élections n'a établi de dérogation à cette disposition formelle;

« Que le motif allégué par le sieur d'Arlincourt, dans la cessation des pouvoirs du député élu par le premier collége d'arrondissement de la Seine, est détruit par le fait qu'il a concouru à l'élection d'autres députés de la Seine;

« Notre Conseil d'état entendu,

« Nous avons ordonné, etc.

Art. 1er. La requête du sieur d'Arlincourt est rejetée. »

XXXII. Une difficulté s'est élevée sur la manière de compter l'intervalle de quatre ans, prescrit par la loi.

Ces expressions désignent-elles les années antérieures à celle où l'élection a lieu, par exemple, 1819, 1820, 1821 et 1822, par rapport à 1823; ou seulement la période de *quatre ans* ou *quarante-huit mois*, accomplis au moment de l'élection?

Cette dernière manière de compter est plus con-

forme au texte de la loi, puisque les expressions
quatre ans antérieurs ne signifient, dans leur sens
positif et rigoureux, *que quatre ans révolus*, et rien
au-delà; et que la loi n'a point employé le mot
années, qui semble plus particulièrement consacré
à désigner la durée de l'année civile.

XXXIII. Une autre difficulté s'est présentée relativement aux présidents et vice-présidents des colléges
électoraux, votant, par l'effet de leur nomination
à la présidence ou vice-présidence, dans un collége
électoral différent de celui auquel ils appartiennent
par leur domicile politique.

Peuvent-ils voter dans celui qu'ils président,
quoique ayant voté dans un autre depuis moins de
quatre années? Peuvent-ils, avant ce terme, voter
dans le collége auquel ils appartiennent par leur
domicile?

Il faut examiner, d'abord, si leur nomination à
la présidence ne les place pas définitivement dans
le collège qu'ils président.

Suivant l'art. 41 de la Charte, ils sont, de droit,
membres des colléges qu'ils président; mais la
Charte ne dit pas que ce soit *à perpétuité*. Si la
nomination du Roi conférait à perpétuité le droit
de voter dans un collége électoral, elle fixerait,
dans certains cas, le domicile politique d'un électeur dans un département où il ne paierait aucune
contribution; ce qui serait en contradiction avec
l'art. 3 de la loi du 5 février 1817. Il semble plus
conforme aux principes, de considérer la présidence
comme une commission temporaire, qui donne, à

celui qui en est revêtu, le droit de voter dans la session qu'il préside; mais cette session finie, le président reprend l'exercice de ses droits politiques là où il les avait précédemment.

D'après cela, le président qui ne vote qu'en cette qualité, n'exerce pas son propre droit comme citoyen; mais un droit électoral *tout spécial*, conféré au caractère public dont il est revêtu, et qui cesse avec la présidence; son domicile politique n'est point changé : on ne saurait, par conséquent, lui appliquer la prohibition portée au second paragraphe de l'art. 3 de la loi du 5 février. Il doit donc pouvoir exercer son propre droit dans le collége ou les colléges dont il est membre, quelle que soit l'époque de leur convocation, sans que le vote qu'il a émis, comme président, puisse y faire obstacle, pas plus que celui qu'il a émis, comme électeur, n'empêche son vote comme président. (Solution du 4 septembre 1820.)

On pourrait même dire que le président aurait droit de voter, quand il ne paierait pas la quotité de contribution nécessaire pour être électeur, et quand même il aurait moins de 30 ans, puisque la Charte ne restreint en rien le choix du Roi.

XXXIV. Le délai de six mois, en cas de translation du domicile, se trouvant exigé par le même article qui prescrit également l'intervalle de quatre ans entre le vote dans les deux domiciles (Loi du 5 février 1817, art. 3), on a demandé si l'exception prononcée à la fin de cet article, pour le cas de dissolution de la Chambre, devait avoir lieu pour le

délai de six mois , comme pour l'intervalle de quatre
ans.

Il a été répondu que , d'après le texte de la loi,
la dispense indiquée au troisième paragraphe ne
se rapporte qu'à la condition exprimée dans le second, et non à la condition du délai de six mois,
qui est énoncée dans le 1er paragraphe.

De plus, ces deux conditions reposent sur des
motifs différents. Les formalités de translation de
domicile politique sont exigées pour que les citoyens
qui veulent profiter de ce bénéfice de la loi, ne le
fassent qu'avec réflexion et maturité , et non pour
satisfaire à un intérêt ou à une considération du
moment. L'obligation de n'avoir pas voté ailleurs
depuis quatre ans , a pour but d'empêcher qu'un
électeur ne concoure à l'élection de députés siégeant ensemble pour des départements différents.
Cette possibilité n'existe pas quand la Chambre
vient à être dissoute : dans ce cas , le troisième paragraphe dispense de l'obligation dont il s'agit.
Mais il n'y a pas de motifs pour dispenser aussi des
formes et délais établis pour la translation du domicile politique. L'électeur qui, après la dissolution de la Chambre, ferait les déclarations pour
transférer son domicile politique, ne pourrait donc
voter avant six mois dans celui qu'il choisirait.
Quant à l'électeur qui , avant cette époque, aurait
fait les déclarations, mais à l'égard duquel le délai
de six mois ne serait pas accompli, il ne pourrait
voter à son nouveau domicile, ne l'ayant pas encore acquis. Il semble qu'il pourrait voter dans

l'ancien, attendu que dans le cas d'un renouvellement général de la Chambre, il importe que chaque citoyen exerce son droit; que, dans ce but,
toute suspension non prescrite explicitement par
la loi, doit être levée; qu'on est nécessairement
électeur sur un point ou sur un autre, et que l'on
conserve l'ancien domicile tant que l'on n'a pas
encore acquis le nouveau.

Si, cependant, un électeur ne payait plus aucune
contribution dans le département où il avait précédemment son domicile politique (voyez ci-dessus,
n° XXVII, ce qui concerne cette position), il devrait
être admis, s'il le réclamait, à voter au lieu de son
domicile réel, soit qu'il eût ou non fait précédemment une déclaration pour l'y transférer. (Avis du
Comité de l'intérieur, du 10 juillet 1819.)

§ III.

De l'âge.

L'âge de 30 ans est nécessaire pour exercer le
droit électoral.

Cet âge doit être accompli au moment de l'élection. On examinera, dans la troisième section, si
l'on peut inscrire sur les listes, au moment de leur
publication, les citoyens qui, n'ayant pas encore
trente ans, atteindraient cet âge avant l'ouverture
du collége.

Il faut avoir 40 ans pour être élu à la Chambre
des députés. (Charte constitutionnelle, art. 38.)

Des difficultés s'étant élevées sur l'admission, à

la Chambre, de députés élus avant cet âge, mais qui l'avaient atteint avant l'ouverture de la session, la loi du 25 mars 1818, rapportée section v, a décidé (art. 1ᵉʳ) qu'il fallait avoir 40 ans *au jour de l'élection.*

§ IV.

Des contributions.

I. Pour être électeur d'arrondissement, il faut payer 300 fr. de contributions directes.

Pour être électeur de département, il faut être du nombre des plus imposés parmi les électeurs d'arrondissement, jusqu'à concurrence du quart de la totalité de ces électeurs.

Pour être élu député, il faut payer 1,000 francs de contributions directes (art. 38 de la Charte); excepté dans le cas où il n'y a pas, dans le département, cinquante citoyens remplissant les conditions d'éligibilité exigées par cet article. Alors le nombre des éligibles est porté à 50, en prenant les plus imposés au-dessous de 1,000 fr., âgés de 40 ans. (Art, 39 de la Charte.) (1)

---

(1) La capacité électorale et l'éligibilité doivent être régies par les mêmes principes, puisqu'elles ne diffèrent que relativement à l'âge et à la quotité du cens. Les règles sur les droits de citoyen français, et sur le domicile, s'appliquent donc aux éligibles comme aux électeurs ; celles qui vont être exposées sur le calcul des contributions, doivent s'y appliquer également, en substituant 1,000 fr. à 300 fr. Toutefois il est à remarquer, et cette observation sera développée davantage à la troisième section, paragraphe viii, que

Ainsi, les sommes de contributions nécessaires pour être électeur ou éligible, en d'autres termes, le *cens électoral* et le *cens d'éligibilité*, sont quelquefois fixes, et déterminés par des conditions absolues, quelquefois variables, et déterminés par des conditions relatives.

Les développements concernant le cens électoral, seront classés par rapport,

1° A la nature des contributions qui donnent le droit d'élire;

2° Aux personnes à qui ces contributions doivent être comptées;

3° Aux personnes qui, par une exception de la loi, profitent, pour le droit électoral, de contributions payées par d'autres;

4° A la condition d'une année de possession ou de jouissance des propriétés, appartements ou industries assujettis à la contribution.

Questions sur la nature des contributions.

II. Les contributions qui donnent le droit élec-

---

l'administration ne doit s'occuper des conditions d'éligibilité que dans les départements soumis à l'exception prévue par l'article 39 de la Charte, les seuls où il y ait à former des listes d'éligibles. Il arrive de là que les questions d'éligibilité sont, en général, jugées par la Chambre, qui statue seule sur l'admission de ses membres; tandis que les questions de capacité électorale le sont par les préfets seuls ou en conseil de préfecture, et, définitivement, par les Cours royales. Celles-ci s'attachent davantage aux dispositions positives : la Chambre consulte principalement la bonne foi de ceux qui ont pris part à l'élection. De là quelque divergence dans des décisions sur des cas analogues.

toral, sont les *contributions directes*, désignées sous ce titre dans les lois annuelles de finances, savoir :

1° La contribution foncière;

2° La contribution personnelle et mobilière;

3° La contribution des portes et fenêtres;

4° Les patentes.

III. Chacune de ces quatre contributions se compose d'un *principal* et de *centimes additionnels*.

Jusqu'en 1828, on n'admettait, dans le cens électoral, que le *principal* de chaque contribution directe, et les *centimes additionnels* déterminés au tableau qui accompagne la loi de finances; savoir : 1° les centimes additionnels imposés sur tous les départements par la loi annuelle des finances; 2° les cinq centimes communaux ordinaires; 3° les centimes départementaux, qui peuvent être votés jusqu'au maximum de cinq centimes; 4° les centimes pour le cadastre, qui peuvent être votés jusqu'au maximum de trois centimes; 5° enfin, les remises ou taxations des percepteurs et receveurs.

Ce principe, recommandé par les instructions ministérielles, et reconnu par une ordonnance du 6 avril 1821, relative au sieur Marchand, était fondé sur les motifs suivants. Ces centimes sont les seuls que la loi ait établis et réglés, soit en en fixant le nombre, soit en les restreignant dans des limites déterminées. Les centimes extraordinaires particuliers à tel ou tel département, à telle ou telle commune, et destinés à des dépenses extraordi-

naires, dépendent de la volonté des corps adminis-
tratifs et du gouvernement, et ne sont pas immédiatement établis par les trois branches du pouvoir
législatif. Ils sont d'ailleurs susceptibles de très-
grandes variations d'une année à l'autre, et ont un
caractère transitoire, qui donne lieu de les considérer moins comme un impôt que comme une
subvention momentanée, affectée à telle dépense
spéciale. (Ordonnance du 6 avril 1821.)

Mais, depuis 1828, une divergence s'est manifestée, sur ce sujet, entre les tribunaux. Les Cours
royales d'Amiens, Bourges et Paris ont, comme
le Conseil d'état, refusé de compter, dans le cens
électoral, les centimes locaux dont il s'agit. Celles
de Bordeaux, Montpellier, Pau, Rouen et Toulouse les y ont admis au contraire, et cette doctrine a été consacrée par deux arrêts de la Cour
de cassation.

Aux motifs exposés ci-dessus pour ne pas comprendre les centimes locaux dans le cens électoral,
les arrêts des Cours royales ont ajouté les considérations suivantes :

Les contributions directes, en principal et en
centimes additionnels, sont exprimées par la loi
annuelle des finances, et détaillées, par colonnes
distinctes, dans l'état de répartement annexé à ladite loi; la cote de chaque contribuable versée au
Trésor royal, est la base du cens électoral; d'ailleurs, les centimes extraordinaires votés par les
conseils généraux ou communaux ne frappent que
les localités où l'on veut pourvoir à des besoins

particuliers, et sont, par conséquent, dénués du caractère de généralité qui appartient aux contributions directes.

Les arrêts qui ont admis les centimes locaux, sont motivés sur ce qu'il est de droit public, que le cens électoral doit être pris dans un sens large et non restrictif; que la loi du 5 février 1817 ne distingue pas la nature des contributions qui sont imposées, soit ordinaires, soit extraordinaires; que celles-ci sont perçues de la même manière que les autres, et frappent de même sur les particuliers, qui peuvent, en cas de refus, être contraints au paiement des unes et des autres par les mêmes voies légales; qu'on ne peut s'arrêter à cette considération qu'elles ne sont que temporaires, puisque toutes les contributions directes ne sont établies que pour une année.; qu'elles doivent toutes compter, malgré la différence des objets de leur destination, puisqu'il n'est pas permis de distinguer là où la loi ne distingue pas.

Deux arrêts de cassation, en date du 23 juin 1829, ont reconnu l'admissibilité de ces centimes dans le cens électoral.

Ces arrêts sont motivés ainsi qu'il suit :

« Attendu que le texte, soit de l'article 40 de la Charte, soit de l'art. 1er de la loi du 5 février 1817, qui attache la capacité électorale au paiement de 300 fr. de contribution directe, embrasse dans sa généralité toutes les contributions directes, puisqu'il n'en excepte aucune;

« Attendu que les centimes additionnels imposés

sur les contribuables, soit qu'ils aient pour objet des dépenses ordinaires et fixes, soit qu'ils aient pour objet des dépenses extraordinaires et varia-bles, sont toujours un accessoire de l'impôt fon-cier principal, et ont le même caractère, d'après le principe que l'accessoire suit la nature du prin-cipal; que, comme l'impôt principal, ils affectent la propriété, frappent le propriétaire dans la pro-portion de son revenu foncier, et se perçoivent dans la même forme et par les mêmes voies;

« Attendu que, si cette assimilation des centimes additionnels à l'impôt principal présentait, comme on l'allègue, l'inconvénient d'imprimer à la qua-lité électorale un caractère de variabilité, il n'ap-partiendrait qu'à la sagesse du législateur de re-médier à cet inconvénient; mais qu'il n'entre pas dans les attributions des tribunaux de distinguer entre les éléments de capacité électorale là où la loi n'a pas cru devoir distinguer. »

Il est à remarquer que, depuis ces deux arrêts de cassation, les Cours royales d'Amiens et de Paris ont persisté, par des arrêts, en date des 25 septembre et 20 novembre 1829, à rejeter ces cen-times du cens électoral.

IV. Faut-il comprendre, dans le cens électoral, les cinq centimes pour frais d'avertissement?

Les opinions ont varié à cet égard. Si, d'une part, ces centimes sont prévus et autorisés par la loi annuelle des finances, et compris dans les re-cettes du budget, de l'autre, on a considéré qu'ils ne figurent point sur la matrice des rôles, et s'ajoutent seulement aux extraits délivrés pour obtenir le recouvrement de l'impôt : aussi plusieurs préfets les comprennent-ils dans le cens électoral, tandis que d'autres en font la déduction.

La première opinion paraît avoir prévalu, par le motif que la recette dont il s'agit, figure chaque année dans le tableau des éléments des contributions directes, qui est annexé au budget de l'état.

C'est d'après cette considération que l'indication de ces centimes est mentionnée dans le modèle uniforme d'extraits de rôle transmis par la circulaire du ministre de l'intérieur, du 14 avril 1829.

(Il est d'usage d'inscrire ces centimes sur les listes électorales dans la colonne des contributions foncières, en les ajoutant au montant de ces contributions. Si l'électeur ne paie aucune contribution foncière, on les ajoute à sa contribution personnelle.)

V. La contribution additionnelle à la patente, perçue en vertu de la loi du 23 juillet 1820, et destinée aux dépenses des Chambres et Bourses de commerce, doit-elle être comptée dans le cens électoral?

Cette question a été jugée affirmativement par la Cour royale d'Orléans (24 décembre 1828), et négativement par celle d'Amiens (25 septembre 1829.)

La première a déclaré que les dépenses relatives à l'entretien des chambres et bourses de commerce sont autorisées par des lois spéciales, et perçues, en vertu d'un rôle exécutoire, sur les négociants des villes où se trouvent ces établissements, et dans la proportion des droits de patente auxquels leur commerce les assujettit; que l'impôt des patentes étant dans la classe des contributions directes, la subvention, même temporaire et variable, relative à l'entretien des Chambres de commerce, doit s'ajouter au principal de cet impôt, dont elle est la conséquence, et ne peut, dans le silence de la loi, appartenir à la catégorie des contributions indirectes.

La Cour d'Amiens a donné pour motifs de son arrêt (qui est l'objet d'un pourvoi en cassation), que les centimes additionnels destinés à des besoins particuliers et temporaires n'ont pas le caractère de généralité et de durée des contributions directes ordinaires.

VI. Si, à raison de pertes éprouvées, un contribuable obtient une remise ou modération sur sa contribution foncière ou sur sa patente, on doit lui compter la totalité de la cote pour laquelle il est inscrit au rôle. En effet, la remise ou modération qui lui est accordée, n'est ni une exemption, ni une diminution d'impôt : c'est un secours momentané, et proportionné aux pertes résultant d'évènements imprévus, et à la quotité du fonds de non-valeur établi à cet effet. Dans ce cas, on doit compter au contribuable toute la somme à laquelle sa propriété ou son industrie sont annuellement imposées, et non pas seulement celle qu'il a payée accidentellement. (Solution du 18 août 1817.)

Il n'en serait pas de même, s'il s'agissait d'une réduction réelle de contribution, d'un dégrèvement obtenu pour sur - imposition. Alors on ne devrait tenir compte au contribuable que de la contribution réduite.

VII. Les propriétaires des maisons nouvellement bâties qui sont exemptes de la contribution foncière pendant deux ans (loi du 3 frimaire an VII, art. 88), et les propriétaires de maisons qui, en vertu de dispositions spéciales, sont affranchies de cette contribution pendant un temps déterminé, telles que les maisons de la rue de Rivoli à Paris, de la place Bellecour à Lyon, ont demandé qu'on leur comptât la contribution qui devait frapper leurs maisons en raison de la valeur locative.

Une ordonnance, du 14 juillet 1821, avait décidé que les propriétaires ne pouvaient s'en attribuer les contributions qu'en les faisant porter au rôle, et s'engageant à les payer. Mais deux autres ordonnances, l'une du 11 février 1824, relative aux sieurs de Riencourt et Plazanet; une seconde, du 21 septembre 1827, relative au sieur Perin, ont statué que, dans aucun cas, une maison que la loi a déclarée exempte d'impôt, ne peut être imposée, à la demande du propriétaire, avant le terme assigné par la loi.

La même doctrine a été reconnue par un arrêt de la Cour royale de Rouen, du 28 août 1829.

Voici les considérants de l'ordonnance du 11 février 1824.

« Considérant que la disposition énoncée dans

l'art. 88 de la loi du 3 frimaire an VII (23 novembre 1798) est prohibitive ; qu'elle interdit formellement de soumettre à l'impôt les maisons nouvellement construites, avant la troisième année qui suit leur achèvement ;

« Que jusqu'à cette époque les maisons ne sont pas comprises au nombre des objets imposables ;

« Que le nombre de ces objets ne peut pas être augmenté arbitrairement au gré des propriétaires ;

« Qu'il est réglé par la loi, et ne peut être restreint ou étendu que par elle ;

« Que par conséquent l'administration n'a pas le droit d'accepter les offres des propriétaires, et ne peut établir l'impôt sur les édifices dont il s'agit, avant l'époque fixée par la loi :

« Nous avons ordonné, etc.

« Art. 1er. La requête des sieurs de Riencourt et Plazanet est rejetée. »

Voici les principaux considérants de l'arrêt du 28 août 1829.

« Considérant qu'il ne suffit pas de justifier qu'on est propriétaire d'immeubles pour acquérir la qualité d'électeur ; qu'aux termes de l'article 40 de la Charte, il faut encore rapporter la preuve qu'on paie une contribution directe de 300 fr.

« Que ce n'est donc pas à l'importance seule de la propriété qu'il faut s'attacher, mais à la quotité de la contribution à laquelle on est réellement assujetti, et qu'on a acquittée, ce qui est constaté par l'extrait des rôles sur lesquels on est porté ;

« Considérant que, dans le fait particulier, le

5.

sieur Aroux reconnaît qu'il n'a pas été imposé à
raison de deux maisons qu'il a fait construire en
cette ville, mais qu'il soutient qu'on doit avoir
égard à leur évaluation cadastrale, et par suite les
regarder comme fictivement imposées pour une
somme quelconque, à raison de cette évaluation;

« Qu'un pareil système ne peut être admis, en
ce qu'il ouvrirait une voie à l'arbitraire, pour
régler en plus ou en moins la quotité relative à
des propriétés nouvellement construites;

« Considérant, d'une autre part, qu'une somme
fixe pour la contribution foncière est d'abord imposée pour le département, qu'elle se divise ensuite
par arrondissement, et qu'elle se subdivise par
commune;

« Que le contingent arrêté pour la ville de Rouen
se trouve réparti sur toutes les propriétés imposables, et que, lors de cette répartition, on a fait
supporter à tous les contribuables la somme à laquelle les nouvelles constructions auraient été assujetties, s'il y avait eu deux ans qu'elles eussent
été faites, ce qui augmente la contribution des uns,
et peut leur donner, par ce moyen, la capacité
d'être électeurs, laquelle ils n'auraient peut-être
pas eue sans cette augmentation; tandis que celui
qui se trouve exempt de payer, comme n'étant pas
imposable, jouirait des mêmes avantages, système
qui ne peut être admis, parce que la raison et la
loi le repoussent, parce qu'il créerait des électeurs
qui ne rempliraient pas les conditions exigées par

l'article 40 de la Charte, et par les lois sur la matière ;

« Que dès-lors la réclamation du sieur Aroux est autant non-recevable que mal fondée, etc. »

VIII. Non-seulement un propriétaire ne peut se faire compter la contribution d'une maison qui n'est pas encore imposable, quand même il consentirait à la payer ; mais il ne peut, sous prétexte d'erreur dans la fixation de son impôt foncier, s'attribuer une cote plus forte que celle qui est portée au rôle.

M. de Marchangy avait demandé en décembre 1823 une nouvelle évaluation d'une maison qu'il possédait à Paris, et qu'il prétendait être imposée au-dessous de sa valeur. Là vérification fut ordonnée, et donna pour résultat un revenu plus considérable que celui d'après lequel l'impôt était établi. Mais, dans l'intervalle, le rôle de 1824 avait été arrêté et déclaré exécutoire. M. de Marchangy demanda que sa maison fût surimposée au moyen d'un rôle supplémentaire. Le préfet s'y refusa par un arrêté du 15 janvier 1824, motivé sur ce qu'il ne peut être fait aucune addition aux rôles arrêtés. En effet, l'impôt foncier est un impôt de répartition et non de quotité : une fois le contingent de chaque commune réparti entre les contribuables, il n'est pas au pouvoir de l'administration d'augmenter ce contingent par un rôle supplémentaire, excepté dans le cas où la loi l'ordonne formellement, savoir pour les terrains qui cessent de faire partie du domaine de l'état.

M. de Marchangy ayant été élu député dans le département du Haut-Rhin, ne pouvait produire pour 1824 que des extraits de contributions formant moins de 1,000 fr. Lors de la vérification des pouvoirs, il demandait qu'on lui comptât la contribution résultant de la nouvelle évaluation, prétendant que les retards qui avaient empêché que cette évaluation eût lieu avant la clôture du rôle, n'étaient pas de son fait, et qu'en matière de droit politique, la Chambre doit juger par équité, plutôt que d'après la rigueur des lois. La Chambre des députés n'admit point ces considérations : rien ne lui parut suppléer à l'inscription au rôle, pour établir le cens électoral; et, dans la séance du 17 avril 1824, elle déclara M. de Marchangy non admissible.

IX. Les concessionnaires de mines paient annuellement à l'état, en vertu de la loi du 21 avril 1810, une redevance fixe et une redevance proportionnelle. Doit-on regarder ces deux redevances comme une contribution ?

La loi de 1810 considère les mines comme immeubles, et les concessionnaires comme propriétaires. Suivant les articles 34, 35 et 37, la redevance fixe est *le prix d'acquisition*, et la redevance proportionnelle, dont la perception est autorisée chaque année au budget de l'état, et qui est imposée et perçue comme la contribution foncière, est une véritable contribution foncière et directe, établie sur le produit de la mine. Elle doit donc, seule, être admise dans le cens électoral. (Solution du 18 août 1817.)

X. La redevance payée à un médecin d'eaux minérales par les propriétaires de sources, en vertu de l'arrêté du 6 nivose an XI, ne peut être considérée comme une contribution directe, susceptible de conférer le droit d'électeur.

En effet, cette perception, bien qu'autorisée annuellement par la loi des finances, a une destination spéciale qui ne permet pas de la mettre au nombre des impositions directes, affectées aux dépenses de l'état, des départements ou des communes; elle n'est pas portée sur le rôle ordinaire, mais sur un rôle particulier, et est classée dans la loi des finances avec les impôts indirects et les subventions affectées à des objets spéciaux. (Solution du 26 septembre 1827).

XI. L'impôt mobilier a été remplacé dans quelques villes par un supplément d'octroi. On a demandé que les contribuables fussent admis à se prévaloir d'une quote-part dans ce supplément d'octroi, représentative de la portion d'impôt mobilier que chacun devrait payer suivant les bases ordinaires de l'assiette de cette dernière contribution.

Cette demande a toujours été repoussée, d'après les motifs exposés ci-dessous, et qu'ont reconnus une ordonnance du Roi en Conseil d'état, du 10 avril 1828, et un arrêt de la Cour royale de Rouen, du 28 août 1829.

L'ordonnance est ainsi motivée :

« Considérant que l'article 48 de la loi des finances, du 25 mars 1817, a autorisé le remplacement du montant de la contribution personnelle et mobilière des villes ayant un octroi, par une perception sur les consommations, et statué que le mode de perception pour ce remplacement, serait réglé par une ordonnance rendue sur la demande adressée aux préfets par les conseils municipaux ;

« Que l'effet de cette disposition n'a pas été limité à l'exercice réglé par la loi du 25 mars 1817 ; mais qu'il devait s'étendre à tous les exercices suivants, à partir de 1817 ;

« Que si, aux termes de l'art. 49 de la Charte, le vote de l'impôt foncier doit être renouvelé chaque année, il n'en est pas ainsi des autres impositions, ni surtout des dispositions législatives, concernant la forme dans laquelle ces impositions seront perçues ;

« Considérant que l'article 40 de la Charte ne permet de faire entrer dans le calcul du cens électoral que les impositions directes; et que le supplément d'octroi, perçu dans certaines villes, en remplacement de la contribution mobilière, quoique tenant lieu d'une contribution directe, n'est en réalité qu'une contribution indirecte, etc. »

Les considérants de l'arrêt du 28 août 1829 sont ainsi conçus :

« Considérant que la contribution mobilière, pour la ville de Rouen, a été remplacée par une addition à l'octroi ;

« Que, suivant l'article 153 de la loi du 28 avril 1816, le produit net des octrois est soumis au profit du Trésor, à un prélèvement de dix pour cent à titre de subvention ;

« Que, par l'article 48 de la loi du 25 mars 1817, il a été ordonné que dans les villes ayant un octroi, le remplacement du montant de la contribution personnelle et mobilière pourrait être opéré par une perception sur les consommations, et que ce mode de perception serait réglé par des ordonnances ;

« Considérant que le conseil municipal de la ville de Rouen a dû user de la faculté qui lui avait été donnée par cette loi, quant à la contribution mobilière seulement, puisqu'elle se trouve remplacée par une perception sur les consommations, et que ce mode de perception est réglé par une ordonnance émanée de l'autorité royale ;

« Que par ce fait la contribution mobilière, dans la ville de Rouen, a changé de nature ; qu'elle est devenue contribution indirecte, se percevant sur les consommations ; et que, n'y ayant que les contributions directes qui puissent être admises pour former un cens électoral, on ne peut appliquer à un citoyen, demeurant à Rouen, une portion quelconque de ce qu'il paie pour ses consommations ;

« Considérant qu'il est constant que ce mode de perception préjudicie à ceux des habitants de Rouen qui prétendent au droit électoral, en ce qu'il les prive d'une portion de la masse de contributions

directes nécessaires à la qualité d'électeur ou d'é-
ligible.

« Mais, considérant que les magistrats ne peuvent interpréter la loi qu'autant qu'elle présente
des doutes;

Que l'art. 40 de la Charte, que les art. 1er et 2
de la loi du 5 février 1817, sont positifs; que la
loi du 28 avril 1816 et celle du 25 mars 1817 sont
claires et ne présentent aucune ambiguité; et que,
dans l'état actuel des choses, le sieur Aroux, comme
habitant de la ville de Rouen, ne paie pas de contribution mobilière; qu'il paie seulement des droits
d'octroi à raison de ses consommations, lesquels
droits sont une contribution indirecte, et ne peuvent être comptés dans la masse des contributions
nécessaires à sa qualité d'électeur ou d'éligible. »

XII. Des colons domiciliés en France ont présenté des états des contributions qu'ils paient dans
les colonies, et ont demandé à les faire entrer dans
le cens électoral.

Cette question a toujours été résolue négativement.

Une ordonnance du Roi, en Conseil d'état, rendue le 30 décembre 1823, l'a décidée en ce sens
sur le pourvoi du sieur de Bovis-Beauvoisin, par
les considérations suivantes :

« Vu la loi sur les élections, du 29 juin 1820, et
particulièrement l'art. 3, ainsi conçu : « La liste
« des électeurs de chaque collége sera imprimée et
« affichée un mois avant l'ouverture des colléges
« électoraux. Cette liste contiendra la quotité et

« l'espèce des contributions de chaque électeur,
« avec l'indication des *départements* où elles sont
« payées ; »

« Considérant qu'il s'agit, dans l'espèce, des contributions acquittées à la Guadeloupe, et que 'le
texte de la disposition légale, ci-dessus rapportée,
n'autorise l'emploi, dans, le cens électoral, que
des contributions payées *dans les départements du
royaume;*

« Considérant que la nature, l'assiette, la quotité et la limite des contributions perçues dans les
colonies, quoique établies légalement, puisqu'elles
le sont en vertu de l'art. 73 de la Charte, ne sont
pas réglées directement par la loi, et varient suivant les besoins et la volonté de l'administration ;
ce qui est essentiellement contraire au caractère
que doivent avoir les impôts pour constituer le
cens électoral et conférer les droits politiques dont
il est la base ;

« Nous avons ordonné, etc.

« Art. 1er. La requête du sieur de Bovis-Beauvoisin est rejetée. »

*Questions sur les personnes à qui les contributions
doivent être comptées.*

Les questions concernant les personnes à qui
doivent être comptés les impôts qui donnent le
droit électoral, seront traitées successivement pour
chacun de ces impôts, et dans l'ordre où les classe
la loi des finances.

Contribution foncière.

XIII. La contribution foncière payée par le fermier ou locataire, même lorsque celui-ci en est chargé par son bail, et que son nom est porté sur le rôle, doit toujours être comptée au propriétaire pour l'exercice du droit électoral. En effet, l'impôt foncier est établi sur le revenu net (loi du 3 frimaire an VII, 23 novembre 1798, art. 2); il est dû par le propriétaire ; et celui-ci, soit qu'il l'acquitte lui-même, soit qu'il charge le fermier ou locataire de l'acquitter en son nom, moyennant une réduction sur le prix du loyer, supporte toujours en définitive la contribution assise sur la propriété. (Ordonnance du Roi, du 5 juin 1822, relative au sieur Klenck.)

XIV. Lorsque la nue-propriété est dans une main, et l'usufruit dans une autre, la contribution foncière doit être comptée à l'usufruitier ; puisque, suivant l'art. 597 du Code civil, il jouit généralement de tous les droits dont le propriétaire peut jouir, et qu'il en jouit comme le propriétaire lui-même (1).

_____

(1) Deux époux en communauté ont, en dotant leur fille, stipulé qu'à la mort de l'époux qui décéderait le premier, la fille pourrait ou laisser jouir le survivant de l'usufruit de la succession, en se contentant de la pension annuelle constituée pour sa dot, ou demander partage en rapportant la dot. La mère meurt la première, et la fille laisse l'usufruit à son père. On a demandé s'il peut profiter de la contribution de la portion des biens communs dont il a l'usufruit, cet usufruit n'étant que *précaire*.

La Cour royale de Montpellier a déclaré, par un arrêt du 12 octobre 1829, que, bien que l'usufruitier consente à ce que la contribution foncière soit payée par le propriétaire, cette contribution ne peut profiter à celui-ci pour l'exercice du droit électoral.

Cet arrêt est ainsi conçu :

« Attendu que, s'il est vrai de dire que les parties peuvent, dans leurs transactions particulières, déroger aux principes de droit commun en tout ce qui ne blesse ni les lois ni les bonnes mœurs, cette faculté ne peut leur être laissée, et leurs conventions ne peuvent être valables qu'en ce qui touche leurs intérêts privés, mais ne peuvent être opposées ni obtenir aucun effet lorsqu'il s'agit d'intérêts publics et politiques, qui ne sauraient être étendus au-delà des limites dans lesquelles ils auraient été rigoureusement circonscrits par les lois ;

« Attendu qu'en faisant à la cause l'application de ce principe, le sieur Ange Émeric a bien pu,

---

L'usufruit dont il s'agit ne diffère de tout autre, qu'en ce qu'il est grevé d'une condition résolutoire. Suivant l'art. 580 du Code civil, l'usufruit peut être établi sous condition ; mais la condition qui le frappe ne change pas sa nature ; elle en subordonne seulement la durée à tel acte ou tel événement : tant que cet acte ou cet événement ne sont pas accomplis, l'usufruit existe aussi complètement que s'il avait été établi sans condition, et l'usufruitier jouit par conséquent de tous les droits du propriétaire. Les contributions doivent donc lui être comptées pour l'exercice du droit d'électeur. (Solution du 6 novembre 1820.)

par l'acte de partage du 10 octobre 1827, acquérir
la nue-propriété de l'immeuble des contributions
duquel il s'agit, en se soumettant à la double obligation, premièrement, d'en laisser l'usufruit à la
dame Catherine Malart, et, en second lieu, d'en
supporter lui-même les impositions contrairement
à l'article 608 du Code civil qui les met à la charge
de l'usufruitier ; mais que cette convention particulière, valable, sans doute, entre lui et la dame
Malart, ne peut être invoquée lorsqu'il s'agit d'intérêts publics et d'une loi politique, et ne saurait
avoir l'effet de transférer le droit électoral que la
loi accorde à l'usufruitier par suite du paiement
des impositions auquel elle le soumet, au nu-propriétaire qui ne reçoit d'elle aucun pouvoir ni caractère ;

« Que dès-lors, dans l'espèce, l'article 608 du
Code civil doit demeurer dans toute sa force, avec
d'autant plus de raison que la Charte constitutionnelle et les lois survenues depuis, ayant trouvé
la disposition qui y est énoncée dans toute sa vigueur, et n'y ayant en aucune manière dérogé,
doivent être entendues dans un sens analogue à la
législation préexistante, qu'elles ont ainsi de plus
fort confirmée ;

« Qu'en décider autrement, serait donner à l'u-
sufruitier le droit, en l'exonérant des contributions qui sont à sa charge, de conférer la qualité
d'électeur au nu-propriétaire, auquel la loi ne
l'accorde pas;

« Attendu, d'après ces considérations, que le

cens électoral étant fixé par la Charte constitutionnelle à une imposition de trois cents francs, et le sieur Ange-Émeric ne pouvant l'atteindre qu'en assumant sur sa tête les contributions que la loi met à la charge de l'usufruitier, et dont il ne peut profiter, nonobstant toute convention particulière, pour obtenir un droit politique que la loi ne lui défère pas, il suit que sa demande ne saurait être accueillie, et qu'à bon droit elle aurait été rejetée par M. le préfet des Pyrénées-Orientales. »

XV. Les droits de l'emphythéote diffèrent très-peu de ceux d'un propriétaire : il paie en cette qualité la contribution foncière ; il doit donc en profiter pour l'exercice du droit électoral. (Solution du 16 septembre 1820.)

XVI. Les contributions assises sur un bien grevé de rentes appelées originairement *rentes foncières*, doivent être comptées au propriétaire de l'immeuble, et non à celui de la rente. Les lois rendues depuis 1789 ont déclaré propriétaires incommutables les détenteurs de ces biens, sur lesquels les rentiers n'ont conservé aucun droit de propriété.

Lors même qu'en vertu de stipulations particulières, le propriétaire retient, sur le paiement de la rente, une somme qui représente la contribution de l'immeuble, cette retenue, qui diminue le montant de la rente, ne fait pas que le rentier soit propriétaire ou usufruitier de l'immeuble, et qu'il paie des contributions à l'État. (Solution du 7 septembre 1820.)

XVII. Les mêmes règles s'appliquent aux biens

concédés à *locatairie perpétuelle*, sorte de concession fort usitée dans quelques-uns des anciens
pays de droit écrit. Autrefois la jurisprudence va-
riait relativement à leur nature. Mais la loi du 18
décembre 1790 ayant déclaré *rentes foncières* les
redevances que les preneurs de ces biens paient
aux bailleurs, les preneurs en sont devenus propriétaires, et les bailleurs ne sont plus que des
rentiers. C'est donc aux premiers que les contributions doivent donner la jouissance des droits électoraux.

XVIII. *Les domaines congéables*, ou *conve-
nants*, existants en Bretagne, et particulièrement
dans les départements des Côtes-du-Nord, du Mor-
bihan et de la Loire-Inférieure, diffèrent des immeubles grevés de rentes foncières, en ce que le
propriétaire originaire et le concessionnaire, ou
domainier, sont tous deux propriétaires, le premier, du fonds, le second, de la superficie, c'est-à-
dire des constructions et plantations qu'il a faites
sur le fonds. (Lois des 6 août 1791 et 9 brumaire
an VI.) Aussi les contributions de l'immeuble sont
partagées entre eux conformément aux règles suivantes. (Solution du 18 août 1817.)

Les contributions payées pour les domaines congéables doivent compter au propriétaire du fonds
jusqu'à concurrence du cinquième de la rente convenancière stipulée, et le surplus, s'il y en a, déduction faite de ce cinquième, doit compter aux
domainiers.

Quelquefois la rente convenancière est stipulée

sans retenue ; on doit alors considérer cette rente comme réduite aux quatre cinquièmes, et évaluer au quart actuel de cette rente, ou au cinquième de son total fictif, la portion de contribution qui doit être comptée au propriétaire.

Dans le cas où la rente est stipulée en denrées, cette portion doit toujours être réputée du cinquième de ladite rente, calculé en dedans lorsque le propriétaire est soumis à la retenue, et calculé en dehors, ainsi qu'il vient d'être dit, lorsque cette rente est exempte de retenue. Quant à l'évaluation de ce cinquième, lorsque la rente est payable en denrées, elle doit avoir lieu selon la moyenne du prix de la denrée convenue, durant les cinq années précédentes, établi d'après le taux légal et authentique des mercuriales.

XIX. Lorsqu'un bien a été vendu à réméré, les contributions doivent être comptées à l'acquéreur, et non au vendeur. Le premier est véritablement propriétaire, sauf une condition éventuelle, qui, lorsqu'elle s'accomplit, opère une nouvelle transmission de propriété.

XX. Quand un bien est engagé par antichrèse, le créancier engagiste, quoiqu'il ait la jouissance du bien, n'en est point propriétaire. Il ne peut être assimilé à un usufruitier, mais à un créancier saisissant. C'est donc au débiteur, tant qu'il n'est pas exproprié, que doivent être comptées les contributions du bien soumis à l'antichrèse.

XXI. Souvent un bien reste indivis, et est imposé sous le nom de l'un des co-propriétaires ou

6

des héritiers de tel ou tel. Dans ce cas, chacun des co-propriétaires peut profiter de sa part dans la contribution de l'immeuble, proportionnellement à ses droits de propriété. Mais il faut qu'il justifie de ses droits par titres authentiques.

Cependant, la Cour royale de Bourges a déclaré que la preuve de l'indivision était suffisamment établie par un certificat du percepteur, visé par le maire, et que la production de cette pièce dispensait de rapporter des titres authentiques.

Il s'agissait d'extraits de rôles de contributions produits par le sieur Desgrey, portant son nom et celui de ses co-acquérants, sans indication de la part afférente à chacun.

Le sieur Desgrey rapportait un certificat du percepteur, visé par le maire, attestant qu'il possédait, depuis plus d'un an, le tiers de ces propriétés indivises.

Le préfet, en conseil de préfecture, avait refusé d'admettre ces contributions, tant que le sieur Desgrey ne prouverait pas sa co-propriété par titres authentiques.

La Cour royale de Bourges, par un arrêt du 6 novembre 1829, a statué que le tiers des contributions du bien indivis devait lui être attribué, attendu qu'aucune loi n'exige la production de titres authentiques pour constater la possession des contribuables, attestée par le certificat du percepteur vérifié par le maire.

Voici le texte de cet arrêt :

« Attendu qu'aucune loi n'exige la production

de titres authentiques pour constater la possession du contribuable, attestée par le certificat du percepteur, vérifié par le maire ; que, outre les articles concernant les contributions non contestées, le sieur Desgrey prouve, par certificats réguliers, qu'il est imposé dans la commune de Montipouret, pour la somme de 117 fr. 72 cent., conjointement avec les sieurs Hervaut et Pinaut ; que, la propriété paraissant indivise entre ces trois particuliers, la présomption est pour la sincérité de l'attestation du percepteur, que le tiers de cette contribution est à la charge du sieur Desgrey ; que le préfet ne pouvait donc pas rejeter cet article, sans avoir mis le sieur Desgrey dans le cas de justifier de sa propriété ; qu'ainsi, le tiers de cet article, montant à 39 fr. 24 cent., doit être compté au sieur Desgrey. »

L'application de cet arrêt pourrait donner lieu à des erreurs, et il est plus régulier d'exiger la production de titres authentiques.

XXII. Si l'un des co-héritiers a reçu des avantages particuliers, il doit en justifier pour se faire compter une plus forte quotité dans la contribution. Tant qu'on n'administre pas la preuve contraire, il y a présomption que les co-héritiers possèdent proportionnellement à leurs droits successifs (Solution du 18 septembre 1820).

Voici deux espèces dans lesquelles les Cours royales ont appliqué ces principes :

1° Le sieur Hulmel, co-héritier d'une succession non encore définitivement liquidée, avait demandé qu'on lui comptât sa quote-part dans tous les immeubles provenant de la succession, même dans ceux qui avaient été aliénés depuis qu'elle était ouverte. (Il prétendait que cette aliénation avait eu lieu sans son consentement.)

La Cour royale de Caen, par un arrêt du 20 janvier 1829, a déclaré qu'on ne pouvait lui compter qu'une part proportionnelle dans les contributions des immeubles non aliénés, et faisant actuellement partie de la succession.

(Elle avait reconnu dans l'espèce que ce cohéritier pouvait être considéré comme ayant ratifié la vente opérée.)

2° Le cens électoral, attribué au sieur Favenc, comprenait les contributions afférentes à la totalité de l'hérédité de son père, attendu que sa sœur, seule co-héritière, avait renoncé à la succession. Un tiers attaqua cette renonciation, sur le motif que la demoiselle Favenc avait, dans divers actes authentiques, pris antérieurement la qualité d'*héritière*.

La Cour royale de Toulouse, par un arrêt du 23 novembre 1829, maintint l'inscription du sieur Favenc, attendu, 1° que le Code civil (art. 788) n'annulle pas la renonciation en pareille circonstance, mais se borne à déclarer qu'elle ne peut être opposée aux créanciers du renonçant, jusqu'à concurrence de leurs créances seulement, et qu'elle conserve toute sa force contre l'héritier qui a renoncé ; 2° que la renonciation de la demoiselle Favenc ne peut être considérée comme

un acte frauduleux et simulé, ainsi que le prétendait le tiers demandeur, parce que le dol et la
fraude ne se présument pas, et que le demandeur
n'apporte aucun indice ni présomption à l'appui de
cette allégation.

Le tiers s'est pourvu en cassation contre cet
arrêt, et la chambre civile en est saisie.

XXIII. Un bien a été vendu à plusieurs acquéreurs, qui se le sont partagé. Le cadastre n'a pas
encore déterminé la contribution de chaque portion; mais les acquéreurs se sont engagés mutuel-
lement à payer chacun telle portion déterminée
de la totalité des contributions du bien vendu.
Chacun d'eux peut profiter de cette portion d'impôt, puisqu'elle représente la contribution de sa
portion de propriété; mais il faut que la possession ait un an de date, et que le partage des
contributions, entre tous les acquéreurs, soit justifié par acte authentique. (Solution du 11 septembre 1820.)

XXIV. Lorsque le propriétaire, en vendant un
immeuble, s'en est réservé la jouissance, et s'est
chargé d'en payer la contribution pendant un
temps déterminé, y a-t-il lieu de lui attribuer
cette contribution pour le calcul de son cens électoral?

La négative a été reconnue par deux ordonnances en Conseil d'état, à la date du 27 janvier
1828.

Elles sont ainsi motivées :

« Considérant qu'il résulte de l'acte passé par-de-

vant notaire, le 12 août 1827, que le sieur *Arrivetx*
a cédé au sieur *Lambert* une maison dont les impositions, retranchées de la masse de contributions payées par le sieur *Arrivetx*, ne laissent plus,
à sa charge, qu'une cote insuffisante pour le cens
électoral ;

« Que s'il s'est réservé, par le contrat, la jouissance dudit immeuble jusqu'au 1er juillet 1828,
cette réserve ne lui donne droit qu'à une jouissance précaire, qui ne présente aucun des carac-
tères de l'usufruit, et ne saurait en conséquence lui
conférer la faculté de compter, pour le cens électoral, les impositions de ladite maison ; et, que
s'il résulte, d'une condition de l'acte, que le sieur
Arrivetx continuera de payer les contributions de
l'immeuble vendu, jusqu'au 1er juillet 1828, ce ne
peut être qu'à la décharge du sieur *Lambert,* qui est
devenu le véritable propriétaire, du moment où la
cession a été opérée au profit de ce dernier, par les
termes exprès de l'acte de vente, et par la remise
des titres de propriété, etc. »

XXV. En faisant une donation entre-vifs, le donateur s'est réservé l'usufruit du bien concédé, à
la charge, par le donataire qui reçoit la nue-propriété, de payer la contribution foncière. Cette
contribution doit-elle profiter au donataire pour
l'exercice du droit électoral ?

Selon un arrêt de la Cour royale de Poitiers, du
10 décembre 1828, confirmé par la Cour de cassation, la contribution ne peut profiter qu'au dona-

teur, puisqu'il a conservé l'usufruit, et que la contribution est une charge de l'usufruit.

Cet arrêt est fondé sur ce que les contributions
sont une charge des fruits; que l'article 608 du
Code civil dispose formellement que l'usufruitier
d'un immeuble est tenu, pendant sa *jouissance*,
d'acquitter les contributions de cet immeuble; que
de cet article combiné avec l'art. 40 de la Charte
et l'art. 2 de la loi du 5 février 1817, il résulte que
le législateur a voulu que le droit d'élire les députés appartînt à celui qui a la jouissance des biens,
et non pas à celui qui n'en a que la *nue-propriété*;
que le donateur, en imposant à son donataire la
charge de payer les contributions du bien dont il
s'est réservé l'usufruit, n'a pu déroger à cette disposition du droit public; que le droit d'élection ne
peut être délégué par celui auquel la loi le confère,
et qu'ainsi le donateur n'a pu transmettre son cens
électoral.

La Cour de cassation, en confirmant cet arrêt,
le 9 avril 1829, a ainsi motivé son jugement.

« Considérant qu'aux termes de l'art. 608 du Code
civil, les contributions imposées sur les immeubles
sont au nombre des charges annuelles dont l'usufruitier est tenu pendant sa jouissance;

« Que la Charte constitutionnelle et les lois relatives à la formation des listes électorales, ayant
exigé, des citoyens inscrits sur ces listes, le paiement d'une contribution directe de 300 fr., sans
dire expressément auquel de l'usufruitier ou du nu-

propriétaire compterait la contribution foncière, s'en sont évidemment référées à la règle tracée par l'article précité du Code civil;

« Qu'à la vérité les parties peuvent, comme dans l'espèce, déroger à cette règle par des conventions particulières, et mettre les contributions à la charge de celui qui n'a que la nue-propriété de l'immeuble; mais que ces conventions, valables en ce qui touche les intérêts pécuniaires et privés, ne sauraient être opposées lorsqu'il s'agit de l'exécution de la loi politique, et avoir pour effet de transférer le droit électoral, de l'usufruitier auquel la loi le confère, au nu-propriétaire, qui n'a reçu d'elle aucun pouvoir;

« Qu'en le décidant ainsi, la Cour royale, loin de violer les dispositions de la Charte et des lois précitées, en a fait au contraire une sage application. »

XXVI. Peut-on, dans le calcul du cens électoral, compter à un co-héritier sa portion intégrale des contributions de l'hérédité, bien que les autres co-héritiers aient un préciput en argent?

La Cour royale de Pau (arrêt du 10 décembre 1828) a décidé l'affirmative, par le motif que les co-héritiers avantagés n'ont qu'une créance sur les immeubles de la succession.

XXVII. L'administration peut-elle réduire le cens d'un électeur, sous prétexte que les biens qu'il possède proviennent d'un legs ou d'une donation excédant la quotité disponible?

Il s'agissait d'un électeur qui, en vertu d'un

testament de sa femme, décédée depuis 27 ans,
avait l'usufruit de biens laissés par elle, et figurait
au rôle pour la contribution de la totalité de ces
biens. Cette contribution lui avait été comptée en
1828 dans son cens électoral. En 1829, l'administration avait distrait une portion de cette contribution, à raison de ce que le legs excédait la quotité
disponible.

La Cour royale de Bourges (arrêt du 3 octobre
1829) a infirmé cette décision, attendu que l'électeur avait, depuis longues années, la possession et
la jouissance des biens qui lui avaient été laissés
par sa femme; et que ses enfants n'avaient pas réclamé la réduction du legs.

XXVIII. Quelquefois des sociétés, en nom collectif,
formées pour exploiter des établissements commer-
ciaux ou industriels, occupent et même possèdent
des immeubles affectés à ces exploitations, qui sont
imposés sous le nom de la société. Des difficultés
se sont quelquefois élevées sur l'attribution de l'impôt foncier de ces immeubles.

Des ordonnances du Roi, en date des 22 octobre 1820 et 25 février 1824, relatives aux pourvois des sieurs Kœchlin et Hausmann, ont statué
que l'impôt foncier des immeubles occupés ou
exploités par une société en nom collectif, s'établit à raison de la propriété, et profite au propriétaire ou usufruitier, quel qu'il soit. Si la société
elle-même est propriétaire ou usufruitière, chaque associé en profite, d'après son droit de co-
propriété.

XXIX. Les contributions directes, assises sur des immeubles appartenant à des sociétés en commandite, ne peuvent point être comptées pour le cens électoral des directeurs gérants de ces sociétés, parce qu'ils ne sont point personnellement propriétaires de ces immeubles.

C'est ce qui a été décidé par un arrêté du préfet de l'Indre du 29 septembre 1829, contre le sieur Duplais, directeur-gérant d'une société en commandite, établie dans la ville de Buzançais, bien que les immeubles imposés eussent été acquis par le sieur Duplais, en sa qualité de gérant de cette société, et que les contributions fussent inscrites sur le rôle sous son nom personnel.

L'action judiciaire et le pourvoi du sieur Duplais ont été rejetés, d'abord par un arrêt de la Cour royale de Bourges, du 13 novembre suivant, ensuite par celui de la Cour de cassation, Chambre des requêtes, du 10 mars 1830.

Ce dernier arrêt est ainsi motivé :

« Considérant qu'aux termes de la Charte constitutionnelle, ainsi que des lois des 5 février 1817 et 29 juin 1820, la contribution foncière ne compte, pour la formation du cens électoral, qu'au propriétaire ou à l'usufruitier des biens-fonds sur lesquels elle est assise ;

« Qu'il est reconnu dans l'espèce, que le demandeur a acquis les moulins de Buzançais, non en son nom personnel, mais pour le compte d'une société en commandite dont il est le gérant, sous la raison *Duplais et Compagnie ;*

« Que, bien qu'en cette dernière qualité, et d'après les art. 23 et suivants du Code de commerce, il soit seul chargé de l'administration de ces moulins, il n'en est pas pour cela propriétaire ni usufruitier, puisqu'au contraire il est responsable envers les associés commanditaires, et leur doit compte de tous les revenus confiés à sa gestion;

« D'où il suit, qu'en décidant que les contributions assises sur ces moulins ne devaient pas compter pour le cens électoral du demandeur, lors même que dans le rôle de la commune elles seraient mentionnées sous son nom seul, l'arrêt attaqué n'a fait que se conformer aux principes de la matière et n'a violé aucune loi;

« Par ces motifs, la Cour rejette le pourvoi. »— Présid., M. le baron Favard de Langlade. — Rap., M. de Maleville.—M. Laplagne-Barris, av.-génér. — Plaid., Me Chauveau-Lagarde fils.

XXX. On a demandé à qui doit être comptée la contribution foncière des immeubles possédés par une société anonyme.

Il a été répondu que, selon l'art. 529 du Code civil, sont réputés *meubles* les actions ou intérêts dans des compagnies de finances, de commerce ou d'industrie, encore que des immeubles *dépendant de ces entreprises, appartiennent aux compagnies.* Chaque actionnaire ne possède donc qu'une propriété *mobilière*, que ne peut frapper un impôt foncier, et ne paraît pas, en conséquence, pouvoir s'attribuer une part de la contribution foncière des immeubles appartenant à la compagnie. (So-

lutions des 15 septembre 1820, 3 novembre 1828,
et 10 juillet 1829.)

Contribution personnelle et mobilière.

XXXI. Un individu se trouve, mal-à-propos,
payer deux contributions personnelles et mobi-
lières ; doit-on les lui compter toutes les deux ; et,
dans le cas de la négative, laquelle doit lui être
attribuée exclusivement à l'autre?

On ne doit lui en compter qu'une, savoir, la plus
élevée.

Telle est la décision qui a été rendue par la
Cour royale de Rennes, le 18 décembre 1828.

La Cour royale de Grenoble, par un arrêt du 4
août 1829, concernant la double contribution
payée par le sieur Chaper, a déclaré qu'il était fa-
cultatif à ce contribuable d'en obtenir décharge,
et qu'ainsi une seule devait concourir au cens dont
il était fondé à se prévaloir.

XXXII. La contribution personnelle et mobilière
du père peut-elle être comptée aux enfants?

La Cour royale de Rennes (arrêt du 10 février
1829) a jugé cette question négativement, attendu
qu'aux termes de la loi du 3 nivose an VII, la contribution personnelle et mobilière est, par sa nature, un impôt personnel dû par l'imposable personnellement.

XXXIII. Si une société, en nom collectif, occupe,
hors de son domicile, des dépôts ou magasins pour
lesquels elle est inscrite au rôle de la contribution
personnelle et mobilière , cet impôt, bien que

qualifié *personnel*, doit être considéré comme une charge sociale, et profiter alors à tous les associés (1). (Ordonnance du 25 février 1824, relative au pourvoi des sieurs Hausmann.)

XXXIV. Doit-on compter au chef d'un établissement d'industrie, qui n'a que des associés commanditaires, la contribution mobilière imposée sur la totalité de l'usine?

L'affirmative a été jugée par la cour royale de Metz (arrêt du 10 février 1829), attendu que, d'après les lois des 18 février 1791 et 3 nivose an VII, la contribution dont il s'agit est due par tout habitant, à raison de son habitation, et dans la proportion de son importance; qu'il n'en est dû qu'une seule(2), laquelle n'est payable et exigible qu'au lieu du domicile du contribuable; d'où il suit que, dans l'espèce, le directeur, habitant seul l'usine dont il s'agit, doit seul aussi la contribution mobilière pesant sur cette habitation; et qu'il y a d'autant moins lieu à la répartir entre lui et ses associés, que ceux-ci doivent la payer au lieu où ils résident.

_____

(1) Voyez ci-dessous, n° XLV, p. 202, les divers modes usités pour la répartition, entre des associés en nom collectif, des impôts considérés comme *charges sociales*.

(2) Il y a une exception pour les individus ayant domicile à Paris : ils sont tenus d'acquitter, à Paris, l'impôt personnel, quoiqu'ils le paient dans une autre commune. (Arrêté du 13 vendémiaire an XII, art. 3.)

Contribution des portes et fenêtres.

XXXV. L'attribution de l'impôt des portes et fenêtres a donné lieu à des difficultés assez grandes.
La loi du 4 frimaire an VII (24 novembre 1798)
a déclaré cette contribution, *charge locative* (art.
12). Le même article ajoute qu'elle sera exigible
contre les propriétaires, usufruitiers, fermiers et
locataires principaux, *sauf leur recours* contre les
locataires particuliers, pour le remboursement de
la somme due à raison des locaux par eux occupés.
Ces derniers peuvent même (art. 14) être contraints au paiement par la vente de leur mobilier.

Mais il arrive souvent que le propriétaire se
charge de payer cet impôt à l'acquit du locataire.

Dès les premiers temps de l'application de la loi
du 5 février 1817, le propriétaire, qui payait l'impôt, demandait à en profiter.

L'administration l'a, en général, toujours attribué au locataire. Deux ordonnances, du 25 février
1824, et du 12 décembre 1827, ont consacré cette
règle.

Depuis que le jugement définitif du contentieux,
en matière électorale, est dévolu aux tribunaux,
il s'est établi quelque divergence.

Ainsi, les Cours d'Amiens, Caen, Metz, Paris,
Rennes et Toulouse, et la Cour de cassation, ont
statué que la contribution des portes et fenêtres
doit être attribuée au locataire.

Celles de Bourges et de Douai ont jugé que le
propriétaire doit en profiter.

Les arrêts d'Amiens, Rennes, Paris et Toulouse, des 15 novembre 1828, 24 décembre 1828, 9 février et 22 septembre 1829, ont expressément prononcé l'attribution au locataire.

Le principe seulement a été reconnu dans les considérants d'un arrêt de la Cour royale de Caen, du 11 décembre 1828, et d'un arrêt de la Cour royale de Metz, du 10 février 1829.

Trois arrêts de la Cour de Douai (des 20 novembre et 23 décembre 1828) ont formellement attribué l'impôt au propriétaire.

Les arrêts d'Amiens, Paris et Rennes sont fondés sur ce que, aux termes de la loi du 4 frimaire an VII, la contribution des portes et fenêtres est une charge directe de la location, et qu'il ne dépend pas des parties de changer, par des conventions particulières, la nature de cette contribution, et de déléguer ce qui n'est pas susceptible de délégation.

A ces considérations, la Cour royale de Caen ajoute que l'art. 1er de la loi du 12 novembre 1808 établit encore plus positivement la nature de *charge locative*, attribuée à la contribution dont il s'agit, puisque, par son n° 1er, cet article accorde à l'impôt foncier de l'année échue et de l'année courante, un privilège sur les récoltes, fruits, loyers et revenus des immeubles sujets à la contribution, parce que c'est le *fonds* qui en est réellement tenu; tandis que, par son n° 2, il établit le privilège du trésor public pour les contributions, mobilière, des *portes et fenêtres*, et toute autre contribution

directe et *personnelle*, sur tous les meubles et autres effets mobiliers appartenant aux redevables,
en quelques lieux qu'ils soient situés.

Les arrêts de Douai donnent pour motifs de l'o-
pinion contraire, que la contribution des portes
et fenêtres est, par sa nature, inhérente à la propriété foncière, et une sorte de supplément de
l'impôt foncier; qu'elle figure sur le rôle, au nom
du propriétaire; qu'elle est due, principalement,
par lui, puisqu'il en est tenu, en cas d'insolvabi-
lité du locataire, et même lorsque la maison est
vacante, sauf le cas de dégrèvement; qu'elle est
réellement supportée par le propriétaire, puisque
le locataire, qui l'acquitte, en a compris nécessairement l'importance dans la fixation du prix
qu'il s'est engagé à payer à titre de location; que,
si l'on pouvait croire que l'intention du législateur
ait été, dans la loi du 4 frimaire an VII, d'en faire
une charge locative, en accordant au propriétaire
son recours contre le locataire, il faudrait reconnaître, néanmoins, qu'il n'avait point en vue l'im-
putation de cette contribution pour le cens électoral; et que, puisque dans tous les contrats de
baux passés depuis cette loi, l'acquittement de
cette contribution est, par le fait, retombé à la
charge du propriétaire, il convient de rentrer dans
le principe que le droit attaché à la contribution
profite à celui qui la supporte.

La Cour de cassation, en adoptant, par un arrêt
du 23 juin 1829, la doctrine qui attribue cet impôt au locataire, a donné pour motifs,

Que la contribution des portes et fenêtres, quoique assise sur des immeubles, est néanmoins une charge de l'habitation ; que si, pour la facilité de la perception, elle est directement demandée *aux propriétaires, usufruitiers, fermiers, et principaux locataires*, elle est, en réalité, due et payée par les locataires par voie de recours, conformément à l'art. 12 de la loi du 4 frimaire an VII; que cette contribution est assimilée, *quant au privilége*, aux contributions mobilière et personnelle, par la loi du 12 novembre 1808; et que, loin d'avoir été portée dans les lois de finances comme accessoire de la contribution foncière, elle y a toujours été placée entre la contribution mobilière et la contribution personnelle, d'où il résulte qu'en jugeant que cette contribution devait être comptée, pour le cens électoral, aux locataires et non aux propriétaires, la Cour royale de Paris a fait une juste application des lois de la matière.

L'arrêt de Bourges, qui a statué dans un sens contraire, sur le pourvoi du sieur Desgrey, est postérieur à celui de la Cour de cassation, puisqu'il est du 6 novembre 1829.

XXXVI. Mais, en cas de non-location, la contribution des portes et fenêtres ne doit-elle pas profiter aux propriétaires ?

La Cour royale de Paris l'a déclaré par deux arrêts. Le premier, en date du 21 octobre 1829, donnait pour motif subsidiaire que, dans l'espèce, le propriétaire déclarait que ses maisons, non louées, servaient à son usage. Mais cette circon-

stance n'était point alléguée dans l'espèce qui a
donné lieu au second arrêt, du 20 novembre 1829.
Il énonce purement et simplement, que « le fait
de la location des maisons dont il s'agit, n'est pas
allégué par le tiers (qui contestait le cens électoral),
et *qu'en cas de non-location, c'est le propriétaire
à la charge duquel tombe ledit impôt.*

Le même principe avait déja été reconnu par
l'administration, pourvu toutefois que le propriétaire n'eût pas excipé de la non-location pour obtenir un dégrèvement.

XXXVII. L'impôt de la porte cochère doit être
attribué au propriétaire. Ainsi l'a décidé la Cour
royale de Caen ; et son arrêt, en date du 29 décembre 1828, est fondé sur ce que la loi du 4 frimaire an VII a distingué la contribution des portes
et fenêtres des locaux occupés exclusivement par
chaque locataire particulier, et celle des locaux
communs à l'usage de tous les locataires; que les
propriétaires, passibles de l'impôt à l'égard du
gouvernement, ont un recours, contre chacun des
locataires, pour l'impôt du local que chacun de
ceux-ci occupe exclusivement; mais qu'ils n'en ont
point pour l'impôt des locaux servant à l'usage
commun.

XXXVIII. L'impôt des portes et fenêtres est toujours compté au maître d'un hôtel garni (propriétaire ou locataire), et au propriétaire ou locataire
qui loue des appartements en garni; attendu que
le premier est censé occuper la maison, qu'elle est
pour lui un objet d'exploitation à raison duquel il

paie une patente ; et que le second, bien qu'il n'occupe pas par lui-même, et ne peut être assimilé à un
commerçant, est seul responsable du non-paye-
ment, et que la saisie porte sur un mobilier qui lui
appartient. (Solution du 3 novembre 1820.)

XXXIX. L'impôt des portes et fenêtres des bâtiments occupés en commun par une société en
nom collectif, soit dans son domicile, soit hors
de son domicile, savoir : magasins, ateliers, dépôts de vente, etc., doit être compté à tous les
associés (1). (Ordonnance du 25 février 1824, relative aux sieurs Hausmann.)

Chaque associé profite de l'impôt des portes et
fenêtres de l'appartement qu'il occupe personnellement.

XL. Doit-on compter au chef d'un établissement
d'industrie qui n'a que des associés commanditaires, la totalité de l'impôt des portes et fenêtres
auquel est assujetti cet établissement ? Doit-on ne
lui compter que la portion afférente à son logement personnel, et dans ce cas, à qui doit être attribué le surplus ?

On ne doit lui compter que la portion afférente
à l'appartement qu'il occupe. Le surplus doit être
réparti entre tous les associés, proportionnellement à leurs droits de propriété. (Arrêt de la Cour
royale de Metz, du 10 février 1829.)

---

(1) Voyez ci-dessous, au n° XLV, les diverses manières de répartir, entre les associés en nom collectif, les impôts qui sont considérés comme *charges sociales*.

Un arrêté du préfet, en conseil de préfecture, attribuait au sieur Couturier, l'un des propriétaires et seul directeur d'une forge, 14 fr. d'impôt des portes et fenêtres pour son logement personnel, et 16 fr. 2 cent. pour sa quote-part dans cet impôt pour les autres bâtiments, au prorata de son droit de propriété.

Cet arrêté est ainsi motivé : « Considérant que, quant aux portes et fenêtres des bâtiments dépendant de l'usine, elles doivent être comptées à chacun des sociétaires au prorata de sa portion de propriété, attendu que ceux qui les occupent sont des ouvriers à leurs gages et qui ne paient pas cet impôt ; à l'exception toutefois des portes et fenêtres de l'habitation personnelle du sieur Couturier, directeur (et l'un des propriétaires). »

Un tiers attaqua l'arrêté, sous le rapport de l'attribution exclusive des 14 fr.

La Cour de Metz maintint cet arrêté, et par conséquent l'attribution exclusive, au directeur, de l'impôt des portes et fenêtres de son logement personnel, ainsi que sa part proportionnelle du surplus de cette contribution.

L'arrêt n'est motivé que sur le point contesté. Il porte que la contribution des portes et fenêtres est due par tous propriétaires ou principaux locataires des maisons, bâtiments et usines, sauf leur recours contre les locataires particuliers ou sous-locataires pour le remboursement de ce que ceux-ci peuvent devoir à raison des locaux qu'ils y occupent; d'où il suit que le sieur Couturier, habitant la principale partie de l'usine dont il s'agit, doit indubitablement supporter cette contribution dans la proportion de son logement, et qu'à cet égard, il ne peut y avoir lieu à aucun répartement entre lui et ses associés, qui, s'ils acquittaient par eux-mêmes, comme co-propriétaires de l'établissement, cette contribution, auraient au contraire le droit de s'en faire rembourser par lui, jusqu'à concurrence de la somme due en raison du logement qu'il occupe.

XLI. On a demandé à qui doit compter l'impôt des portes et fenêtres d'un établissement appartenant à une société anonyme.

Les mêmes principes qu'a reconnus la Cour royale de Metz, dans l'espèce précédente, sont applicables à celle-ci, avec cette différence qu'ici les actionnaires ne sont pas véritablement propriétaires occupant l'établissement; qu'ils ne possèdent que des effets négociables, *meubles* de leur nature, et que le véritable propriétaire occupant est l'être fictif appelé *société anonyme.*

Ainsi, le directeur ou gérant doit profiter de l'impôt des portes et fenêtres afférent au logement qu'il occupe ; et le surplus de l'impôt ne profite à personne.

Patentes.

XLII. Le médecin attaché à un établissement public, et qui, en cette qualité, est exempt du paiement de la patente, ne peut se faire compter la patente qu'il paierait sans cette exception. Il est

dans une position analogue à celle du propriétaire
d'une maison exempte d'impôt. (Solution du 3 novembre 1820.)

XLIII. La patente du père peut-elle être comptée aux enfants qui continuent son commerce?

Non : car la patente est *personnelle*. Arrêt de la
Cour royale de Rennes, du 24 décembre 1828.

Cet arrêt est motivé sur le texte de l'art. 9 de
la loi du 6 fructidor an IV (1).

XLIV. Un réclamant peut-il faire admettre,
dans son cens électoral, une patente inscrite sous
le nom d'une autre personne, en prétendant que
cette personne lui a cédé son commerce?

Les Cours royales de Rennes et de Riom (arrêts
des 24 décembre et 26 novembre 1828) ont résolu
cette question négativement, attendu que la patente est personnelle.

Dans la première espèce, il s'agissait d'enfants
qui prétendaient s'attribuer la patente inscrite pour
et au nom de leur père, en alléguant que celui-ci
leur avait cédé son commerce.

XLV. Des difficultés assez graves se sont élevées, relativement au calcul de la patente, dans
le cas d'une société en nom collectif, pour la gestion d'un établissement de commerce ou d'industrie.

Ces difficultés ne sont pas complètement résolues.

---

(1) L'article cité se trouve répété, presque textuellement, par
l'article 25 de la loi du 1er brumaire an VII.

Les lois des 1er brumaire an VII, 25 mars 1817, et 15 mai 1818, portent que, pour les sociétés en nom collectif, il est payé un seul droit fixe par le *principal associé*, un demi-droit fixe par chacun des autres associés, et un seul droit proportionnel par l'associé principal.

1° Dans certains départements, on compte à l'associé principal son droit fixe personnel et la totalité du droit proportionnel (1).

Cette manière de voir est fondée sur le texte de l'article 25 de la loi du 1er brumaire an VII, qui porte que la patente est *personnelle* et ne sert qu'à celui qui l'obtient; sur ce que la loi n'a pas dit que le droit *proportionnel* serait payé par *tous les associés*, et qu'ainsi il n'y a pas lieu à en faire le partage.

La Cour royale de Toulouse a statué dans ce sens, par un arrêt du 24 novembre 1829. Elle a décidé que le sieur Chaptive fils, associé de son père, ne pouvait se prévaloir de la moitié de la patente payée par leur société de commerce, et que son père, étant le *principal associé*, devait seul profiter du droit proportionnel.

2° Dans d'autres départements, on ne compte à l'associé principal que le droit fixe auquel il est assujetti, et l'on répartit le droit proportionnel entre tous les autres associés, au prorata de leur part d'intérêt dans l'association.

----

(1) C'est ce qui se faisait dans le département de la Seine-Infé-rieure, du moins avant 1827.

Cette doctrine, mise en usage dans plusieurs départements, particulièrement dans celui du Haut-Rhin, est fondée sur ce que le droit *proportionnel* excédant la part d'impôt commercial à laquelle la loi assujettit chacun des associés, forme une *charge sociale*, qui doit être répartie entre tous les associés, en raison de la participation qu'ils prennent aux charges et aux bénéfices de la société.

Elle a été développée dans les considérants de trois ordonnances du Roi, rendues en Conseil-d'état, les 22 octobre 1820, 25 février 1824, et 18 novembre 1827, et relatives, les deux premières, aux sieurs Kœchlin et Hausmann (Haut-Rhin); la troisième, aux sieurs Darpentigny et Debar (Seine-Inférieure.)

Elle a depuis été adoptée par un arrêt de la Cour royale de Colmar, du 26 décembre 1829, relatif aux frères Perrenod.

Mais il se présente quelques difficultés dans l'application de ces principes.

Le Code de commerce (art. 42 et 43) n'assujettit les sociétés en nom collectif à déposer au greffe du tribunal de commerce que des extraits de l'acte de société, indiquant les noms, domicile, etc., des divers associés; en sorte que l'administration ne peut connaître la part d'intérêt de chaque associé que par leur propre déclaration, ou par une production, soit de l'acte de société, soit du moins d'un extrait de cet acte indiquant les droits de chacun. La déclaration des associés pouvant donner lieu à la fraude, les préfets ont demandé la production d'un extrait de l'acte de société; et les commerçants ont fait souvent difficulté de le fournir, prétendant que la loi n'exige pas la publicité des conditions de l'association, publicité qui, quelquefois, peut être nuisible au crédit, et qu'on ne peut rien exiger d'eux au-delà de l'extrait dont le dépôt est prescrit par le Code de commerce. Ils ont demandé, ou qu'on ne fît aucun partage du droit proportionnel de patente, et qu'on ne le comptât qu'à celui dont le nom figure au rôle comme associé principal, ou qu'on le partageât par tête entre les associés.

Mais, dans le système du calcul de la patente, adopté par les ordonnances des 22 octobre 1820, 25 février 1824, et 18 novembre 1827, on peut répondre que la justification des conditions de la société est nécessaire pour la répartition du droit proportionnel; et qu'au surplus, il est des cas où la publicité des conditions d'une association devient nécessaire, tels que ceux de faillite, ou de contestation entre les associés. Aussi l'obligation de faire connaître à l'administration la part d'intérêt de chaque associé, a-t-elle été reconnue formellement par l'ordonnance du 22 octobre 1820 concernant le sieur Kœchlin.

L'arrêt de Colmar, du 26 décembre 1829, qui a reconnu les principes du Conseil-d'état, pour l'attribution des droits de patente, à l'égard des associés en nom collectif, en a rendu l'application plus facile, en déclarant qu'il n'est pas besoin de produire des extraits de l'acte de société pour établir quels sont les droits respectifs des associés, lorsque ces droits sont justifiés par d'autres pièces et d'autres indices.

Les frères Perrenod produisaient, 1° des extraits de leurs livres; 2° un certificat du président du tribunal de commerce, attestant qu'ils sont associés, par moitié, pour profits et pertes, et 3° des contrats notariés attestant qu'ils ont acquis en commun les immeubles de l'établissement.

L'arrêt de la Cour royale qui a reconnu l'admissibilité de ces preuves, est ainsi conçu :

« En ce qui touche l'exception d'indivision de propriété, et le défaut de justification de la portion afférente à chacun des deux frères ;

« Considérant que la cote non contestée des impositions payées par les frères Perrenod, non compris leur cote personnelle et mobilière, s'élève à 882 fr. 17 c.; qu'ils justifient de leur association ; et qu'il est constaté, par un certificat du président du tribunal de commerce, que les profits et pertes, pendant l'exercice 1828, ont été réglés par moitié entre les deux associés ; qu'il est pareillement constaté, par contrats notariés, que les immeubles qui font l'objet de leurs contributions foncières, sont acquis par eux en communauté ; d'où il résulte que la cote entière, étant divisée par moitié, chacun d'eux paie plus de 300 fr., etc. ;

« La Cour ordonne l'inscription. »

3° Enfin, il paraît que quelquefois on a fait le

partage, *par tête*, du droit proportionnel entre tous les associés.

Cette doctrine est fondée sur les considérations suivantes :

Ce n'est pas la quotité d'intérêt, dans l'association, qui est la seule mesure du droit de chaque associé à profiter de l'impôt industriel. Cette mesure se trouve plutôt dans l'exercice effectif de l'industrie; en effet, les garanties de gestion et de connaissance des affaires de commerce, que représente la patente, sont attachées à l'exercice de l'industrie, plutôt qu'aux bénéfices de l'entreprise. Les associés *commanditaires* et les membres des sociétés *anonymes* sont dispensés de payer une patente, et, à l'égard des sociétés en commandite, l'impôt industriel ne porte que sur les associés *gérants*; et l'on attribue à ceux-ci la totalité de la patente que supporte l'établissement industriel, bien qu'ils n'aient qu'une portion des bénéfices. Par la même raison, la qualité d'*associé en nom collectif*, prouvée par l'extrait déposé au greffe, suffit pour constater la participation à l'industrie exercée, et, aux yeux de la loi, confère des droits égaux à chaque associé.

Il est fort désirable qu'il s'établisse une jurisprudence fixe, qui fasse adopter uniformément l'un de ces trois systèmes.

XLVI. On a demandé ce qu'on doit entendre par *associé principal*.

Il ne peut y avoir de difficulté quand les asso-

ciés figurent tous au rôle des patentes. C'est alors
celui qui seul est inscrit pour un droit fixe *intégral.*

Quelquefois tous les associés ne figurent pas au
rôle (on va en voir un exemple au n° XLVII ci-
dessous). Dans ce cas, le principal associé est
celui qui figure seul au rôle, ou celui qui est le
seul nommé, ou le premier nommé dans la raison
sociale; ou, au défaut de cette indication, celui
que l'acte de société désigne comme étant le chef
de l'établissement, comme dirigeant plus particulièrement les affaires, ou comme ayant le principal intérêt dans l'association (1).

XLVII. Par une disposition spéciale (lois du
25 mars 1817, art. 67, et du 15 mai 1818, art. 62),
les sociétés qui exploitent des filatures ou fabri-
ques à métiers, ne sont assujetties qu'à un *seul
droit fixe,* quel que soit le nombre des associés.
Dans ce cas, la totalité de la patente figure sur
le rôle au nom de l'associé principal, ou au nom
de la *raison sociale.* Suivant les divers systèmes
exposés ci-dessus, n° XLV, cette patente (droit fixe
et droit proportionnel) est comptée en entier au
principal associé, ou bien est répartie par tête entre
tous les associés, ou enfin est partagée entre eux
proportionnellement à leur part d'intérêt.

---

(1) Il y aurait trop d'inconvénient à se contenter de la simple déclaration des associés, pour désigner quel est, parmi eux, l'associé
principal. Ils pourraient alors augmenter à volonté le cens de l'un
d'eux.

L'ordonnance du 18 novembre 1827, citée ci-dessus, concernait une filature; elle prescrivit la répartition proportionnelle entre les sieurs Darpentigny et Debar, de la totalité du droit de patente que le préfet de la Seine-Inférieure avait compté tout entier au sieur Darpentigny; mais à la charge par eux de justifier de leurs droits respectifs dans l'association.

XLVIII. Il est utile de remarquer que la répartition d'une partie des droits de patente n'est nécessaire, et que la production des extraits d'actes de société ne peut être exigée que lorsque l'existence de la société est prouvée par le dépôt effectué au greffe en vertu des articles 42 et 43 du Code de commerce. Au défaut de ce dépôt, la raison *N et N*, ou *N et compagnie*, ne suffit pas pour prouver qu'il y a *société* : car souvent il arrive que des parents, tels que le père et les enfants, des frères et sœurs, etc., dirigent ensemble un commerce, sans qu'il y ait de conventions stipulées par un acte formel de société. Alors le chef de la maison est seul responsable; lui seul est *commerçant*, et seul inscrit pour un droit fixe au rôle des patentes. Dans ce cas, c'est à lui qu'on doit compter aussi le droit proportionnel, et ses collaborateurs ne doivent être considérés que comme des employés ou commis.

XLIX. Une ordonnance du 25 février 1824, relative à un pourvoi formé par les sieurs Hausmann, associés, exploitant plusieurs établissements de fabrique et de vente d'indiennes dans le Haut-Rhin, à Paris et à Lyon, a décidé plusieurs questions dignes d'intérêt. (Voy. n°ˢ xxxiii et xxxix, p. 92 et 99.)

Elle a reconnu que le droit proportionnel doit se partager entre tous les associés, lors même qu'il concerne des établissements de vente, tenus en location hors du domicile de la société; pourvu toutefois que ce droit ne soit pas imposé à raison de l'industrie exercée personnellement par l'individu qui occupe cet établissement de vente.

(Il s'agissait, dans l'espèce, d'un dépôt tenu à Lyon par un individu à l'égard duquel il n'était pas suffisamment établi quelle était sa véritable qualité, s'il était commis de la société, ou commissionnaire pour son compte personnel.)

L. Il semble résulter des principes dont il vient d'être question, que le droit proportionnel de patente susceptible d'être considéré comme une charge sociale, est seulement celui qui repose sur la valeur locative des maisons, magasins, etc., occupés en *commun* (art. 25 de la loi du 1ᵉʳ brumaire an vii). Si plusieurs associés, patentés chacun pour un droit ou un demi-droit fixe, occupent des établissements séparés dans diverses communes, ou dans la même commune, et exercent une industrie séparée, ou diverses branches de l'industrie commune, le droit proportionnel, afférent à chaque établissement, semble devoir être attribué à l'associé qui occupe cet établissement particulier.

LI. Dans l'hypothèse d'un établissement industriel, appartenant à une société en commandite, doit-on attribuer la totalité de la patente au chef

de cet établissement industriel, qui n'est propriétaire que d'une partie de l'usine, encore bien que
son nom ne soit pas porté sur les rôles, et que la
patente soit au nom de la société?

On doit lui compter la totalité de la patente.

Ainsi l'ont jugé deux arrêts de la cour royale de
Metz, des 10 et 11 février 1829.

Ils sont motivés sur ce que les droits fixe et proportionnel dont se compose le droit de patente,
doivent généralement être payés par tout exerçant;
que celui qui exerce un commerce ou une industrie, est seul obligé de se munir d'une patente, et
d'en payer les droits fixe et proportionnel, lors
même qu'il aurait des associés, si d'ailleurs ceux-
ci n'exercent pas; que la patente est personnelle
et ne peut servir qu'à celui qui l'obtient, sauf le
cas où des associés se réuniraient dans le même
local, pour exercer en commun; auquel cas il ne
serait dû pour eux tous qu'un seul droit proportionnel, payable par l'un d'eux; que le sieur Couturier, directeur, exerçant seul l'industrie, doit
seul aussi, et pour son compte personnel, en acquitter le droit proportionnel, dont, aux termes
de la loi, il ne doit être fait aucun répartement
entre lui et ses associés, puisque ceux-ci n'exercent
pas.

LII. Lorsqu'un établissement industriel appartient à une société anonyme, à qui doit profiter la
patente imposée au nom de l'établissement?

Dans les espèces pour lesquelles s'élevait cette
question, il n'était imposé qu'un droit *proportion-*

nel à raison de la valeur locative des bâtiments occupés; et le directeur ou administrateur n'était pas assujetti au droit fixe, sans doute parce qu'il était considéré comme un mandataire gérant pour le compte d'autrui.

Il a paru que le droit proportionnel de patente ne peut être attribué, ni aux actionnaires qui n'exercent pas l'industrie, et sont exempts du paiement de la patente (art. 25 de la loi du 1ᵉʳ brumaire an VII), ni aux administrateurs ou régisseurs salariés par la société, et qui ne sont que des *commis* également exempts de la patente, aux termes de l'art. 29 de la même loi. (Solutions des 3 novembre 1828 et 10 juillet 1829.)

Si le directeur ou régisseur était assujetti personnellement à un droit fixe, ce droit devrait, ce semble, lui être attribué, en vertu du principe posé par l'article 25 de la loi du 1ᵉʳ brumaire an VII.

Personnes qui, par exception, profitent, pour le droit électoral, de contributions payées par d'autres.

LIII. En principe général, nul ne peut être électeur qu'à raison des contributions qu'il paie. Mais ce principe reçoit des exceptions à l'égard, 1° du mari (loi du 5 février 1817, art. 2); 2° du père, pour les contributions de ses enfants mineurs (même article); 3° du fils, petit-fils ou gendre d'une veuve. (Loi du 29 juin 1820, article 5) (1).

_____

(1) La loi n'admettant que ces exceptions, le père ne peut,

Attendu le silence de la loi, il n'est pas nécessaire que le mari, ou père, ou le descendant d'une veuve, paie par lui-même des contributions directes pour être électeur. Si celles qu'il réunit en vertu des articles ci-dessus cités, forment une somme suffisante, il est électeur, comme s'il les payait lui-même. (Solution du 4 septembre 1820.)

Le mari peut profiter des contributions payées par sa femme, même non commune en biens. (Loi du 5 février 1817, art. 2.)

Il doit en être de même des contributions de la femme séparée de biens. En effet, malgré la séparation, le mari reste le chef de la famille; et les époux se trouvent dans la même position que si la non-communauté avait été stipulée dans le contrat de mariage. Mais il faut que la séparation n'ait pas eu lieu pour une cause qui ait privé l'époux des droits civils ou politiques. (Solution du 18 août 1817.)

Le mari divorcé ne peut jamais profiter des contributions des biens de son ancienne épouse, même quand elle est revenue demeurer avec lui, à moins qu'il n'y ait un nouveau mariage contracté entre eux. (Solution du 26 mars 1819.)

LIV. Les solutions relatives à l'attribution des

---

comme sous la législation antérieure à 1817, céder une partie de ses contributions à son fils. Et le père et le fils, vivant ensemble, ne peuvent, comme on l'a demandé quelquefois, réunir leurs contributions sur une seule tête, pour donner à l'un d'eux la qualité d'électeur.

contributions dans les cas litigieux, s'appliquent aux femmes, aux enfants mineurs, aux mères, aïeules ou belles-mères, à l'égard des droits transmis aux maris, aux pères, ou aux fils, petits-fils ou gendres. Ainsi, par exemple, le mari ne peut profiter des contributions d'un bien dont sa femme n'a que la nue propriété; mais il profite de celles d'un bien dont elle est usufruitière, etc. (Solutions des 30 mars et 22 octobre 1820.)

LV. Une veuve remariée est tutrice des biens de ses enfants mineurs issus d'un premier lit. Les contributions de ces biens ne peuvent être comptées au second mari. En effet, suivant le Code civil (art. 386), la mère remariée perd la jouissance des biens de ses enfants mineurs. Quand elle reste tutrice, elle n'a d'autres droits sur ces biens que ceux qu'aurait un tuteur : or, un tuteur n'est pas un usufruitier, et ne profiterait pas des contributions de ses pupilles. Le second mari ne peut donc profiter des contributions qui ne sont pas *celles de sa femme*. (Solution du 4 septembre 1820.)

LVI. Un homme veuf, ayant plusieurs enfants, administre la succession encore indivise de sa défunte femme. Les enfants peuvent se faire compter, pour l'exercice du droit électoral, la part de contribution afférente à leurs droits successifs. En effet, chacun d'eux est co-propriétaire par indivis dans la succession maternelle, à partir de l'ouverture de la succession. (Solution du 7 septembre 1820.)

LVII. Les héritiers d'une femme mariée sous le régime de la communauté se sont réservé la faculté d'accepter la succession ou d'y renoncer. Le mari ne peut, dans cet état de choses, se faire compter au-delà de la moitié de la contribution des biens qui étaient communs. Les héritiers, qui se sont réservé la faculté de l'acceptation, ne diffèrent des héritiers purs et simples, qu'en ce qu'ils déclarent ne vouloir recueillir que l'émolument de la succession. Mais leurs droits existent du moment où la succession est ouverte; de ce moment la communauté est dissoute, et le mari n'a plus le droit d'en compter à son profit toutes les contributions, comme il faisait pendant le mariage. (Solution du 3 novembre 1820.)

LVIII. Le père peut se faire compter les contributions des biens de ses enfants mineurs, dont il a la jouissance. Il ne peut se faire compter celles des biens de ses enfants *émancipés*, attendu qu'il ne jouit pas de ces biens. (Code civ., art. 384.— Solution du 18 octobre 1820.)

LIX. Le grand-père, soit paternel, soit maternel, qui gère et administre, en qualité de tuteur, les biens de ses petits-enfants mineurs, ne peut, comme le père, en réunir les contributions aux siennes. La loi n'accorde ce droit qu'au père; et le grand-père ne peut pas plus profiter des contributions de ses petits-enfants que tout autre tuteur qui ne serait pas leur ascendant. (Solution du 4 septembre 1820.)

LX. La femme veuve peut déléguer ses contributions, mais seulement ses contributions *fonciè-*

8.

res (1), à l'un de ses fils; au défaut de fils, à l'un de ses petits-fils; et, au défaut de fils et de petit-fils, à l'un de ses gendres: (Loi du 29 juin 1820, art. 5.)

Pour faire cette délégation, il faut qu'elle puisse contracter. Ainsi, la femme interdite ne peut déléguer ses contributions. Il a été répondu (3 novembre 1828) que, dans ce cas d'interdiction, le droit de la veuve étant personnel, ne peut être exercé par le tuteur ni par le conseil de famille. Mais les autres incapacités civiles ne peuvent affecter cette dé-

---

(1) Une ordonnance du 10 avril 1828, sur un pourvoi du sieur Minier Prou, a rejeté, de la délégation d'une veuve, l'impôt personnel et mobilier, et celui des portes et fenêtres inscrits en son nom.

La Cour royale de Caen a rendu, le 11 décembre 1828, un arrêt dans le même sens, à l'égard de la délégation de la contribution des portes et fenêtres.

Ces décisions sont fondées sur le texte de l'article 5 de la loi du 29 juin 1820.

L'arrêt de Caen fait remarquer que, dans l'article 4 de la loi de 1820, le législateur ayant employé l'expression *contribution directe*, tandis que dans l'article 5 il s'est servi des mots *contribution foncière*, on ne peut admettre qu'il ait voulu donner, aux termes de ce dernier article, une signification aussi étendue qu'au précédent.

La Cour royale de Metz a rendu, le 30 novembre 1829, un arrêt conforme à ce principe.

Cet arrêt, adoptant les motifs de l'arrêté attaqué, a déclaré qu'on ne pouvait compter au sieur Stoufflet un des extraits de rôles des contributions déléguées par sa belle-mère, « attendu que, sur cet extrait, la contribution foncière se trouvait cumulée avec la contribution personnelle et mobilière, et celle des portes et fenêtres. »

légation, qui ne transmet pas un droit personnel. (Solution du 29 août 1820.)

On a demandé s'il était nécessaire que la veuve payât 300 francs de contribution foncière pour user de la faculté dont il s'agit. Cette condition n'est pas exigée par la loi. D'ailleurs, la veuve ne transmet pas un droit : elle peut faire profiter un de ses descendants de ses contributions, quelle qu'en soit la quotité, comme le père ou le mari profite de celles de ses enfants ou de sa femme, sans égard à leur montant. (Solution du 4 septembre 1820.)

LXI. On a demandé si la femme divorcée et non remariée peut, ainsi que la veuve, attribuer à l'un de ses descendants ses contributions, pour les faire entrer dans le cens électoral.

La question a été résolue affirmativement par la Cour royale de Rennes (8 décembre 1828), et négativement par celle de Bourges (3 octobre 1829.)

Le motif du premier arrêt est que la loi a voulu que la femme, devenue maîtresse de ses droits par la dissolution du mariage, pût déléguer ses contributions à son fils, pour lui donner la capacité électorale, et que, d'après l'art. 227 du Code civil, le mariage était dissous par le divorce, aussi bien que par la mort naturelle.

Le second arrêt est fondé sur ce que la dénomination de *veuve* ne s'applique qu'à la femme dont le mari est mort; qu'ainsi la femme divorcée ne se trouve pas comprise dans la disposition littérale de la loi; qu'aucun motif d'intérêt public ne peut autoriser l'extension de l'exception faite par la loi, en faveur de la veuve seulement, au principe général de la Charte, qui n'accorde le droit électoral qu'au possesseur de biens payant le cens déterminé.

Ce dernier arrêt ayant été déféré à la Cour de cassation, a été confirmé par elle.

L'arrêt qu'elle a rendu le 25 janvier 1830 est ainsi conçu.

« Considérant que la Charte constitutionnelle n'attribue le droit de suffrage, pour la nomination des membres de la Chambre des députés, qu'aux Français âgés de 30 ans, et payant une contribution directe de 300 fr.; que cette loi fondamentale ne consacre point le droit de représentation en faveur de ceux qui ne possèdent point, par eux-mêmes, des biens supportant le cens déterminé;

« Que si ce droit a, depuis, été accordé, par la loi du 5 février 1817, au mari et au père, à raison des contributions payées par la femme ou par les enfants mineurs, et, par la loi du 29 juin 1820, à celui des fils, petits-fils, ou gendres d'une *veuve*, qui sera par elle désigné, les lois postérieures à la Charte doivent être restreintes, par les juges, aux cas qu'elles ont formellement spécifiés;

« Que, lorsque ces lois ont été rendues, le divorce était aboli, et que c'est une raison de plus pour penser que le législateur n'a point entendu comprendre la *femme divorcée* parmi les *veuves*, auxquelles il a accordé le droit de délégation;

« Qu'en le jugeant ainsi, la Cour royale de Bourges a fait une sage application des dispositions de la Charte et des lois dont il s'agit. — Rejette. »

M. Favard, président; M. Malleville, rapporteur;
M. Laplagne-Barris, avocat-général.

LXI *bis*. Les considérations relatives à la femme
divorcée paraissent applicables à la femme dont le
mari a encouru la mort civile, et dont le mariage
est dissous, aux termes de l'art. 227 du Code civil.

LXII. La femme non-mariée qui est devenue *mère
adoptive* peut-elle déléguer ses contributions à son
fils adoptif, ou à tout autre descendant dans cette
ligne?

Le texte de la loi semble s'y opposer. Cependant
un arrêt de la Cour royale de Nanci, du 9 septembre 1829, a déclaré valable une telle délégation. Cet
arrêt est fondé sur l'assimilation que le droit civil
a établie entre l'enfant adopté et l'enfant né en
mariage, quant au nom et au droit de successibilité;
et sur les motifs généraux qui ont déterminé le
législateur à admettre le droit de délégation de la
part des veuves, ainsi que sur la parité de situation
qui existe entre la veuve et la mère adoptive non
mariée.

LXIII. Les considérations qui déterminaient à
rejeter la faculté de déléguer en faveur du gendre,
quand il existait un fils ou petit-fils (Voyez ci-dessous, n° LXVIII), avaient conduit, par analogie, à
refuser d'admettre la délégation faite en faveur de
l'arrière-petit-fils ou en faveur du *petit-gendre*
(mari de la petite fille), lorsque la veuve n'avait
ni fils, ni petit-fils, ni gendre. Une ordonnance
du 11 février 1824, sur un pourvoi du sieur Aroux,
avait consacré cette solution.

Mais, d'après les motifs qui ont servi de base à la nouvelle jurisprudence adoptée par les Cours royales, il semble qu'une pareille délégation est admisssible.

La Cour royale de Rennes, par un arrêt du 29 septembre 1827, l'a ainsi résolu, à l'égard du mari de la petite-fille, par le motif que, dans l'acception légale, le terme générique de gendre comprend, comme l'exprime d'ailleurs la loi romaine 136, au Digeste, *de verb. significatione*, les gendres, à quelques degrés qu'ils soient ; et que l'intention du législateur de prendre le même terme dans la même acception, résulte de la discussion qui a précédé la loi à la Chambre des députés.

LXIV. La veuve peut déléguer les contributions de biens dont elle a l'usufruit, quand même ses enfants n'en auraient pas la nue-propriété. Cela résulte des règles établies plus haut, par rapport aux biens en usufruit. Mais une veuve remariée en secondes noces ne peut, même avec le consentement de son second mari, déléguer à un fils du premier lit les contributions d'un bien dont elle est usufruitière, et dont ce fils a la nue-propriété. Ces contributions sont comptées au second mari (loi du 5 février, art. 2), et une femme mariée ne peut déléguer ses contributions à ses enfants. (Solution du 29 novembre 1820.)

Il s'est présenté une circonstance particulière où la question de la délégation des contributions faite par une veuve, à raison de biens dont elle a l'usufruit, s'est trouvée liée à celle de la quotité qui devait être attribuée à la veuve, dans la succession d'un second mari.

La dame veuve Basset avait deux enfants, l'un de son premier, l'autre de son second mari. Elle avait délégué au sieur Aveline, fils du premier lit, les contributions de biens provenant de la succession de son second mari, biens dont elle prétendait jouir, en partie comme ayant été commune en biens, et en partie comme usufruitière. Le préfet de l'Indre refusa de les lui attribuer en totalité, attendu qu'elle ne rapportait pas la preuve qu'elle était mariée sous le régime de la communauté. La Cour royale de Bourges, sur l'appel du sieur Aveline, déclara, par un arrêt du 31 octobre 1829, que le régime de la communauté étant le droit commun, il y a présomption pour l'existence de ce régime, tant que le contraire n'est pas prouvé. En conséquence, l'arrêt attribua au sieur Aveline les contributions qui frappaient dans les biens du feu sieur Basset, son beau-père : 1° la moitié appartenant à sa mère, à raison de la communauté; 2° le quart dont elle était usufruitière, en vertu de la donation de la portion disponible sur l'autre moitié.

LXV. Les instructions ministérielles avaient fait observer qu'une veuve ne peut comprendre, dans les contributions foncières dont elle dispose en faveur de son fils, petit-fils ou gendre, celles des biens d'autres de ses enfants qui sont mineurs, et dont elle jouit comme tutrice, attendu qu'elle paie ces contributions comme tutrice, et non comme

usufruitière; que ces contributions ne sont attribuées au père qu'en vertu d'une disposition formelle de la loi du 5 février 1817, disposition qui
n'existe pas à l'égard de la mère, et qu'ainsi elles
ne peuvent être considérées comme payées par
elle. (Voyez ci-dessus n° LV, pag. 114.)

La Cour royale d'Agen s'est prononcée pour
l'opinion contraire, dans un des considérants d'un
arrêt, à la date du 15 janvier 1829, qui a repoussé,
par une fin de non-recevoir, une demande en inscription électorale. Ce considérant est ainsi conçu :
« Attendu que, si la Cour avait à s'occuper de la
question relative aux contributions payées par la
mère pour ses enfants mineurs, elle devrait reconnaître et reconnaîtrait en effet que les contributions qu'elle paie pour ceux de ses enfants qui sont
au-dessous de l'âge de dix-huit ans, sont une
charge de l'usufruit que la loi lui attribue, indépendante de sa qualité de tutrice. »

LXVI. Une veuve a des fils de plusieurs lits, et
elle est usufruitière de leurs biens, par *usufruit
conventionnel.* Peut-elle déléguer à un fils de chaque
lit les contributions des biens dont il est nu-propriétaire ? Ces fils peuvent-ils se les faire compter
en cette qualité de nus-propriétaires ?

La réponse à ces deux questions doit être négative :

1° La loi du 29 juin 1820 porte que les contributions de la veuve sont comptées à *celui* de ses
fils, petits-fils ou gendres qu'elle désigne. Elle ne
peut donc faire qu'une seule délégation ;

2° Les fils des différents lits ne peuvent être admis à se faire compter les contributions des biens dont ils ont la nue-propriété, attendu qu'en général les propriétaires non-usufruitiers ne profitent pas des contributions qu'ils ne paient point. (Solution du 9 septembre 1820.)

LXVII. Un fils, petit-fils ou gendre, ne peut profiter des contributions de sa mère, aïeule ou belle-mère, que si elle les délègue; et une veuve peut, à sa volonté, user ou ne pas user de ce droit. (Voy. n° LX.)

LXVIII. Jusqu'en 1827 il avait été reconnu par l'administration, et consacré par la jurisprudence du Conseil d'état, que la veuve ne pouvait exercer ce droit que dans l'ordre prescrit par l'art. 5 de la loi du 29 juin 1820; qu'ainsi, quand même elle aurait des fils ou petits-fils âgés de moins de trente ans, ou privés des droits civils ou politiques, elle ne pourrait désigner un de ses gendres, pour profiter de ses contributions au préjudice de ses fils ou petits-fils.

Cette doctrine était fondée sur l'application littérale des termes de l'art. 5, dont le Conseil d'état ne croyait pas avoir le droit d'étendre ou d'interpréter le sens.

Mais la doctrine contraire a été reconnue, depuis 1827, par les Cours royales d'Agen, Aix, Amiens, Angers, Colmar, Dijon, Grenoble, Limoges, Lyon, Montpellier, Nanci, Orléans, Paris, Rennes et Toulouse. Aucune autre Cour n'a jugé dans un sens différent depuis la loi du 2 juillet

1828 ; en sorte qu'il est généralement reconnu aujourd'hui que, quand le fils ou petit-fils est incapable de recueillir le bénéfice de la délégation, la veuve peut en user en faveur de son petit-fils ou de son gendre.

Cette doctrine est fondée sur les considérations suivantes :

Les mots *à défaut* doivent s'entendre du défaut relatif à la capacité des fils et petits-fils, comme du défaut de leur existence. S'il en était autrement, le droit que le législateur a voulu assurer aux veuves deviendrait, dans beaucoup de cas, illusoire. Cette manière d'entendre la loi résulte de son sens littéral ; elle est encore plus manifestement dans son esprit : en effet, dans un gouvernement représentatif, tel que celui établi par la Charte, les droits politiques sont essentiellement attachés à la propriété. Or, le législateur voulant que la propriété fût, autant que possible, toujours représentée, a eu en vue de régler l'exercice actuel des droits électoraux, et c'est dans cette intention qu'il a admis les fils, petits-fils et gendres, à défaut les uns des autres, à faire valoir les droits dont les femmes se trouveraient privées par leur veuvage ; par les termes dont il s'est servi, il n'a entendu régler que l'ordre des préférences entre personnes capables, en plaçant les fils avant les petits-fils, et ceux-ci avant les gendres ; et non pas prononcer l'exclusion de ces derniers par le seul fait de l'existence d'un fils d'ailleurs incapable d'exercer les fonctions électorales ; dans le système contraire, le but du législateur ne saurait être atteint. (Arrêts des Cours royales de Limoges, Amiens et Rennes, des 13, 22 et 28 septembre 1827.)

La Cour royale de Montpellier a ajouté à ces considérations, qu'il serait contraire à la raison, à la morale, et au sentiment des convenances sociales, que le fils au berceau, dont le jeune âge et la faiblesse réclament un protecteur, que la nature et les lois placent sous la tutelle et la puissance de l'auteur de ses jours, devînt un obstacle insurmontable à ce que le père pût se prévaloir, pour l'exercice des droits électoraux, des contributions de l'héritage de la famille, que sa belle-mère ne pourrait plus lui déléguer utilement, vu l'existence du petit-fils : résultat absurde, et que le législateur n'a pu vouloir. (Arrêt du 2 avril 1828.)

LXIX. Le même individu peut cumuler les contributions que lui délèguent deux ou plusieurs veuves, ses ascendantes : par exemple, sa mère, sa belle-mère, ses aïeules paternelle et maternelle. La loi a imposé une restriction, à l'égard de la faculté de déléguer, qui ne peut s'exercer qu'en faveur d'un seul des fils, petits-fils ou gendres; mais elle n'en impose aucune à la faculté de recevoir une semblable délégation. Un même individu peut donc en même temps être désigné par plusieurs de ses ascendantes, en vertu de la faculté attribuée à chacune d'elles, et profiter par conséquent de leurs contributions. (Solution du 29 août 1820.)

LXX. La délégation faite par une veuve n'a pas besoin d'être renouvelée chaque année. Elle subsiste tant qu'elle n'est pas révoquée formellement, ou qu'elle n'a pas cessé de droit, par exemple, quand la veuve se remarie. C'est à l'administration à s'assurer, à chaque révision de liste, de la position de la famille de la veuve, ainsi que de la continuation de jouissance des biens dont les contributions sont déléguées. (Solution du 29 août 1820.)

LXXI. Mais la délégation en faveur du gendre continue-t-elle d'avoir son effet quand il devient veuf?

Par un arrêt du 21 octobre 1829, la Cour royale de Paris a reconnu qu'un gendre remarié et qui a, de son premier mariage, un fils encore vivant, peut profiter de la délégation qui lui est faite par la mère de sa première femme; attendu que la loi n'a fait aucune distinction ni exception, et que le lien d'affinité entre le gendre et la belle-mère a continué d'exister par la survivance d'un enfant, ainsi qu'il résulte de l'art. 206 du Code civil.

Selon les principes reconnus par cet arrêt, toutes les fois qu'il ne reste pas d'enfant du mariage, le gendre, devenu veuf, ne peut plus profiter de la délégation faite par sa belle-mère.

Suivant une solution ministérielle qui avait été émise précédemment, tant que le gendre, sans enfant, n'était pas remarié, il pouvait profiter de la délégation faite par sa belle-mère. Cette solution consacrait une doctrine plus large que celle qui est adoptée dans l'arrêt de la Cour royale de Paris. Mais on doit reconnaître que celle-ci est plus conforme aux principes établis par les lois sur les liens d'affinité.

LXXII. La délégation des contributions d'une veuve cesse par sa volonté, quand elle la révoque formellement. La révocabilité de la délégation, qui est la conséquence de la liberté laissée à la veuve d'user ou de ne pas user de la faculté que la loi lui attribue, est une mesure morale, propre à renforcer la puissance maternelle. La révocation doit s'exercer dans la même forme que la délégation. (Solution du 29 août 1820.)

Questions relatives à la possession annale.

LXXIII. Suivant l'art. 4 de la loi du 29 juin 1820, les contributions directes ne sont comptées, pour être électeur ou éligible, que lorsque la propriété foncière a été possédée, la location faite, la patente prise, et l'industrie sujette à patente exercée, une année avant l'époque de la convocation du collége électoral. Sont exceptés de cette condition les possesseurs à titre successif (1).

L'année exigée doit être comptée ainsi qu'il suit, savoir :

S'il s'agit d'une propriété, à partir du jour de

____

(1) Le même article exceptait aussi ceux qui avaient des droits acquis avant la promulgation de la loi. Mais c'était une disposition transitoire, et qui s'est trouvée sans objet un an après la promulgation.

l'enregistrement de l'acte de transmission, soit
qu'il y ait en vente, donation, etc., si c'est un acte
sous seing-privé; et à partir du jour de sa date,
si c'est un acte authentique;

S'il s'agit d'une location, à partir de l'entrée en
jouissance de l'appartement ou de la maison qui
fait l'objet de la location;

S'il s'agit de l'exercice d'une industrie, à partir
de la délivrance de la patente, pourvu qu'il y ait
eu exercice réel de commerce ou d'industrie.

La Cour royale de Toulouse a déclaré (arrêt du
22 septembre 1829) que la possession annale ne
peut être prouvée par un acte sous seing-privé
non enregistré.

LXXIV. Quelquefois un propriétaire vend ses
biens et en rachète immédiatement d'autres à peu
près de la même valeur, et payant à peu près les
mêmes contributions; ou il fait, dans un même
acte, un échange de biens contre d'autres équiva-
lents. On a demandé si on ne devait pas lui compter, pour l'exercice du droit électoral, les contributions du nouveau bien, quoique sa possession
n'ait pas une année de date. On observait qu'il n'a
presque pas cessé d'être propriétaire; qu'il offre
toujours les garanties résultant du paiement de
l'impôt, et d'une certaine durée dans la possession d'une propriété; que sa nouvelle acquisition
n'est point entachée du soupçon de simulation,
ou de manœuvre faite dans l'intérêt du moment;
que d'ailleurs, en examinant avec attention le
texte de l'article 4 de la loi du 29 juin, on peut

l'entendre en ce sens, qu'il exige la possession, depuis un an, d'une propriété foncière, et non de telle propriété en particulier. Mais ces considérations n'ont pu prévaloir contre le texte précis de la loi. On a pensé qu'en l'interprétant comme ci-dessus, on rencontrerait beaucoup de difficultés d'application, surtout dans le cas d'un remplacement autrement que par voie d'échange. Relativement à *l'Échange*, voyez le n° LXXIX, p. 138.

Ne faudrait-il pas une limite au temps où doit s'effectuer le remplacement? quelle doit être cette limite, et qui peut la fixer? Les contributions du nouveau domaine ne pouvant être mathématiquement les mêmes que celles de l'ancien, lesquelles doit-on compter quand les nouvelles sont supérieures ou inférieures aux anciennes? On voit dans quels embarras on se jetterait, en s'écartant de la rigueur du texte.

La question s'est présentée devant la Cour royale de Paris, à l'occasion du sieur Flamand Grétry, qui avait vendu la propriété pour laquelle il payait le cens électoral, et qui avait acheté immédiatement, mais depuis moins d'un an, d'autres immeubles supportant une contribution égale ou supérieure. Il demandait à être maintenu sur la liste.

Un arrêt, du 4 mai 1829, a repoussé sa prétention, attendu que le sieur Flamand Grétry n'était plus propriétaire de la maison pour laquelle il était imposé lors de son inscription antérieure, et que ses autres propriétés n'étaient point possédées par lui depuis un an.

9

Toutefois, on a considéré qu'on pouvait admettre les contributions d'un bien acquis depuis moins d'un an, en remplacement d'un autre, dans le cas de remploi des biens de la femme, ainsi qu'il est prévu par les articles 1434 et 1435 du Code civil pour le mariage sous le régime de la communauté, et par l'article 1559 pour le mariage sous le régime dotal. (Circulaire du 2 septembre 1822.)

LXXV. On doit considérer comme possesseurs à titre successif, et excepter, en conséquence, de l'année de possession, non-seulement l'héritier légal, mais l'héritier testamentaire, le légataire ou donataire après décès, attendu que, dans ces différentes circonstances, il ne peut y avoir soupçon de fraude ou de simulation, et que la propriété est transmise irrévocablement.

LXXVI. La condition d'une année de possession, de location ou d'industrie, exigée de l'électeur ou éligible, doit l'être aussi pour les biens, l'habitation ou l'industrie de sa femme, et pour les biens de ses enfants mineurs ou de son ascendante, dont les contributions lui sont comptées. Sans cela, les garanties exigées par l'article 4 de la loi du 29 juin, seraient éludées.

Mais il n'est pas besoin que le mariage ait un an de date pour que le mari profite des contributions des biens que sa femme possédait, de l'appartement qu'elle occupait ou de l'industrie qu'elle exerçait depuis un an; ou pour les propriétés qu'elle a reçues à titre successif, ou même pour celles qu'elle a reçues en dot de ses parents. En effet, dès que le mariage est célébré, le mari exerce sur les biens de sa femme les droits qui lui sont attribués par la loi. Par suite du même principe, il doit, dès le moment même, commencer à profiter des contributions de sa femme pour l'exercice du droit électoral. On ne peut assimiler un engagement irrévocable et aussi sacré que le mariage, à un acte fait comme une spéculation et dans l'intention d'éluder la loi. (Solution du 29 août 1820.)

LXXVII. Un électeur séparé de biens d'avec sa femme, lui avait vendu sa propriété *depuis moins d'un an*. Les contributions de ces biens ne pouvaient donc plus lui être comptées comme propriétaire; mais il avait le droit de s'en prévaloir, comme mari de la propriétaire, aux termes de l'exception établie par l'article 2 de la loi du 5 février 1817. Toutefois, comme la femme ne possédait ces propriétés que depuis moins d'un an, des difficultés s'élevèrent sur l'attribution des contributions au mari.

Il a semblé que, puisqu'il s'agissait des mêmes contributions profitant au même individu, il serait bien rigoureux de lui opposer le changement qui s'était opéré dans le titre à raison duquel les contributions lui étaient attribuées. (Solution du 28 septembre 1828.)

LXXVIII. Lorsqu'un père fait à son fils une donation entre-vifs, ou lorsqu'il fait entre tous ses enfants le partage de ses biens, cette donation ou

9.

ce partage qui, sous l'ancienne jurisprudence, étaient qualifiés d'*avancement d'hoirie*, doivent-ils être considérés comme transmettant la propriété à *titre successif*, et dispenser par conséquent les enfants de la possession annale?

Cette question est une des plus importantes que présente le contentieux en matière d'inscription électorale. De 1820 à 1827, la doctrine de l'administration avait varié à cet égard. Suivant une des solutions contenues dans le recueil publié, en 1820, par M. le comte Siméon, cette transmission était considérée comme faite à titre successif. En 1822, M. le comte Corbière adopta une opinion contraire, excepté à l'égard des donations faites par un ascendant pour cause de mariage.

Depuis deux ans, cette question a donné lieu à deux ordonnances du Roi, en Conseil d'état, et à plusieurs arrêts de Cours royales.

Le Conseil d'état (ordonnances des 14 octobre 1827 et 5 juin 1828), et les Cours royales de Caen et de Paris (arrêts des 19 janvier et 25 août 1829), ont prononcé que la possession annale était nécessaire.

Les Cours royales d'Angers, Douai, Dijon, Toulouse (arrêts des 20 mars, 11 et 21 septembre, et 24 novembre 1829), ont pensé que l'avancement d'hoirie dispense de la possession annale.

L'ordonnance du 14 octobre 1827 se rapportait à un partage de biens fait par le sieur Leclerc entre tous ses enfants. Elle rejeta la dispense de la possession annale, en se fondant sur une distinction entre la *nue-propriété* et l'*usufruit* des immeubles compris dans le partage.

« Considérant, y est-il dit, d'une part, que la possession à titre successif dépend de la nature des biens et de celle du droit en vertu duquel on possède;

« Que la nature des biens doit être telle, qu'ils puissent faire partie de la succession du donateur;

« Que le droit de possession doit être de telle nature, qu'il résulte nécessairement de la qualité d'héritier;

« Que, dans l'espèce, la nue-propriété des immeubles dont il s'agit, est évidemment possédée à titre successif, puisqu'elle représente le lot que les co-partageants doivent recueillir dans la succession du donateur;

« Que l'usufruit, au contraire, n'a pas été transmis aux mêmes conditions;

« Que les fruits perçus et consommés avant la mort de l'homme, n'entrent pas dans sa succession;

« Qu'ils ne sont pas sujets à rapport, aux termes de l'article 856 du Code civil;

« Que, par conséquent, les héritiers n'en peuvent exiger ni recueillir aucune partie, en vertu de leurs droits héréditaires;

« Que, selon l'opinion commune des jurisconsultes, on recueille en avancement d'hoirie, et par conséquent à titre successif, ce qu'on est obligé de rapporter à la succession;

« Qu'on reçoit au contraire, à titre de *donation simple*, les choses dont on profite, sans être tenu de les rapporter. (Répertoire, verbo *Avancement d'hoirie.*)

« Considérant, d'autre part, qu'aux termes de l'article 608 du Code civil, les contributions publiques sont à la charge de l'usufruit;

« Que l'usufruit qu'invoque le réclamant n'a pas été acquis par lui à titre successif;

« Nous avons ordonné, etc.

« Art. 1er. La requête des sieurs Leclerc est rejetée. »

L'ordonnance du 5 juin 1828, relative à une donation d'un père à ses deux enfants, est basée sur les mêmes considérations.

L'arrêt de la Cour royale de Caen (dont celui de la Cour de Paris a reproduit sommairement les motifs) est ainsi conçu :

« Si les donations entre-vifs, faites par des ascendants, sont qualifiées d'*avancements d'hoirie*, ce n'est que sous le rapport de la présomption légale qui, à défaut de stipulation contraire, oblige, lors de l'ouverture de la succession, l'enfant avantagé, de tenir compte, sur sa part héréditaire, de ce dont il a été gratifié; mais, du vivant des donateurs, ces donations ne participent pas du caractère d'un droit successif; en effet, en cas de renonciation à la succession, l'enfant donataire conserve les objets qu'il possède, bien que par sa renonciation il devienne étranger à la succession du donateur. Si les droits d'enregistrement sont moins élevés pour ces

sortes de donations que pour les autres, le principe de cette différence n'est pas pris dans la nature de la disposition, mais dans la faveur des personnes ; et la preuve en est que les paragraphes iii
et iv de l'article 69 de la loi du 22 frimaire an vii,
établissent une différence, quant au taux des
droits de mutation, entre *les successions* et *les donations* d'immeubles dans la ligne directe. Enfin,
la condition de la possession annale est une garantie
contre l'improvisation frauduleuse d'électeurs ou
d'éligibles à la veille d'une élection ; et la donation
en ligne directe, surtout quand elle n'a pas lieu
par contrat de mariage, peut facilement être simu-
lée, ainsi que le reconnaît la maxime : *fraus inter
propinquos facilè præsumitur.* »

La Cour d'Angers, en adoptant la doctrine contraire (arrêt du 20 mars 1829), a donné pour motifs de sa décision, « que l'acte de partage fait par
un ascendant, investit de la pleine et entière propriété, ainsi que de la jouissance des biens ainsi
transmis, de la même manière que si la succession
se fût ouverte par la mort naturelle de l'ascendant ;
qu'avant la promulgation du Code civil, la *démission de biens* faite au profit d'héritiers présomptifs,
conférait la propriété et la jouissance des biens
ainsi transmis, bien qu'elle fût considérée presque
partout comme révocable ; que c'est à tort qu'on
voudrait établir une distinction entre la nue-propriété et la jouissance usufruitière, en considérant
que la nue-propriété seulement est transmise à titre
successif, mais non pas la jouissance, attendu que

les fruits perçus et consommés avant la mort de l'homme n'entrent pas dans sa succession, et ne sont pas sujets à rapport; que sous toutes nos législations, et par une maxime consacrée de nouveau par le Code civil (art. 547), les fruits naturels, civils et industriels de la terre appartiennent au propriétaire par droit d'accession; qu'ainsi, la jouissance usufruitière d'un immeuble est un accessoire naturel du droit de propriété de cet immeuble, et qui n'en peut être séparé qu'en vertu d'une stipulation expresse; que du moment où la succession a été acceptée et partagée entre les co-héritiers, il n'y a plus ni succession, ni jouissance usufruitière commune, puisque chacun d'eux possède et jouit, pour son propre compte, et à titre singulier, de tous les fruits naturels, industriels et civils des biens compris dans le lot qui lui est échu. »

Les Cours royales de Douai et de Dijon (arrêts des 11 et 21 septembre 1829) ont exprimé des motifs analogues. L'arrêt de cette dernière est relatif à un *partage de tous ses biens*, effectué par le père.

L'arrêt de la Cour royale de Douai est ainsi motivé :

« Attendu que, de tout temps, la transmission, par un ascendant à un descendant, d'une partie de sa fortune, a été réputée une acquisition à titre successif; que c'est ainsi que, dans l'ancien droit, pareille transmission constituait un propre de famille, avec toutes les conséquences du titre successif;

« Attendu qu'il doit d'autant mieux en être ainsi,

dans l'espèce, que la donation a été faite avec la clause formelle d'avancement d'hoirie ;

« Attendu qu'on objecte vainement que le donataire pourrait renoncer à la succession ; que la renonciation est un cas exceptionnel, qui ne se présume pas ; que, d'ailleurs, l'intention du donateur, comme du donataire, n'en a pas moins été de consommer un avancement d'hoirie ; que vainement encore on objecte qu'on peut présumer la fraude ; que la fraude, au contraire, est également une exception qui a besoin de preuve, et qu'elle doit d'autant moins se présumer dans la donation d'un ascendant à un descendant, que cet acte est en tout point conforme au vœu de la nature ; qu'il est encouragé par la loi, qui a eu soin de ne le frapper que d'un droit très-faible, eu égard aux autres donations. »

Par un arrêt, du 24 novembre 1829, la Cour royale de Toulouse a reconnu qu'un individu ne peut compléter son cens électoral au moyen des contributions d'un bien appartenant à son fils, et dont celui-ci lui a abandonné l'usufruit depuis moins d'un an ; « attendu qu'une pareille donation ne peut, sous aucun rapport, être assimilée à un titre successif, comme *pourrait l'être un avancement d'hoirie*, et que dès-lors le donataire ne saurait être dispensé de la possession annale, pour utiliser les contributions qui frappent l'objet donné. »

Cet arrêt semble donc reconnaître, comme ceux d'Angers, Dijon et Douai, que l'avancement d'hoirie dispense de la possession annale.

LXXIX. Lorsque deux électeurs ont échangé des immeubles dont ils étaient propriétaires, chacun d'eux peut-il, à l'égard du bien qu'il reçoit de son échangiste, profiter de la possession annale dont jouissait celui-ci par rapport à cet immeuble?

Cette question a été résolue négativement dans une ordonnance du 27 janvier 1828, par le motif suivant :

«Considérant que, par suite de l'échange opéré, les réclamants ont perdu la propriété des biens donnés par eux en échange, et qu'ils n'ont pas acquis l'année de possession nécessaire pour qu'ils soient admis à faire entrer dans le cens électoral les contributions des immeubles reçus en échange.»

Dans l'espèce, cette question ne se présentait que subsidiairement.

En passant l'acte d'échange, le 23 septembre 1827, les sieurs Desbans et Boissard s'étaient réservé l'usufruit, et s'étaient engagés à payer les contributions jusqu'au 1er janvier 1828; ils prétendaient en conséquence profiter chacun des contributions du bien dont ils étaient propriétaires avant l'échange, et être inscrits en conséquence sur la liste arrêtée le 30 septembre 1827. Cette affaire était donc de même nature que celle dont il a été fait mention ci-dessus, no xxiv (p. 85). Elle a été résolue de la même manière et par les mêmes motifs.

LXXX. Un homme qui possède depuis plus d'un an la nue-propriété d'un bien dont il n'a l'usufruit que depuis moins d'une année, peut-il profiter des contributions dudit bien?

Il ne doit être dispensé de l'année de possession que si l'usufruit lui est advenu à titre successif. (Ordonnance du 6 avril 1821, relative au sieur Judel.)

LXXXI. Un homme veuf a cédé à ses fils la jouissance de la moitié des biens de la communauté qui existait entre lui et sa défunte femme, moitié dont la propriété leur est acquise du chef de leur mère. Cette jouissance, par moitié, doit avoir lieu jusqu'au partage des biens : il n'y a pas encore d'acte d'acceptation de la part des fils. Doit-on considérer ce transfert de l'usufruit comme une donation du père, qui ne serait valable que si elle était acceptée, ou comme une cession aux enfants de l'usufruit d'une chose qui leur est propre?

L'acte dont il s'agit ne peut être considéré comme une donation : c'est un arrangement préliminaire en attendant le partage. Tant que la succession n'est pas définitivement réglée, il y a présomption que la moitié de la communauté appartient aux enfants, et c'est d'après cette présomption que le père leur cède la jouissance de la moitié des biens. Ils ne reçoivent pas du père en qualité de donataires. La cession qui leur est faite n'est qu'une conséquence de la succession, et, sous ce point de vue, ils doivent être considérés comme recevant à titre successif. Il n'est donc pas nécessaire que la cession remonte à plus d'une année pour que les contributions afférentes à l'usufruit leur soient

comptées. Mais il faut qu'ils aient accepté la cession.
(Solution du 23 novembre 1820.)

LXXXII. Lorsqu'un bien était possédé par indivis, soit qu'il provînt d'une succession, soit qu'il eût été acquis à tout autre titre, et que l'indivision vient à cesser, la licitation qui l'attribue à l'un des propriétaires doit-elle avoir un an de date pour que les contributions lui soient comptées?

Une ordonnance, du 25 février 1824, relative au pourvoi d'un co-héritier qui avait obtenu par une licitation tous les immeubles de la succession, décida que la possession annale était nécessaire à l'égard de tout ce qui excédait sa portion héréditaire.

Voici les principaux motifs sur lesquels était fondée cette décision :

« Considérant que s'il est vrai qu'en vertu de l'art. 883 du Code civil, chaque co-héritier soit censé avoir recueilli seul et immédiatement tous les objets compris dans le lot qui lui est échu par licitation, cette fiction n'a d'effet qu'à l'égard des autres co-héritiers et de leurs ayant-cause, et n'a pour but que de faciliter les partages, en affranchissant les objets licités du recours qu'auraient pu exercer sur eux les créanciers de ceux des co-héritiers qui n'en seraient pas adjudicataires;

« Qu'on peut d'autant moins douter de cette vérité, que l'art. 883 du Code civil fait partie d'un chapitre uniquement destiné, comme son titre même l'annonce, à fixer les règles de la garantie que se doivent réciproquement les co-héritiers pour les évictions qu'ils pourraient souffrir;

« Que, quoiqu'en vertu de cette fiction, et par un droit accessoire au titre d'héritier, l'adjudicataire prenne en effet une part plus considérable dans les objets qui dépendent de la succession, sa part héréditaire n'en est pas accrue, et ne cesse pas d'être limitée à la quotité fixée par la loi ou par les dispositions du testateur;

« Que la part héréditaire proprement dite est la seule valeur dont l'adjudicataire profite réellement dans la succession, et la seule, par conséquent, qu'il recueille à titre successif et gratuit;

« Qu'il n'en saurait être autrement, sans que le but de la loi du 29 juin 1820 fût manqué, puisque les licitations pouvant être simulées, comme tous les autres contrats, il serait facile de conférer frauduleusement, par ce moyen, les titres d'électeur et d'éligible à des personnes qui ne paieraient pas réellement le cens fixé par la loi. »

Mais, dans plusieurs circonstances, en 1824 et 1828, la Chambre des députés, en vérifiant les pouvoirs de ses membres, adopta la doctrine qui dispense de la possession annale les biens provenant d'une licitation, quand la possession indivise a plus d'un an de date, ou provient d'une succession.

La même opinion a été adoptée par les Cours royales d'Amiens, Nanci, Orléans et Rouen, attendu :

Arrêts des Cours d'Amiens et d'Orléans, des 11 décembre 1828 et 14 janvier 1829.

« Que la loi électorale n'a point dérogé aux principes du Code civil (articles 883 et 1872), d'après lesquels le partage n'est que déclaratif de propriété, et remonte, quant à ses effets, au jour où a commencé l'indivision. »

Arrêt de la Cour de Rouen, du 13 décembre 1828.

« Qu'en vertu de l'art. 883 du Code civil, le sieur Bougarel est censé avoir succédé seul et immédiatement à la totalité de la propriété qui lui est échue par l'effet de la licitation. »

Arrêt de la Cour de Nanci, du 24 novembre 1828.

« Que l'acte par lequel la demoiselle Bontoux a vendu à son frère les deux cinquièmes qu'elle possédait de la maison héréditaire, est un véritable acte de partage, malgré la qualification de *vente* que lui ont donnée les parties; que cette vente avait pour objet de faire cesser l'indivision sur un immeuble de la succession; qu'elle doit, par conséquent, avoir un effet rétroactif au jour du décès de l'auteur commun. »

LXXXIII. Lorsque l'indivision n'a pas cessé, et que l'un des co-héritiers a fait l'acquisition des portions de quelques-uns de ses co-héritiers, ces portions, ainsi acquises, sont-elles, à son égard, dispensées de la possession annale ?

La négative a été reconnue par un arrêt de la Cour royale de Paris du 20 novembre 1829 ; at-

tendu que ces acquisitions ne sauraient être considérées comme un partage, et produire les effets
établis par l'art. 883 du Code civil.

LXXXIV. L'art. 4 de la loi du 29 juin 1820
exige que la location ait été faite depuis plus d'un
an, pour que la contribution puisse être comptée
dans le cens électoral.

On a demandé à quelle contribution cette condition doit s'appliquer, si c'est à la contribution
des portes et fenêtres, ou à la contribution personnelle et mobilière, ou à toutes les deux.

Il semble que la *location annale* ne se rapporte
qu'à l'impôt des portes et fenêtres. En effet, cet
impôt est une charge locative (loi du 4 frimaire
an VII, art. 12); et la nature et l'étendue du local
occupé en déterminent la quotité.

L'impôt *personnel* et *mobilier* se compose de
deux éléments, qui sont réunis sur le rôle, et ne
forment qu'une seule cote contributive. De ces
deux éléments, un seul, la cote *mobilière*, repose
sur la valeur locative (loi du 3 nivose an VII, article 21): la cote personnelle est fixe au contraire,
(même loi, art. 30) : il semble donc résulter de
là que l'on ne peut, sans injustice, exiger pour
une cote indivisible une condition qui ne peut en
concerner qu'une partie.

Au surplus, il est à remarquer que les rôles des
contributions étant dressés avant le 1er janvier, et
les listes électorales étant révisées du 1er juin au
16 octobre, la location en vertu de laquelle a été
déterminée la cote mobilière de chaque contri-

buable, a, en général et par le fait, presque toujours une année de date.

LXXXV. Lorsqu'une patente a éprouvé une augmentation depuis moins d'une année, bien que
l'industrie n'ait point changé, cet accroissement
de la quotité de la patente peut-il être compté dans
le cens électoral?

Il s'agissait de patentes concernant des industries
non comprises dans le classement général, et qui,
aux termes de la loi du 25 mars 1817 (art. 60 et
64), sont classées chaque année par le préfet. Il
les avait portées à une classe supérieure à partir
du 1er janvier 1827 : et les commerçants qui les
payaient, demandaient à faire entrer la totalité de
leur patente de 1827 dans leur cens électoral, attendu que cette patente concernait une industrie
qu'ils exerçaient depuis plusieurs années.

La question a été résolue négativement par trois
ordonnances, en date des 21 et 27 septembre 1827,
et 3 mai 1828.

En voici les motifs :

« Considérant que la patente payée, en 1827, par
le réclamant, est autre que celle de 1826;

« Considérant que l'art. 4 de la loi du 29 juin
1820, n'admet dans le cens électoral que la patente prise depuis un an;

Que le préfet de Seine-et-Marne en a fait une
juste application au sieur *Cardet*, en n'ayant pas
égard, dans son arrêté du 6 juin 1827, à l'augmentation du droit de patente, que le réclamant
n'a supportée que depuis le 1er janvier dernier. »

Il est à remarquer que dans l'espèce, il s'agissait d'une patente élevée *à une classe supérieure*. Il ne paraît pas que cette solution fût applicable, si l'augmentation de la patente résultait d'un changement dans l'évaluation de la valeur locative des magasins, ateliers, etc., sans modification dans la classification de la patente.

LXXXVI. Un commerçant qui exerçait seul une industrie, a pris un associé par un acte sous seing-privé. Il demandait, en produisant cet acte, à faire partager à cet associé le bénéfice de la patente pour laquelle il était seul inscrit au rôle.

Le préfet avait refusé de compter une portion de la patente à cet associé, attendu que, faute d'une date certaine de l'acte d'association, il n'était pas prouvé que celui-ci exerçât l'industrie depuis plus d'un an; mais, en même temps, il ne voulait pas compter au premier associé la totalité de la patente, attendu qu'il n'exerçait pas seul l'industrie.

Il y avait contradiction à reconnaître l'acte de société pour priver l'associé principal d'une portion de la patente, et à le rejeter pour attribuer cette portion à son associé. Aussi cette décision fut-elle réformée, par une ordonnance du 27 octobre 1820.

Elle contient les motifs suivants :

« Considérant que les sieurs Nicolas et Daniel Schlumberger ne représentent que des extraits d'actes de société passés sous seing-privé, les 1er janvier 1819 et 1er juillet 1820 ;

10

« Que ces actes n'ayant point de date certaine antérieure au jour où la loi du 29 juin 1820 est devenue exécutoire dans le département, ne peuvent être admis comme preuve légale; et que dèslors le sieur Nicolas Schlumberger doit être toujours considéré par l'administration comme acquittant encore seul la contribution portée au rôle sous la désignation, *Nicolas Schlumberger et compagnie*. »

SECTION II.

DE LA CAPACITÉ DES JURÉS AUTRES QUE LES ÉLECTEURS.

1. Toute la législation sur les règles de composition des jurys, reposait, avant la loi du 2 mai 1827, sur les articles 381 et suivants, formant la section 1re du chap. v du 11e livre du Code d'instruction criminelle.

Les art. 382, 386, 387, 388, 391 et 392 de cette section, même l'art. 395 de la section suivante, ont été abrogés par l'art. 12 de la loi du 2 mai 1827, et remplacés par les dispositions de cette dernière loi. Il en résulte que pour avoir des notions exactes sur la capacité actuelle des jurés, il faut combiner les dispositions maintenues de la section 1re ci-dessus énoncées, avec celles de la loi de 1827. Les articles suivants sont encore en vigueur.

L'art. 381 veut que, « nul ne puisse remplir les

fonctions de juré, s'il n'a trente ans accomplis, et s'il ne jouit des droits politiques et civils. »

L'art. 383. « Nul ne peut être juré dans la même affaire où il aura été officier de police judiciaire, témoin, interprète, expert ou partie, à peine de nullité. »

L'art. 384. « Les fonctions de jurés sont incompatibles avec celles de ministre, de préfet, sous-préfet, de juge, de procureur-général, de procureur du roi et de leurs substituts; elles sont également incompatibles avec celles de ministre d'un culte quelconque. »

L'art. 385. « Les conseillers d'état chargés d'une partie d'administration, les commissaires du roi près les administrations ou régies, les septuagénaires, seront dispensés, s'ils le requièrent. »

Les art. 389 et 390, conservés, sont étrangers aux capacités des jurés; ils concernent l'envoi des listes.

La loi du 2 mai 1827 a substitué aux règles de l'art. 382, et aux cinq autres articles abrogés, un système nouveau, qui est renfermé dans ses articles 1 et 2.

Suivant cet article 1er, les jurés doivent être pris parmi les membres des colléges électoraux (ce sont ceux qui forment la prémière partie de la liste générale), et parmi les personnes désignées dans les §§ 3 et suivants de l'art. 2.

Ces paragraphes désignent six catégories différentes, savoir :

1° Les électeurs ayant leur domicile réel dans le

10.

département où la liste se compose, et n'y exerçant pas leurs droits électoraux ;

2° Les fonctionnaires nommés par le Roi et exerçant des fonctions gratuites ;

3° Les officiers des armées de terre et de mer en retraite, qui ne sont inscrits qu'après avoir justifié qu'ils jouissent d'une pension de 1,200 francs au moins, et qu'ils ont depuis cinq ans un domicile réel dans le département ;

4° Les docteurs et licenciés en droit, sciences et lettres, les docteurs en médecine, les membres et correspondants de l'Institut, les membres des sociétés savantes reconnues par le Roi ;

5° Les notaires après trois ans d'exercice de leurs fonctions ;

6° Dans les départements où les deux parties de la liste ne complèteraient pas huit cents individus, les plus imposés, parmi ceux qui n'auront pas été inscrits sur la première partie, jusqu'à concurrence du nombre nécessaire pour le complément des huit cents.

De ces six catégories, les cinq premières forment la deuxième partie de la liste générale du jury : la dernière forme une liste supplémentaire (que l'usage s'est établi d'appeler troisième partie de la liste), exclusivement destinée, comme la seconde partie, à la formation du jury. Il est donc nécessaire que ceux qui sont inscrits sur l'une et l'autre de ces parties de la liste, soient reconnus comme remplissant les conditions exigées pour être juré ; savoir : l'âge de trente ans et la jouissance des droits civils et politiques. (Art. 381 du Code d'inst. criminelle.) Ils doivent avoir domicile réel dans le département. Cette condition résulte implicitement de la disposition de l'art. 2 de la loi de 1827, qui appelle les électeurs dont le domicile politique est séparé du domicile réel, à figurer sur la seconde partie de la liste du jury, dans le département où ils possèdent ce dernier domicile.

On ne peut inscrire, sur ces deuxième et troisième parties, les personnes dont les fonctions ou la profession sont incompatibles avec le service du jury. Ces personnes sont dénommées à l'art. 384 du Code d'instruction criminelle.

Enfin, nul ne peut être porté, en même temps, sur plusieurs parties de la liste d'un même département. Ceux qui ont qualité pour la première partie et pour la seconde, doivent être inscrits dans la *première*, et ceux qui ont qualité pour la seconde et pour la troisième, doivent être inscrits dans la *seconde partie*. Ces règles ont été indiquées par les instructions des ministres de l'intérieur et de la justice, des 29 et 30 juin 1827.

II. Le n° 2 du troisième paragraphe de l'art. 2 de la loi du 2 mai 1827, appelle à faire partie de la deuxième partie de la liste du jury *les fonctionnaires publics nommés par le Roi, et exerçant des fonctions gratuites.*

Suivant les instructions transmises, les 29 et 30 juin 1827, par les ministres de l'intérieur et de la justice, cette disposition s'applique aux membres des conseils généraux de département et d'arron-

dissement, aux maires, adjoints et conseillers municipaux des communes de 5,000 ames et au-dessus. Elle n'est point applicable aux membres des
conseils des hospices, des bureaux de bienfai-
sance, et des conseils de charité, qui, étant seulement administrateurs d'intérêts collectifs, et non
pas d'intérêts généraux, ne sont point, à proprement parler, des fonctionnaires publics.

Les maires et adjoints de maires, susceptibles
de l'inscription, soit sur la deuxième partie de la
liste, soit sur la liste supplémentaire, ne sont point
exclus par la considération que, dans plusieurs
communes où il n'y a pas de commissaires de
police, ils exercent la police judiciaire. (Articles 9
et 11, Code d'instruction criminelle). L'incompatibilité existait, d'après le Code de brumaire an IV.
(Arrêt de cassation, du 13 juin 1811). Mais le
Code d'instruction criminelle (art. 383) a réduit
cette incompatibilité à une simple récusation, qui
doit avoir lieu, même d'office, dans toutes affaires
où un maire a exercé les fonctions d'officier de
police judiciaire. (Arrêt de cassation, du 7 novembre 1822).

Il n'y a donc aucune raison de ne point inscrire
les maires et adjoints sur la deuxième et la troisième partie de la liste générale du jury.

III. Les fonctionnaires publics nommés par le
Roi à des fonctions gratuites, qui appartiendraient
à un département par leurs fonctions, et à un
autre par leur domicile réel, doivent être inscrits

dans ce dernier département. (Instruction du ministre de l'intérieur, du 29 juin 1827).

Dans l'application de cette règle, l'expression *domicile réel* est souvent considérée comme ne signifiant autre chose que *résidence*.

IV. Suivant des instructions données par M. le garde-des-sceaux, les citoyens revêtus de fonctions publiques gratuites, à la nomination du Roi, mais qui, en même temps, exercent des fonctions ou emplois salariés par le gouvernement, ne doivent pas, à raison de cette dernière circonstance, être portés sur la liste du jury. Cette exclusion s'applique, par exemple, aux suppléants des juges de paix, aux directeurs, receveurs et contrôleurs des contributions et des diverses régies, des octrois, aux arpenteurs forestiers, etc.

V. Doit-on inscrire les juges suppléants sur la deuxième partie de la liste du jury?

Il a été reconnu plusieurs fois, par la Cour de cassation, que les juges suppléants des tribunaux civils et les suppléants des juges de paix, peuvent être *jurés*, attendu qu'ils n'exercent leurs fonctions que momentanément, et dans des cas particuliers : ainsi, ils peuvent être portés sur la liste de *service du jury*, quand ils figurent sur la liste générale.

Mais la reconnaissance de cette capacité est une question différente de celle dont il s'agit ici, laquelle ne concerne que la formation d'une des cinq catégories de la deuxième partie de la *liste générale*. Elle consiste à reconnaître si les suppléants des tribunaux civils et des justices de paix doivent être considérés comme fonctionnaires *gratuits*. La négative a été déclarée par les ministres de la justice et de l'intérieur, attendu que les premiers reçoivent des droits d'assistance, lorsqu'ils remplacent les juges titulaires; et les autres, des vacations, lorsqu'ils remplacent le juge de paix dans certaines fonctions. (Loi du 27 mars 1791, art. 30 et 14).

VI. Doit-on inscrire les juges suppléants des tribunaux de commerce?

Il est d'abord à remarquer que les membres de ces tribunaux ne sont pas *nommés* par le Roi, mais reçoivent seulement l'institution royale après l'élection faite par les notables commerçants; en sorte que, bien que magistrats, il est douteux que la dénomination *fonctionnaires nommés par le Roi*, leur soit applicable. En second lieu, ces suppléants exercent les fonctions judiciaires plus fréquemment et plus habituellement que les suppléants des tribunaux civils, et il n'existe pas entre eux et les juges titulaires la même différence qu'entre les suppléants et les juges des tribunaux civils. Aussi l'instruction de M. le garde-des-sceaux, du 30 juin 1827, ne les met pas au nombre des magistrats susceptibles d'être portés sur la liste de service du jury.

D'après ces diverses considérations, il n'y a pas de raison de les inscrire sur la deuxième partie de la liste générale. Il a été écrit plusieurs fois dans ce sens.

VII. Les juges-auditeurs doivent-ils être portés sur la deuxième partie de la liste du jury?

Ces magistrats sont bien fonctionnaires gratuits à la nomination du Roi; mais, ne pouvant être portés sur la liste de service du jury, à raison de leurs fonctions judiciaires permanentes et habituelles, il n'y a pas de motif de les inscrire dans la deuxième partie de la liste générale.

VIII. Les officiers retraités, domiciliés depuis cinq ans dans le département, et jouissant d'une pension de retraite de 1,200 fr. au moins, sont compris dans la troisième catégorie de la deuxième partie de la liste générale.

Mais doit-on compter, dans le taux de 1,200 fr., le traitement qu'ils peuvent recevoir comme membres de la Légion-d'honneur?

Cette question a été résolue négativement par une ordonnance du Roi en Conseil d'état, à la date du 27 septembre 1827.

Elle est motivée sur ce que les émoluments attachés aux divers grades de l'ordre royal de la Légion-d'honneur, sont indépendants de l'état de retraite ou d'activité, et par conséquent ne constituent pas une pension de retraite.

IX. On a demandé si les *agrégés* des Facultés de l'Université royale étaient compris dans la catégorie désignée par le n° 4 du troisième paragraphe de l'art. 2 de la loi du 2 mai 1827.

Il a été répondu que ceux qui sont docteurs ou licenciés dans les Facultés des sciences et des lettres, et qui sont attachés habituellement à telle ou

telle classe dans un collége royal, comme profes-
seurs suppléants, se trouvent compris dans les
termes de la loi. (Solution du 30 juillet 1827).

X. Un docteur en chirurgie peut-il être inscrit
sur la deuxième partie de la liste du jury?

La loi du 2 mai 1827 appelle dans la quatrième
catégorie de la deuxième partie, les docteurs et
licenciés des Facultés de droit, des sciences et des
lettres, *les docteurs en médecine*, etc.

Ce texte a paru exclure formellement les *docteurs en chirurgie*. Une ordonnance du 4 octobre
1827 l'a ainsi décidé (1).

XI. La quatrième catégorie comprend les membres des sociétés savantes reconnues par le Roi.

Bien que la loi ait employé l'expression *sociétés
savantes*, il a été reconnu qu'elle a voulu désigner
aussi les sociétés s'occupant d'objets purement littéraires.

Que doit-on entendre par l'expression *reconnue
par le Roi?*

---

(1) Il est à remarquer que l'exclusion des docteurs en chirurgie
n'a été l'effet que d'une erreur de rédaction. La Chambre des pairs,
en délibérant la loi du 2 mai 1827, avait ainsi rédigé ce paragraphe :
*Les docteurs et licenciés des facultés de droit, de médecine, des
sciences et des lettres*, etc. La commission de la Chambre des députés fit observer qu'il n'y a pas de *licenciés* dans la Faculté de
médecine, et qu'ainsi il serait plus exact de supprimer, à son égard,
le mot *licenciés*. Mais, au lieu d'adopter la rédaction suivante : les
docteurs de la Faculté de médecine, ce qui eût compris les *docteurs en médecine* et les *docteurs en chirurgie* (loi du 19 ventose
an XI, 10 mars 1803), on employa l'expression moins générale,
docteurs en médecine.

Il a été décidé que ces termes ne pouvaient s'entendre que des sociétés reconnues ou établies par un acte de l'autorité souveraine.

Des académies et autres sociétés savantes ou littéraires existaient avant 1789, en vertu d'édits ou lettres-patentes de Louis XIV, Louis XV et Louis XVI. Elles furent toutes supprimées, par une loi du 8 août 1793. Plusieurs se formèrent de nouveau quelques années après, et furent autorisées ou organisées par des arrêtés des préfets, ou par des décisions ministérielles. Leurs membres ont demandé à être inscrits sur la deuxième partie de la liste du jury; mais il a été décidé, en plusieurs circonstances, que ces sociétés, lors même qu'elles auraient été reconstituées sur leurs anciennes bases, et conformément à leurs anciens statuts, n'avaient pas recouvré le caractère qu'elles avaient autrefois, et qu'un nouvel acte de l'autorité royale aurait seul pu leur donner.

Diverses ordonnances du Roi, rendues en 1828 et 1829, en reconnaissant des académies et sociétés savantes et littéraires, et les autorisant à se qualifier *académies* et *sociétés royales*, ont mis pour réserve que cette prérogative ne donnait pas à leurs membres le droit d'être inscrits sur la liste du jury.

XII. Les trois ans d'exercice des fonctions d'un notaire, condition de son inscription dans un département, peuvent-ils embrasser les fonctions exercées dans un autre département?

Il suffit qu'un notaire ait exercé ses fonctions pendant trois ans, pour qu'il doive être inscrit sur les listes du jury, encore bien que ces trois années ne se soient pas accomplies dans le même département.

C'est ce qui a été jugé par un arrêt de la Cour de cassation, du 17 septembre 1829, dont voici les motifs :

« Attendu que d'après le cinquième numéro de l'article 2 de la loi du 2 mai 1827, le préfet doit porter sur la liste des jurés du département les notaires, après trois ans d'exercice de leurs fonctions; que la loi n'exige pas que ces trois ans d'exercice aient eu lieu dans le même département ; que les incapacités ne doivent pas être étendues; que dès-lors, en supposant, comme il est articulé, que le sieur Lamarre, l'un des jurés, exerçât les fonctions de notaire dans le département de Seine-et-Oise depuis moins de trois ans, n'étant pas méconnu qu'il exerçait lesdites fonctions depuis plus de trois ans, tant dans le département de Seine-et-Oise que dans un autre limitrophe, antérieurement, son inscription sur la liste des jurés a été faite légalement;—Rejette. »

XIII. Le n° 5 du troisième paragraphe de l'article 2 de la loi du 2 mai 1827, comprend-il les *notaires honoraires?*

Comme il n'y a pas de disposition textuelle des lois et ordonnances sur le notariat, qui reconnaisse de *notaires honoraires,* et comme le texte de la loi du 2 mai 1827 ne comprend que les *notaires exerçant depuis trois ans au moins,* il ne semble pas qu'un ancien notaire, qualifié du titre d'*honoraire*, puisse, en cette qualité, être porté sur la deuxième partie de la liste générale du jury. (Solution du 27 août 1827).

XIV. A partir de quelle époque doit-on compter les trois ans d'exercice de fonctions, exigés pour que les notaires puissent être inscrits sur la deuxième partie de la liste générale du jury?

Ces trois ans doivent être comptés à partir de la prestation de serment qui est inscrite sur les registres des tribunaux de première instance. (Instruction du ministre de la justice, du 30 juin 1827.)

A l'égard des cinq ans et dix ans de domicile, exigés des officiers et des licenciés, les règles ne sont autres que celles que les tribunaux appliquent dans tous les cas où il s'agit de prouver la durée du domicile.

XV. La cessation des fonctions qui indiquaient la capacité propre à exercer les fonctions de juré, et par conséquent commandaient l'inscription sur la liste générale, entraîne-t-elle la cessation immédiate de cet exercice?

C'est un principe général que la capacité s'apprécie au moment de la confection de la liste, et dure autant que cette liste, à moins d'un changement dans les droits civils, toujours nécessaires. La Cour de cassation a appliqué ce principe, sous l'empire de l'article 382 du Code d'instruction criminelle, à un notaire démissionnaire. Un arrêt du 27 juin 1827 (Sirey, 1828, 1, p. 167) a jugé que, quoiqu'il eût perdu la qualité de notaire, par

la prestation de serment de son successeur, il suffisait qu'il eût cette qualité au moment de la formation de la liste, pour qu'il ait pu remplir les
fonctions...... L'article 382 est à la vérité abrogé
par la loi de 1827 ; mais le principe est le même
sous cette dernière loi.

Depuis la mise en exécution de la loi du 2 juillet
1828, plusieurs Cours royales et plusieurs Cours
d'assises, contrairement à la doctrine reconnue par
la Cour de cassation, ont ordonné de rayer de la
liste de service du jury, des électeurs qui, depuis la
formation de cette liste, avaient perdu la capacité
électorale : par exemple, des propriétaires qui
avaient vendu les biens dont les contributions leur
donnaient le cens électoral ; des commerçants qui
avaient quitté le commerce, et cessé de payer la
patente qui portait leurs contributions à 300 fr.

Il est bien vrai que l'article 10 de la loi du 2
mai 1827 porte que la Cour royale, après avoir
fait le tirage au sort de quarante noms, prescrit
par l'article 9, « remplacera immédiatement ceux
« des quarante jurés ainsi désignés, qui, depuis la
« formation de la liste de service, seraient décédés
« ou auraient été légalement privés des capacités
« exigées pour exercer les fonctions de jurés, ou
« auraient accepté des emplois incompatibles avec
« ces fonctions. »

Il résulte de cet article que la Cour royale, pour
éviter que les noms des jurés dont il s'agit soient
encore une autre fois désignés par le sort, ordonne
leur radiation sur la liste de service.

D'un autre côté, les Cours d'assises statuant, au commencement de leurs sessions, sur les excuses présentées par les jurés compris sur la liste des quarante désignés pour le service de la session, ont également prononcé des radiations.

Mais ce droit de rayer les jurés qui ont perdu légalement la capacité qui leur donnait cette qualité, ne semble pas pouvoir s'étendre au-delà des cas prévus par la loi. Ainsi, la Cour royale ou la Cour d'assises peut rayer de la liste de service un électeur ou juré qui a été retranché de la liste générale du jury, par l'effet de la révision annuelle; un électeur qui a été retranché de la liste électorale par le tableau de rectification, dressé en cas d'élection; un électeur ou juré qu'un jugement a déclaré étranger ou en faillite, ou privé, définitiment ou temporairement, de l'intégrité des droits civils et politiques. Mais il ne paraît pas qu'elle puisse aller au-delà, et apprécier, d'après d'autres éléments, la capacité de juré, sans usurper le droit de l'administration, à qui seule il appartient de dresser la liste de service annuel du jury, et sans blesser le principe général reconnu par l'arrêt de cassation du 27 juin 1827, savoir : que la capacité s'apprécie au moment de la formation de cette liste, et dure autant qu'elle (c'est-à-dire du 1er janvier au 31 décembre). C'est le même principe qui maintient, dans les fonctions de député, l'éligible dûment élu et admis par la Chambre, quoique, depuis son élection, il ait cessé de remplir les conditions d'éligibilité.

SECTION III.

DE LA RÉVISION DES LISTES ÉLECTORALES ET DU JURY.

Les listes électorales et du jury sont permanentes. (Art. 1er de la loi du 2 juillet 1828.)

Elles sont revisées annuellement, suivant les dispositions prescrites par les autres articles de la même loi.

Cette révision s'opère du 1er juin au 16 octobre.

La liste électorale et du jury de chaque département, arrêtée le 16, et publiée le 20 octobre, sert à former une liste du jury pour les sessions des Cours d'assises, qui ont lieu du 1er janvier au 31 décembre de l'année suivante.

La première partie de cette liste, ou *liste électorale*, comprend autant de listes qu'il y a de colléges électoraux d'arrondissement.

Indépendamment de ces listes d'arrondissement, il est formé chaque année une liste des électeurs composant le collége départemental. Elle comprend les plus imposés parmi les électeurs d'arrondissement, jusqu'à concurrence du quart du nombre total de ces électeurs. (Loi du 29 juin 1820, art. 1er et 2. — Loi du 2 juillet 1828, art. 16.)

Les listes des colléges électoraux d'arrondissement et de département servent respectivement pour les élections qui ont lieu dans ces circonscriptions territoriales, jusqu'à la révision subséquente, c'est-à-dire du 21 octobre d'une année au 20 octobre de l'année suivante.

S'il y a élection pendant le mois qui suit la dernière des publications qui complètent la révision annuelle de ces listes, c'est-à-dire du 21 octobre au 20 novembre, il n'y peut être fait aucune modification. Elles servent telles qu'elles ont été arrêtées le 16 octobre. (Art. 21 de la loi du 2 juillet 1828.)

S'il y a élection pendant les onze mois suivants, il est publié un *tableau de rectification* à la liste du collége convoqué. (Art. 6 de la loi du 2 mai 1827. — Art. 22 de la loi du 2 juillet 1828.)

Enfin, chaque fois qu'il y a élection, le préfet dresse une liste d'*éligibles.*

Nous examinerons successivement, 1° les opérations préparatoires à la révision annuelle ; 2° la révision effectuée par le préfet ; 3° la publication de la liste revisée ; 4° les formes relatives au jugement, par le préfet en conseil de préfecture, des réclamations contre la teneur des listes revisées ; 5° la clôture des listes annuellement revisées, et la formation du collége départemental ; 6° les formes relatives aux pourvois portés à la Cour royale contre les jugements des préfets en conseil de préfecture ; 7° la formation d'un tableau de rectification, en cas d'élection ; 8° la formation des listes d'éligibles.

On trouvera dans la circulaire du 25 août 1828, insérée ci-dessous section v, des instructions détaillées sur la révision des listes, qui nous dispenseront d'entrer ici dans de longs développements sur quelques-uns de ces divers paragraphes.

11

§ Ier.

Des opérations préparatoires à la révision an-
nuelle.

I. Ces opérations sont confiées à des réunions
cantonnales, composées des maires et des percepteurs du canton. (Loi du 2 juillet 1828, article 1er.)

Les réunions cantonnales ont lieu chaque année,
du 1er au 10 juin. (Art. 2.)

Une circulaire, du 12 juillet 1828, a tracé quelques règles relativement à la forme de ces réunions.

Le préfet leur adresse des états comprenant,
1° les électeurs et jurés du canton; 2° les électeurs
appartenant à un autre canton, ou à un autre département, par leur domicile politique, et qui
paient des contributions dans le canton.

Il joint à cet envoi les extraits de rôles pour les
contributions payées dans le canton; lesquels ont
servi, l'année précédente, à justifier du cens électoral des divers électeurs.

Les maires et les percepteurs comparent, en ce
qui concerne chaque électeur, les éléments du
cens électoral de l'année précédente avec ses contributions actuelles, et indiquent les différences
survenues depuis un an. Cette opération est nécessaire, 1° pour reconnaître si ces électeurs n'ont
pas perdu leurs droits, et s'ils doivent être maintenus sur la liste; 2° pour satisfaire à l'obligation
prescrite par l'art. 7 de la loi du 2 juillet 1828,

d'indiquer, chaque année, sur les listes, les contributions que paie chaque électeur, c'est-à-dire les détails *du cens électoral actuel.*

Les maires et les percepteurs doivent indiquer aussi les changements personnels survenus dans la situation des électeurs et dans celle des jurés, et qui peuvent influer sur leur capacité.

Enfin, ils doivent désigner les individus qui, à leur connaissance, ont acquis, depuis l'année précédente, la qualité d'électeur ou de juré.

II. Les maires et les percepteurs se servent, pour ce travail, des rôles des contributions et de la connaissance personnelle qu'ils peuvent avoir sur ces divers points. De plus, les intéressés leur font remettre, s'ils le jugent à propos, les pièces et renseignements concernant leur situation. A cet effet, le préfet publie, vers le 1er mai, un avis pour inviter, 1° les électeurs et jurés inscrits qui n'auraient plus la capacité légale, à le faire connaître, avant le 1er juin, au maire de la commune où ils ont, les premiers, leur domicile politique, et les seconds, leur domicile réel; 2° les individus précédemment omis, ou qui auraient nouvellement acquis cette capacité, à le déclarer avant la même époque à ce fonctionnaire, en lui remettant les pièces à l'appui de leurs droits (1). (Circulaire du 14 avril 1829.)

_____

(1) Les citoyens peuvent, jusqu'au 1er juin, remettre leurs titres au maire de leur commune. Après cette époque, ils peuvent les envoyer au sous-préfet jusque vers la fin du mois de juin; plus tard, ils les adressent directement au préfet.

III. Les maires doivent, en arrivant à la réunion cantonnale, apporter avec eux les extraits de rôles concernant les impositions payées, dans leurs communes, par les électeurs anciens et nouveaux. Ces extraits, délivrés par le percepteur, sont visés par le maire, et contiennent le certificat de possession annale donné par ce dernier.

IV. Ces pièces, revisées dans la réunion cantonnale, sont transmises au sous-préfet, qui les adresse au préfet, avec ses observations, avant le 1er juillet.

Ce fonctionnaire fait passer aussitôt à ses collègues les extraits de rôles concernant les électeurs de leurs départements, qui paient des contributions dans le sien.

Il procède ensuite à la révision de la liste de son département.

§ II.

De la révision effectuée par le préfet.

I. Le préfet s'occupe, du 1er juillet au 15 août, de la révision de la liste électorale et du jury.

Il est seul chargé de cette opération; car les maires et les percepteurs formant les réunions cantonnales, ont plutôt à fournir des matériaux pour la révision de la liste, que les éléments mêmes de cette liste.

Les documents qu'il emploie pour cette opération sont, 1° les états et les pièces préparés par les réunions cantonnales, et qui lui sont transmis par l'intermédiaire des sous-préfets; 2° les productions de même nature que les autres préfets lui ont adressées pour les contributions payées hors de son département; 3° enfin, les pièces que les intéressés et les tiers lui adressent directement.

Voyez ci-dessous, section v, les instructions données, par la circulaire du 25 août 1828, sur le travail du préfet opérant la révision annuelle de la liste. Nous ne les répéterons pas ici, et nous nous bornerons à y ajouter quelques observations qui, pour la plupart, avaient été publiées en 1823, dans l'article *Élections* de notre *Répertoire de la nouvelle législation.*

II. En principe général, l'administration supérieure n'a point à demander, aux électeurs déja inscrits, de nouvelles pièces justificatives : c'est à elle à se les procurer. Elle ne doit s'adresser aux électeurs que pour obtenir les pièces qui ne peuvent être à sa disposition, et seulement quand elle a des raisons de penser que la propriété ou l'industrie dont les contributions leur ont été précédemment attribuées, ont subi des modifications. (Circulaire du 25 août 1828, § 1, n° 1.)

Cependant les électeurs et les jurés dont la position a changé, feront bien de fournir, à l'administration, les renseignements qui les concernent. En facilitant son travail, ils assureront l'exactitude de leur inscription sur la liste revisée.

III. Dans le plus grand nombre de cas, la notoriété suffit pour établir les conditions d'âge, de jouissance des droits civils et politiques, et même de domicile. Quand ces circonstances paraissent douteuses, le préfet demande que la preuve en soit faite par pièces authentiques.

IV. Mais il y a lieu d'établir, chaque année, lors de la révision de la liste, quel est le cens électoral de chaque électeur. En effet, l'article 7 de la loi du 2 juillet 1828 prescrit d'indiquer chaque année les contributions que *paie* chaque électeur, et ce ne serait pas exécuter cette disposition que d'indiquer celles qu'il *payait* l'année précédente.

Le sieur Péan, électeur d'Indre-et-Loire, avait prétendu que le principe de la permanence des listes oblige le préfet, lorsqu'il procède à la révision annuelle avant le 15 août, à maintenir pour chaque électeur les contributions qui lui étaient attribuées les années précédentes.

La Cour royale d'Orléans (arrêt du 4 décembre 1828) a décidé que, d'après le texte de l'art. 1er de la loi du 2 juillet 1828, le principe de la permanence des listes ne peut s'entendre que de l'inscription du nom des individus sur la liste électorale, et non de la quotité des contributions qui leur sont attribuées, lesquelles sont nécessairement variables d'une année à l'autre.

V. Le cens électoral résulte de l'inscription aux rôles, actuellement en recouvrement, réunie à la possession de la propriété, la location de l'appartement ou l'exercice de l'industrie en vertu desquels l'inscription a lieu.

VI. Si, malgré l'inscription au rôle, un contribuable ne possède plus la propriété, n'occupe plus la location, ou n'exerce plus l'industrie, à raison desquelles il était imposé, il ne doit pas être porté sur les listes électorales.

VII. La preuve de l'inscription au rôle consiste dans la représentation, soit des extraits des rôles, soit des quittances de paiement, dûment visés par les autorités administratives. Dè plus, chaque extrait ou quittance doit être accompagné d'une déclaration du maire, attestant que la possession de la propriété, la location, le paiement de la patente et l'exercice de l'industrie ont commencé il y a plus d'une année (sauf le cas de succession), et n'ont pas éprouvé d'interruption.

Quand le véritable propriétaire n'est pas porté sur le rôle, soit parce que la mutation n'a pas encore été opérée, soit dans des cas d'indivision, etc., c'est à lui à établir ses titres de propriété; et, dans ce cas, quoique son nom ne soit pas inscrit sur le rôle, il n'en doit pas moins être inscrit sur la liste électorale.

Deux arrêts récents ont appliqué ce principe : l'un de la Cour de Metz (23 novembre 1829); l'autre de celle de Bourges (13 novembre 1829).

Le préfet de la Moselle avait attribué au sieur de Nonancourt une partie des contributions inscrites au nom des héritiers *de Gargan*. Cette inscription fut attaquée par un tiers, qui rapportait la preuve que le sieur de Nonancourt ne figurait pas aux rôles des communes où ces contributions étaient payées. Mais la Cour royale de Metz, après avoir examiné les pièces et renseignements produits par le défendeur, reconnut qu'ils établissaient des droits d'indivis pour *telle quotité*, dans la possession desdits biens recueillis par héritage, et confirma l'arrêté du préfet.

Le sieur Rabier avait acquis, le 24 janvier 1828, du sieur Cartier du Boisdouin, une propriété dont les dépendances s'étendaient sur le territoire de Châteauroux. Il demandait à se faire attribuer une cote de 52 fr., imposée au rôle de Châteauroux, sous le nom du sieur du Boisdouin, pour un pré situé au terroir de cette commune, et produisait un certificat du percepteur, vérifié par le maire, attestant que ce pré était possédé par lui depuis le 24 janvier 1828, en vertu de la vente à lui faite par le sieur du Boisdouin.

Le préfet avait refusé de lui compter cet article, attendu que l'acte de vente n'indiquait pas que la dépendance, comprise sur le territoire de Châteauroux, fût ce même pré, plutôt que toute autre parcelle dudit territoire.

La Cour royale de Bourges, par un arrêt du 13 novembre 1829, a déclaré que l'extrait du rôle devait être attribué au sieur Rabier, « attendu qu'il n'était pas possible de douter que ce pré ne fît partie du bien à lui vendu par le sieur du Boisdouin, et que dès-lors on n'a pu lui refuser l'allocation de la contribution qu'il paie pour cet objet imposé sous le nom de son vendeur. »

D'autres pièces peuvent être demandées par les préfets, selon les circonstances, pour établir les droits de propriété, ou d'association dans une entreprise commerciale, etc.

Les rôles de contributions et les registres de l'enregistrement servent à contrôler, et quelquefois suppléent les pièces fournies par les réclamants.

VII *bis*. La délégation des contributions d'une veuve, doit être faite par acte notarié et accompagnée d'un certificat du maire, attestant que la veuve est dans la situation de famille et de fortune où la délégation est valable.

L'instruction, publiée le 27 juillet 1820 par le Ministre de l'intérieur, portait que les délégations des veuves doivent être effectuées par *actes notariés*.

On objecta que cette formalité paraissait contraire à la décision royale du 7 mai 1817, suivant laquelle les actes relatifs aux élections doivent être sur papier libre (1).

Un article du recueil des éclaircissements, publié le 4 septembre 1820, fit observer que la dé-

---

(1) Cette décision consiste dans l'approbation donnée par le Roi à un rapport du ministre de l'intérieur (M. Lainé), dont voici les principaux motifs et les conclusions.

« Dans le système du gouvernement établi par la Charte, « l'exercice des droits politiques est si important, que tous les « actes qui y sont relatifs me paraissent devoir être regardés « comme objet d'une haute administration; et, comme tels, « affranchis de tous droits de timbre et d'enregistrement, quand « bien même ils formeraient titres à l'avantage des particu- « liers. . . . .

« J'ai, en conséquence, l'honneur de proposer à V. M. d'ap- « prouver que tous les actes relatifs à l'exécution de la loi du 5

cision du 7 mai 1817 s'applique plus particulièrement aux registres, listes d'électeurs, déclarations de changements de domicile, etc., et qu'elle
ne dispense pas de présenter des actes authentiques ou notariés, quand il est nécessaire d'en
produire.

Toutefois, on a souvent prétendu que cette formalité n'est pas nécessaire, et que la délégation
peut être sous seing-privé, pourvu que la signature de la veuve soit légalisée.

La Cour royale de Metz, par un arrêt du 23 novembre 1829, a déclaré admissible la délégation
sous seing-privé, faite par la dame veuve Pischen,
en faveur du sieur Mussot, son gendre, « attendu
que la loi du 29 juin 1820 ne se prononçant pas
sur la forme de l'acte par lequel une veuve délègue ses contributions, il faut dire qu'une délégation sous seing-privé peut être admise, *lors d'ailleurs que, comme au cas particulier, il y a juste
motif d'induire des autres pièces jointes à la réclamation, que la délégation est sincère et sérieuse.* »

VIII. Un individu nouvellement domicilié dans
une commune, et qui n'aurait pas encore été compris au rôle personnel et mobilier, ou qui, après
avoir été compris, plusieurs années de suite, sur

« février, notamment les registres et les listes des électeurs, les
« registres des déclarations pour translation de domicile poli-
« tique, et les extraits de ces déclarations soient écrits, impri-
« més ou délivrés sur papier libre. »

    Approuvé,   Signé : Louis.

ces rôles, aurait été omis sur celui qui sert de base à la formation des listes électorales, ne peut se faire compter la contribution pour laquelle il aurait dû être inscrit, mais qu'il ne *paie pas effectivement.*

Il y a eu plusieurs exemples de refus fait par l'autorité administrative de compter à un électeur omis sur le rôle de la contribution personnelle et mobilière, la cote contributive qu'il devrait payer.

Ces décisions sont conformes aux principes adoptés sur *le paiement effectif de l'impôt*, comme condition essentielle de l'exercice du droit électoral, et particulièrement aux considérations exposées, page 69, n° viii, au sujet de l'illégalité du *rôle supplémentaire* demandé par M. de Marchangy, pour rectifier le rôle foncier de 1824.

On a objecté, contre ce principe, qu'il dépendrait de l'administration de priver un citoyen du cens électoral, en l'omettant sciemment sur le rôle. Cette crainte est peu fondée, et le délit qu'elle suppose peu probable.

L'inconvénient qui pourrait en résulter est d'ailleurs moins grave que les abus qui résulteraient de l'admission dans le cens électoral, de cotes contributives non portées aux rôles.

On a quelquefois invoqué, comme un exemple contraire à la règle dont il s'agit, la décision de la Chambre des députés, qui, dans la séance du 26 mars 1824, a prononcé l'admission du général Foy, en lui attribuant, pour compléter le cens d'éligibilité, une cote personnelle et mobilière pour laquelle il n'était pas porté au rôle.

Mais, indépendamment de ce que la Chambre prononce d'après l'équité plutôt que d'après le droit strict, cet exemple n'est pas concluant.

A l'époque des élections de 1824, le rôle personnel de la ville de Paris n'était pas en recouvrement, et on se servait de celui de 1823 pour établir le cens des électeurs. Mais, par une décision générale, les contribuables déja inscrits sur les matrices du rôle de 1824, et qui ne figuraient point sur le rôle de 1823, furent admis à présenter des certificats constatant l'impôt auquel ils étaient assujettis en 1824. Le général Foy, qui ne figurait pas sur celui de 1823, présentait un certificat attestant son inscription sur la matrice de 1824.

La même marche avait été suivie pour l'inscription de plusieurs autres habitants de Paris.

IX. Le préfet doit inscrire les individus qui ont acquis, depuis l'année précédente, les droits d'électeur et de juré. Il doit inscrire aussi ceux qui, possédant ces droits l'année précédente, auraient été omis sur la liste close le 16 octobre dernier. Ce n'est qu'alors qu'ils sont relevés de la déchéance prononcée par l'art. 6 de la loi du 2 mai 1827.

Il peut alors réformer une décision prise antérieurement, et ordonner une inscription qu'il avait refusée l'année précédente, bien que ces droits reposent sur les mêmes contributions, et soient établis par les mêmes actes.

Le préfet du Lot avait cru ne pouvoir réformer

un arrêté pris par son prédécesseur en septembre 1827, qui refusait de compter au sieur Brugalière les contributions déléguées par sa belle-mère.

La Cour royale d'Agen (arrêt du 14 novembre 1828) a déclaré que le réclamant était recevable dans sa nouvelle demande, et que le préfet ne pouvait lui opposer l'arrêté de 1827, attendu qu'il doit inscrire, selon l'art. 6 de la loi du 2 juillet 1828, ceux qui ont été *indûment omis* l'année précédente; que tout arrêté ou acte antérieur à la révision annuelle, ne peut être un obstacle à ce que les droits politiques d'un citoyen soient de nouveau vérifiés; que, s'il en était autrement, les droits politiques, toujours imprescriptibles, pourraient être à jamais perdus par une mauvaise défense, ou par la négligence d'un individu.

Le préfet peut inscrire les individus pour lesquels l'âge de trente ans et les autres conditions de temps exigées par les lois de 1817, 1820 et 1827, ne sont point encore accomplies, mais s'accomplissent avant le 16 octobre. (Voy. ci-dessous, circulaire du 25 août 1828, § 1, n° xiii) Cette inscription n'est point prématurée, puisque la liste électorale et du jury ne peut servir pour les élections qu'après le 20 octobre, et, pour le jury, qu'au 1er janvier suivant.

X. Le préfet doit rayer les individus décédés, ou dont l'inscription a été déclarée nulle par la Cour royale (1), ou qui auraient perdu, depuis

_____

(1) La loi s'est servie de l'expression *autorité compétente*.

l'année précédente, les qualités requises pour être
électeur ou juré. (Article 6 de la loi du 2 juillet
1828.)

Il doit aussi rayer (même article) les individus
indûment inscrits l'année précédente, et contre
lesquels il n'avait pas été élevé de réclamations.
Jusqu'alors leurs droits sont garantis par le fait
d'une inscription, non attaquée du 15 août au 30
septembre de l'année précédente; les individus
inscrits alors, et dont les droits n'ont pas été contestés dans cet intervalle, ne peuvent plus être
rayés qu'à l'époque de la révision annuelle.

Ce principe, qui résulte du texte de la loi, avait
été contesté par le sieur Hérault, électeur du département de l'Oise, inscrit en 1827, à raison de
la contribution des portes et fenêtres de maisons
dont il était propriétaire, et qui étaient occupées
par des locataires, et rayé en 1828 par le préfet
qui avait reconnu cette erreur.

Il opposa à cette décision la *chose jugée* en 1827.

La Cour royale d'Amiens, par un arrêt du 15 novembre 1828, déclara que la décision rendue en
1827 n'avait pu lui conférer un droit irrévocable.

Cette rédaction était en rapport avec la teneur du projet présenté par le gouvernement, qui attribuait, au Conseil d'état
et aux Cours royales, le jugement définitif des réclamations :
et lorsque l'art. 6 fut voté par la Chambre des députés, elle
n'avait pas encore modifié, comme elle le fit ensuite, de concert avec le gouvernement, le projet primitif, et attribué exclusivement aux Cours royales le jugement de tous les recours.

XI. Enfin, le préfet rectifie le cens de tous les électeurs, comme il a été dit ci-dessus, pour substituer le cens électoral *actuel* de chaque électeur à celui de l'année précédente.

Parmi les décisions portant rectification du cens électoral, les unes ne changent rien aux droits des électeurs; mais quelques-unes de celles qui réduisent la quotité du cens peuvent avoir pour effet d'exclure, du collége départemental, des électeurs qui en faisaient partie l'année précédente. Il ne peut y avoir que des présomptions à cet égard, puisque la nouvelle liste du collége départemental ne doit être formée que le 16 octobre : ainsi, avant cette époque, ces présomptions ne peuvent être établies qu'à l'égard des électeurs dont le cens se trouve abaissé au-dessous du minimum du cens d'admission au collége départemental, tel qu'il a été déterminé le 16 octobre de l'année précédente.

XII. La loi du 2 juillet 1828 (art. 6, § 3), prescrit de tenir un registre des décisions mentionnées ci-dessus, nᵒˢ ix et x, c'est-à dire de celles qui ordonnent des inscriptions nouvelles ou des radiations.

La circulaire du 25 août 1828, prenant en considération que les rectifications qui ont pour effet probable de faire sortir un électeur du collége départemental, sont une sorte de radiation, a recommandé de les inscrire sur le même registre.

XIII. Le second paragraphe de l'art. 8 prescrit de *notifier* toutes les décisions portant radiation.

Les décisions qui n'ont d'autre effet que de modifier le chiffre du cens, n'ont pas besoin d'être notifiées.

C'est ce qu'a reconnu la Cour royale d'Orléans, dans un arrêt du 4 décembre 1828, relatif au pourvoi du sieur Péan. Il est fondé sur ce que les radiations faites par un préfet, dans les limites des attributions à lui conferées par l'art. 6, sont seules assujetties à la notification prescrite par le second paragraphe de l'art. 8; que quand il s'agit, non d'une radiation, mais d'un simple changement apporté à la quotité énoncée des contributions qui ont donné lieu à l'inscription, la publication de la liste rectifiée par le préfet, tient lieu de notification aux individus dont l'inscription a été ordonnée ou conservée (1).

---

(1) La circulaire du 25 août 1828, ajoutant aux obligations littérales de la loi, mais se conformant à son esprit, a recommandé aux préfets (§ 1, n° III) de notifier les décisions portant réduction du cens électoral, quand elles le font tomber au-dessous du *minimum* du cens d'admission au collége départemental, tel qu'il a été réglé le 16 octobre précédent. Cette disposition est fondée sur ce qu'une telle réduction est de nature à faire perdre un droit acquis (celui d'*électeur de département.*)

Un arrêt de la Cour royale de Caen , du 17 décembre 1829, sur un pourvoi du sieur Drouet , a statué que le préfet n'est pas tenu de notifier les arrêts qui rectifient le cens électoral, toutes les fois qu'ils n'ont pas pour effet de faire sortir l'électeur du collége d'arrondissement.

Les motifs de cet arrêt sont que la permanence des listes ne s'entend que de l'inscription du nom de l'électeur et non de la quotité de ses contributions ; que l'art. 6 de la loi du 2

Les notifications des décisions du préfet et de ses arrêtés en conseil de préfecture, en matière d'inscription électorale, doivent, aux termes de l'art. 8 de la loi du 2 juillet, être faites suivant le mode employé pour les jurés, conformément à l'art. 389 du Code d'instruction criminelle. Le mode ordinairement suivi est d'employer la gendarmerie, aux termes des lois du 28 germinal an VI

---

juillet 1828 n'impose aux préfets l'obligation de tenir registre de leurs décisions, de faire mention de leurs motifs et des pièces à l'appui, que dans les seuls cas d'*addition* ou de *retranchement* du nom d'un électeur, et que l'art. 8, qui détermine la forme à employer pour faire connaître ces décisions à ceux qu'elles intéressent, ne prescrit la notification que lorsqu'il y a *radiation;* d'où l'on doit conclure que hors ce cas unique, et pour les nombreuses modifications qui peuvent résulter de la variation annuelle des impôts qui forment le cens de chaque électeur, la publication de la liste tient lieu de notification; que la liste électorale de département n'est connue que lorsque la liste totale est définitivement fixée; qu'elle ne peut l'être qu'après que la révision est terminée; et qu'à proprement parler il n'y a ni inscription nouvelle sur la liste du département, ni radiation des électeurs qui s'y trouvaient précédemment inscrits, etc.

Malgré les considérations exprimées dans cet arrêt, on croit cependant que la règle prescrite par l'instruction du 25 août 1828 est plus conforme à l'esprit général de la loi du 2 juillet; cette loi a toujours mis sur la même ligne les radiations sur les listes d'arrondissement et les rectifications ayant pour effet de faire sortir du collége départemental. La réduction du cens au-dessous du taux qui précédemment donnait entrée dans ce collége, tend à priver d'un droit acquis, et la signification de l'arrêté avertit l'électeur qu'il peut avoir intérêt à se pourvoir en augmentation de cens.

12

et du 5 pluviose an XIII, et de ne recourir au ministère des huissiers que dans les circonstances extraordinaires, où ce moyen devient nécessaire.

La loi du 2 juillet (art. 8) porte que les électeurs qui n'habitent point dans le département, doivent élire un domicile *spécial*, pour recevoir les notifications. Ce domicile peut n'être pas le même que le domicile politique, proprement dit, qui est dans la commune où l'électeur paie des contributions directes. (Circulaire du 25 août 1828, § I, n° VII.) En effet, l'électeur peut préférer, pour cet objet spécial, une commune où réside son correspondant, son homme d'affaires, un parent, un ami, etc., qui recevrait pour lui les notifications. La même circulaire porte que si l'électeur n'avait pas déclaré quel domicile spécial de notification il choisit, les notifications seraient adressées au maire de la commune où il a son domicile politique.

XIV. Ces notifications doivent être faites dans les dix jours de la date de la décision.

La loi n'a pas prescrit d'époque pour prendre ces décisions. Elles peuvent n'être prises qu'au moment où la liste rectifiée est livrée à l'impression; mais la circulaire du 25 août 1828 autorise le préfet à les prendre et à les notifier plus tôt, de manière à laisser aux intéressés plus de temps pour préparer leurs réclamations.

§ III.

De la publication de la liste revisée.

I. La liste revisée doit être dans la forme d'une liste entièrement nouvelle; c'est-à-dire qu'elle ne contient plus aucune trace des électeurs rayés, et qu'elle comprend, sous une seule série de numéros, tous les électeurs et jurés anciens et nouveaux.

II. Elle se compose de deux parties : 1° les électeurs, classés par colléges d'arrondissement; 2° les jurés non-électeurs, classés dans les cinq catégories déterminées par l'art. 2 de la loi du 2 mai 1827.

Si ces deux listes ne comprennent pas huit cents noms, le préfet doit ajouter une troisième partie, composée des citoyens âgés de trente ans, les plus imposés au-dessous de 300 francs.

III. La première partie doit indiquer, en regard du nom de chaque électeur, la nature et la quotité de ses contributions, et les arrondissements de perception dans lesquels il les paie (1). (Loi du 2 juillet 1828, art. 7.)

---

(1) Quelquefois des préfets se sont trouvés embarrassés pour indiquer les détails du *cens actuel* de certains électeurs payant des contributions dans d'autres départements, et pour lesquels ils n'avaient pu obtenir à temps de nouveaux renseignemens. Dans ce cas, placés entre deux exigences contraires, le *principe de la permanence des listes*, qui défend de rayer des électeurs sans avoir la preuve de la perte de leurs droits, et *l'obligation d'inscrire les détails du cens électoral actuel*, ils ont pris le parti de conserver provisoirement les détails du cens de l'année précédente.

12.

A l'égard des jurés inscrits sur la troisième partie, il suffit d'indiquer la nature et la quotité de leurs contributions. (Circulaire du 19 juillet 1827.)

Les listes indiquent aussi le domicile politique des électeurs, le domicile réel des jurés, la profession, les titres ou fonctions des uns et des autres.

IV. La liste générale du jury est affichée, en entier, dans toutes les communes du département, le 15 août (1). Elle est, en même temps, déposée au secrétariat de la préfecture, de chaque sous-préfecture, et de chaque mairie, pour être donnée en communication à toutes les personnes qui le requièrent. (Loi du 2 juillet 1828, art. 7.) Elle doit être communiquée à tout imprimeur qui veut en prendre copie, et la faire réimprimer. (Art. 27.)

V. L'impression de la liste générale, qui doit paraître le 15 août, exige un temps plus ou moins considérable, pendant lequel sont formées des demandes, et recueillis des renseignements, dont l'administration ne peut tirer parti pour cette publi-

---

(1) L'affiche d'une liste en placard et le dépôt d'une liste en cahier, forment double emploi et donnent lieu à des dépenses d'impression considérables. Dans beaucoup de communes il n'y a pas de murs assez étendus pour recevoir toutes les feuilles dont se compose la liste en placard. A Paris et dans quelques départements, au lieu d'afficher des placards on a exposé, dans une boîte attachée à la porte de chaque mairie, une liste en cahier, semblable à celle qui est déposée dans l'intérieur de la mairie. Par-là on a économisé des frais d'impression.

cation. Les renseignements obtenus administrativement ne sont pas de nature à être jugés par le préfet, en conseil de préfecture, après le 15 août, puisqu'il ne peut introduire d'office des réclamations. (Voyez ci-dessous, § IV, n°s IV et V.)

Afin d'éviter de perdre le fruit de ces renseignements, ou de porter atteinte aux principes qui s'opposent à l'intervention d'office de l'administration, après le 15 août, une circulaire du 5 août 1829 (voyez ci-dessous, section V) a invité les préfets à arrêter, le 15 août, ou le 14 au soir, et à publier, quelques jours après le 15 août, un Supplément à la liste. Ce mode est justifié par la considération que, tant que la liste n'est point affichée, elle ne peut être considérée que comme une minute susceptible de recevoir d'office toutes les corrections nécessaires à la régularité des opérations.

§ IV.

Formes relatives au jugement des réclamations portées devant le préfet, en conseil de préfecture.

1. La circulaire du 25 août 1828 est entrée, à cet égard, dans des détails qui nous dispenseront de donner de longs développements. (Voyez ci-dessous, section V.)

Aux termes de l'art. 11 de la loi du 2 juillet, tout individu qui croirait devoir se plaindre d'avoir été indûment inscrit, omis ou rayé, ou de toute autre erreur commise, à son égard, dans la rédaction des listes , peut , du 15 août au 30 septembre , présenter sa réclamation.

Aux termes de l'art. 12 , tout individu inscrit sur la liste du département peut réclamer l'inscription ou la radiation de tout individu omis, rayé ou inscrit sur ladite liste, ou la rectification de toute autre erreur qui y aurait été commise.

II. Il y a donc, du 15 août au 30 septembre, ouverture aux réclamations , 1° *des intéressés directs ;* 2° des *tiers ,* qualifiés comme il est dit ci-dessus , à l'effet de rectifier la liste électorale et du jury.

Ces demandes doivent être motivées , et appuyées de pièces justificatives ; de plus, celles des tiers devront préalablement avoir été notifiées à l'intéressé. (Art. 13.) Elles doivent être inscrites sur le registre spécial mentionné à l'art. 10.

III. Ces réclamations doivent être jugées par le préfet, en conseil de préfecture ; c'est-à-dire par le préfet décidant seul , après avoir pris nécessairement l'avis du conseil de préfecture. Cette forme de jugement avait été établie par la loi du 5 février 1817. Plusieurs ordonnances royales levèrent les difficultés qui avaient été faites sur la nature du vote des conseillers de préfecture. La discussion sur le titre II de la loi du 2 juillet 1828 , a établi formellement que leurs suffrages ne sont que consultatifs.

IV. Après le 15 août, le préfet , en conseil de préfecture , statue sur les réclamations introduites dans la forme indiquée par les articles 11 et 12.

Il ne peut introduire d'office des réclamations ten-
dantes à modifier la liste. (Circulaire du 25 août
1828, § II, n° v.)

Ce principe résulte de la disposition textuelle de
l'art. 9 de la loi du 2 juillet 1828, qui porte qu'a-
près le 15 août il ne pourra plus être fait de changement à la liste, qu'en vertu de décisions rendues
par le préfet en conseil de préfecture, dans les
formes prescrites par le titre 2. Or, dans le titre 2,
il n'est question que des réclamations formées par
les intéressés directs et par les tiers (art. 11 et 12).
Ce principe résulte aussi de l'esprit général qui a
présidé à la présentation et à la discussion de la loi
du 2 juillet, et suivant lequel la révision de la
liste par le préfet, et le jugement des réclamations
contre la teneur de la liste révisée, forment deux
opérations distinctes dont le 15 août sépare la
durée : la première étant une opération purement
administrative; et la seconde se composant de décisions rendues par un tribunal administratif sur
des questions contentieuses et dans des formes déterminées. (Voyez l'exposé des motifs par le ministre de l'intérieur.)

C'est ce qui a été reconnu par un arrêt de la
Cour royale de Rouen du 22 décembre 1828.

Il s'agissait d'un sieur Lecanu, que le préfet de
la Seine-Inférieure, en conseil de préfecture, avait
rayé après la publication de la liste révisée, et
même après l'expiration du terme des réclamations.

La Cour royale, admettant d'ailleurs des justifications nouvelles que cet électeur avait faites, ordonna qu'il serait maintenu sur la liste, attendu qu'après la publication de la liste rectifiée, il ne peut y être fait de changement que d'après les formes indiquées par la loi ; que la loi ne concède pas au préfet, postérieurement à la publication de la liste, le droit d'en éliminer tardivement, comme dans l'espèce, un citoyen qui n'a pas été mis à portée de réclamer dans les délais fixés.

V. Des doutes s'étaient élevés, et des objections avaient été présentées contre ce principe, d'autant que, par le fait, les préfets sont dans la nécessité d'effectuer, du 15 août au 16 octobre, des changements qui ne sont que des mesures d'ordre, ou qui résultent de faits matériels non susceptibles de contestation ; par exemple, de rayer des électeurs décédés, de corriger des erreurs de noms, etc. Toutes les objections et demandes d'exception ont été renvoyées à l'examen du comité de l'intérieur, qui, par un avis du 17 juillet 1829, a consacré le principe énoncé ci-dessus.

VI. Voici toutefois les exceptions que l'usage a apportées à la rigueur de cette règle, et qui ne paraissent pas devoir être considérées comme de véritables infractions.

Quelquefois il y a de doubles emplois sur la liste: il semble que, dans ce cas, il y a lieu de rayer les électeurs ou jurés inscrits plus d'une fois, pourvu qu'à l'égard des électeurs, ces doubles emplois n'aient pas eu lieu sur les listes de divers colléges d'arrondissement.

Le préfet rectifie des erreurs de noms, prénoms, désignations, qui ne sont pas de nature à compromettre l'identité de la personne ou altérer la quotité du cens.

Lorsque, par suite d'une réclamation faite conformément aux dispositions du titre II de la loi du 2 juillet, un individu est rayé de la première ou de la deuxième partie, et qu'il a capacité pour être porté sur la deuxième ou la troisième; le préfet, en conseil de préfecture, peut l'y inscrire par l'arrêté qui prononce sa radiation.

Les préfets raient aussi, en conseil de préfecture, les individus dont le décès est dûment constaté ou bien notoire.

Ils raient aussi du nombre des jurés de la deuxième partie les électeurs d'autres départements, quand ils reçoivent la notification officielle que ces électeurs ont été dûment rayés sur la liste électorale du département où ils ont leur domicile politique.

Enfin, il peut arriver que l'augmentation ou la réduction des deux premières parties de la liste, après le 15 août, ait, à l'époque du 16 octobre, porté au-dessus ou au-dessous de huit cents noms la totalité de la liste du jury. Dans ce cas, il semble convenable de rayer de la troisième partie les derniers inscrits suivant l'ordre décroissant des contributions, ou d'y ajouter les plus imposés au-dessous des derniers inscrits.

VII. L'intéressé direct peut présenter lui-même

sa demande; il peut la présenter par un *fondé de pouvoir.*

Le mandat délivré au fondé de pouvoir peut être sous seing-privé; et même une circulaire du 9 octobre 1827 portait que le mandat pouvait être en forme de simple lettre, et la circulaire du 25 août 1828 l'a repété depuis.

Toutefois il convient que la signature apposée au bas de la procuration (ou de la lettre qui en tient lieu), soit légalisée par l'autorité compétente. C'est ce qui résulte d'un arrêt de la Cour royale de Dijon, du 15 octobre 1829, « attendu que si on doit induire des termes généraux de l'article 10 de la loi du 2 juillet 1828, que la procuration peut être donnée même par acte sous seing-privé; cependant il est de la nature des choses que cette procuration fasse foi par elle-même de sa sincérité, ce qui ne peut résulter que d'une légalisation par l'autorité compétente. »

VIII. La Cour royale de Rouen a déclaré (arrêt du 20 décembre 1828) que le porteur des pièces d'un individu non inscrit, qui se prétend chargé d'un mandat verbal, est admissible à réclamer l'inscription de celui-ci, en vertu de l'article 14 de la loi du 2 juillet 1828.

Un arrêté du préfet, en conseil de préfecture, avait refusé d'inscrire le sieur Lefebure sur la demande formée par le sieur Aroux, qui présentait des pièces justificatives des droits du sieur Lefebure.

Le sieur Lefebure attaqua cet arrêté devant la Cour royale.

L'arrêt de la Cour déclara « qu'en principe général, un mandat verbal est valable; que, dans
l'espèce, la preuve de ce mandat existait lors de
la réclamation, puisque le mandataire avait représenté les pièces qui l'appuyaient; que la loi n'exige
pas de notification de la part du mandataire au man-
dant, et que d'ailleurs, fût-elle nécessaire, elle ne
constituerait qu'une irrégularité, et ne donnerait
pas lieu à une déchéance; enfin, que le sieur Lefebure, en attaquant l'arrêté qui avait déclaré non-
recevable le sieur Aroux, constatait que le mandataire n'avait agi que suivant le vœu et les instructions de son mandat. »

La conséquence de cet arrêt serait l'anéantisse-
ment des dispositions sur l'intervention des tiers;
puisque, dans tous les cas, un tiers, même sans
qualité, pourrait se présenter comme fondé de
pouvoir de l'intéressé direct, et, sous ce prétexte,
éluder les notifications prescrites par l'article 13 de
la loi du 2 juillet 1828.

IX. Le tiers, qualifié comme il est dit art. 12,
n'a pas besoin de justifier de sa qualité, puisque le
secrétaire-général qui reçoit les réclamations (art.
10), peut s'assurer s'il est inscrit sur la liste.

Aucun autre individu n'est admissible à présenter des réclamations contre la teneur de la liste :
et de plus les intéressés directs, ou les tiers ayant
qualité, ne peuvent agir qu'individuellement; ils
ne peuvent se réunir pour exercer une action
collective. (Circulaire du 21 octobre 1828.)

X. Lorsqu'une demande est présentée par un

individu non-recevable, ou n'est pas accompagnée des formalités prescrites par la loi, il n'y a pas lieu de l'introduire au conseil de préfecture. Prendre dans ce cas des décisions formelles pour déclarer la demande *non-recevable*, serait reconnaître le droit de saisir le préfet, en conseil de préfecture, de demandes irrégulières. (Circulaire du 25 août 1828, § 11, n° 11.)

Bien que la circulaire du 25 août 1828 porte que les préfets peuvent se dispenser de prendre, en conseil de préfecture, des arrêtés formels pour déclarer non recevables des réclamations formées par des incapables, ou non appuyées de pièces justificatives, il est cependant d'usage assez général de prendre de telles décisions : ce mode laisse aux réclamants la ressource de former un pourvoi en Cour royale, ce qui leur serait impossible, s'il n'y avait pas d'acte en forme qui eût repoussé leur réclamation.

Au reste, il y a eu plusieurs exemples de recours contre de telles décisions ; recours qui ont été rejetés par les cours royales. On peut citer des arrêts de Rennes (10 janvier 1829), Metz (30 novembre 1829), Montpellier (2 et 23 décembre 1829), qui ont déclaré non admissibles des réclamants qui n'avaient pas produit devant le préfet, en conseil de préfecture, des pièces justificatives à l'appui de leur demande, ou qui n'avaient pas rapporté la notification par eux faite à l'intéressé.

Dans d'autres cas, les demandeurs en Cour royale,

reconnaissant que leurs recours ne seraient point admis, n'y ont pas donné suite.

L'arrêt de la Cour de cassation du 22 février 1830 (voyez ci-dessous § vi, n° vi), qui porte qu'on ne peut produire devant la Cour royale des pièces qui n'ont pas été présentées au préfet, a donné une nouvelle force à l'application de ces principes.

XI. Le 30 septembre est le terme de rigueur pour former les réclamations contre la teneur de la liste. La circulaire du 25 août a prescrit de tenir, ce jour-là, les bureaux de la préfecture ouverts jusqu'à minuit.

Mais un réclamant agissant soit comme intéressé direct, soit en qualité de tiers, qui aurait formé sa demande avant le 30 septembre, sans l'appuyer de pièces justificatives, pourrait-il être admis à les produire après cette époque?

La Cour royale de Rouen (arrêt du 13 décembre 1828) l'a déclaré non-admissible, attendu que la loi du 2 juillet 1828 (art. 11) a exigé que les réclamants justifiassent de leurs droits avant cette époque.

XII. Un tiers qui sollicite l'inscription ou la radiation d'un individu, ou même la rectification de l'article qui concerne un électeur ou juré, est obligé de notifier à l'intéressé sa réclamation. (Art. 13.) Cette notification doit être faite par huissier. (Circulaire du 25 août, § 11, n° 111.)

XIII. Ce tiers doit rapporter la preuve de sa notification : mais est-il recevable à ne la rapporter qu'après le 30 septembre, quoiqu'il ait formé sa réclamation avant cette époque?

La Cour royale de Rennes a déclaré qu'il n'est pas recevable. (Arrêts des 16 décembre 1828 et 10 janvier 1829.)

Cette décision est fondée sur le texte des articles 12 et 13 de la loi du 2 juillet 1828, du rapprochement desquels il résulte que la notification à l'intéressé doit avoir lieu dans les mêmes délais que la réclamation; qu'elle doit être jointe à la réclamation même, et ne peut être effectuée après le terme fixé par l'art. 10; que si l'on admettait que la notification pût être faite après le 30 septembre, il en résulterait que, dans la plupart des cas, la partie intéressée n'aurait pas, pour répondre à la notification, les dix jours accordés par l'art. 13; et que le délai de cinq jours accordé au conseil de préfecture pour prononcer (art. 14) ne serait pas observé, puisque la liste doit être close le 16 octobre.

XIV. D'un autre côté, l'électeur dont l'inscription est attaquée par un tiers, peut-il, après le 30 septembre, justifier de contributions qu'il n'avait pas déclarées avant cette époque? En d'autres termes, le délai fixé pour les réclamations par les articles 10, 11 et 12 de la loi du 2 juillet 1828, peut-il être opposé au défendeur comme au demandeur?

Le défendeur peut, après le 30 septembre, justifier de contributions qu'il n'avait pas déclarées précédemment; il ne fait que répondre à l'attaque portée contre son droit. Ainsi l'ont décidé les Cours de Caen (1), de Rennes (2) et de Paris (3).

Les motifs de la Cour de Rennes ont été que « le sieur de *Goyon*, défendeur, étant inscrit sur la liste électorale, n'avait point à s'inquiéter de faire preuve de son droit, avant qu'on l'eût contesté; que, lorsqu'on a demandé sa radiation, il a dû jouir de toutes les facilités nécessaires pour se défendre; qu'ainsi, nulle fin de non-recevoir ne peut lui être opposée, sous prétexte qu'il aurait fourni des pièces tardivement. »

La Cour royale de Paris a statué dans le même sens, le 20 novembre 1829, sur une action dirigée contre le sieur Fadatte-de-Saint-Georges. Elle a considéré « qu'en cas d'action de tiers, la clôture de la liste est suspendue, à l'égard des celui dont l'inscription est attaquée, jusqu'au jugement de l'action; que s'il en était autrement, le tiers serait toujours maître de priver l'électeur inscrit du droit de faire maintenir son inscription, en combinant et suspendant son action de manière à ne l'exercer que le dernier jour du terme fixé par la loi pour la clôture de la liste générale. »

L'arrêt de la Cour de Caen est fondé sur ce que « l'on peut bien exiger du demandeur qui veut priver un citoyen de la chose ou du droit qu'il possède, qu'il forme sa demande et produise ses

---

(1) Arrêt du 29 décembre 1828.
(2) Arrêt du 9 janvier 1829.
(3) Arrêt du 20 novembre 1829.

titres dans un délai déterminé; mais qu'on ne peut exiger du défendeur, qu'il produise les pièces répulsives de la demande, sans lui accorder un délai pour présenter sa défense et les pièces à l'appui; qu'il résulte de la loi du 2 juillet 1828, que le délai du 30 septembre est accordé à celui-là seul qui réclame contre la liste; mais non pas à celui qui, loin de former aucune réclamation, en demande le maintien; que celui qui a été omis, faute d'avoir justifié qu'il paie le cens électoral, ne peut pas, après le 30 septembre, produire de nouvelles pièces, parce qu'il est demandeur en rectification de la liste, et qu'il en attaque la composition; mais que celui qui est défendeur à l'action qu'on lui intente pour le faire éliminer de la liste, peut fournir de nouvelles pièces, après le 30 septembre, pour repousser cette action; qu'au surplus, il ne pourrait se servir des pièces qu'il produit pour obtenir un droit ou avantage plus grand que celui qui lui est accordé par l'inscription attaquée. »

D'après cette réserve, le dispositif de l'arrêt a maintenu le sieur de Boislaunay sur la liste, à l'effet de *conserver les droits qu'elle lui assure, sans que ces droits puissent recevoir aucune extension.*

XV. Une question fort délicate relative à des modifications dans le cens électoral, après le 30 septembre, a été décidée, par la Cour royale d'Orléans, dans l'espèce suivante :

Le sieur Péan attaquait l'inscription des sieurs Blau frères, négociants, attendu que l'on avait compté à l'un d'eux des contributions qui devaient être attribuées à son frère. Ceux-ci produisaient en réponse un acte de partage, fait après l'expiration du terme des réclamations.

Le préfet de Loir-et-Cher, en conseil de préfecture, rectifia le cens électoral des deux frères suivant cet acte de partage, et les maintint tous deux sur la liste électorale.

Le sieur Péan ayant attaqué cet arrêté devant la Cour royale, un arrêt du 14 janvier 1829 le confirma par les motifs suivants :

« Attendu que si, aux termes de l'art. 17 de la loi du 2 juillet 1828, la liste une fois close après les délais et dans les formes voulues par l'article précédent, il ne peut plus être fait par les préfets de changements à cette liste qu'en vertu d'arrêts rendus dans la forme déterminée au titre suivant, cette sage précaution de la loi, qu'il importe de préserver de toute atteinte, ne peut recevoir aucune application à la cause soumise à la décision de la Cour ;

« Parce que l'inscription du sieur Blau aîné n'a été attaquée, par aucun électeur, dans les délais déterminés par l'art. 12 de la loi précitée ; parce que le sieur Blau aîné n'a pas réclamé contre la déduction qui, en vertu de justifications légalement faites, a eu lieu, au profit de son frère, d'une partie des contributions qui lui avaient été originairement attribuées ; parce que les autres impositions mises au compte du sieur Blau aîné, en vertu des pièces produites par son frère, le maintiennent toujours

13

sur la liste avec un cens excédant celui exigé pour être électeur;

« Parce qu'il ne se trouve, sur l'une ou l'autre des deux cotes des sieurs Blau, aucun double emploi; qu'ainsi, les changements dont il s'agit ont laissé les deux frères Blau dans la même position électorale, et qu'aucun préjudice n'est porté, ni à l'intérêt privé, ni à l'intérêt public;

« Attendu, enfin, que la loi du 2 juillet 1828 n'a d'autre but que celui de protéger tous les droits et de prévenir toutes les fraudes en matière électorale; qu'elle doit être interprétée et appliquée d'après l'esprit dans lequel elle a été conçue; et que, dans la cause, il est pleinement justifié que les frères Blau réunissent aux autres conditions voulues par les lois, le paiement du cens prescrit. »

XV *bis*. L'administration et les tiers intervenants, à qui l'art. 12 de la loi du 2 juillet 1828 permet de réclamer contre la rédaction des listes, ont-ils le droit d'attaquer les actes translatifs ou déclaratifs de propriété, en vertu desquels un électeur est inscrit sur les listes, lorsque les parties intéressées à faire annuler ces actes ou à les critiquer, ne les ont pas elles-mêmes attaqués?

Cette question semble avoir été résolue en sens inverse par deux arrêts des Cours royales de Bourges et de Toulouse.

Dans l'espèce jugée par la Cour de Bourges, et qui a déja été indiquée section 1re, § IV, no XXVII, page 89, il s'agissait de savoir si le sieur Durand-Morimbault, légataire de l'usufruit de tous les biens de son épouse, était fondé à compter dans son cens électoral, la totalité des impôts dont ces biens étaient grevés.

En 1829, son cens fut réduit de moitié par un arrêté du préfet de la Nièvre, qui se fonda sur ce qu'aux termes de l'art. 1.094 du Code civil, l'épouse du sieur Durand-Morimbault ayant des enfants, ne pouvait donner à son mari que la moitié de ses biens en usufruit, ou un quart en propriété et un quart en usufruit; qu'il n'était pas probable que les enfants, qui étaient majeurs, eussent consenti à se voir dépouiller de la jouissance de tous les biens de leur mère; qu'on devait croire à une fraude concertée entre le père et les enfants.

Par arrêt du 3 octobre 1829, la Cour royale a, au contraire, ordonné que la totalité des contributions assises sur lesdits biens continuerait à compter pour le cens électoral du sieur Durand; et cet arrêt est ainsi motivé :

« Considérant, au fond, que le sieur Durand-Morinbault est en possession du cens dont la réduction a été prononcée; qu'il a été imposé en nom; qu'envain on oppose qu'une partie des biens sur lesquels les contributions sont assises appartenait à sa femme, et a dû passer à ses enfants après le décès de celle-ci; mais que le sieur Durand représente un titre authentique, le testament de son épouse, du 26 floréal an VI, par lequel elle donne à son mari l'usufruit de la totalité de ses biens, et que si ses enfants, respectant la volonté de leur mère, n'ont point demandé la réduction de cette

13.

disposition, *l'administration n'a pas le droit de s'immiscer dans des intérêts privés, et de soulever des prétentions que ne veulent point élever les intéressés ;*

« Par ces motifs, la Cour, réformant, etc. »

Dans l'espèce jugée par la Cour de Toulouse, et citée section 1re, § ɪv, n° xxɪɪ, page 84, il s'agissait de savoir si le sieur Favenc pouvait profiter, pour la formation de son cens électoral, de la renonciation que sa sœur et cohéritière avait faite à la succession paternelle, *quoiqu'elle l'eût précédemment acceptée,* ainsi que des contributions assises sur la partie des biens de cette succession qui revenait à cette sœur.

Sur la réclamation du sieur de Bellefonds, tiers-intervenant, le préfet de Tarn-et-Garonne, considérant cette renonciation comme nulle, décida que le sieur Favenc ne pouvait profiter des contributions assises sur la partie des biens qui formait le lot de sa sœur.

Le sieur Favenc, ayant dénoncé cette décision à la Cour royale, a soutenu, 1° que le tiers intervenant était sans droit et qualité pour s'immiscer dans des intérêts privés, et critiquer un acte de renonciation contre lequel aucun co-héritier, créancier ni partie intéressée n'élevait de réclamation ; 2° qu'au fond la renonciation était valable, nonobstant la disposition de l'art. 785 du Code civil, parce que les créanciers ne l'avaient pas fait annuler conformément à l'art. 788, etc.

Par arrêt du 23 novembre 1829, la Cour royale,

considérant comme absolu le droit que l'art. 12 de
la loi du 2 juillet 1828 accorde à tout individu
inscrit sur la liste d'un département, de réclamer
la radiation de tout autre individu qu'il prétendrait
y être induement inscrit, a rejeté la fin de non-
recevoir proposée contre l'intervention du sieur de
Bellefonds; mais, au fond, elle a déclaré cette intervention mal fondée, par le motif que la renonciation de la demoiselle Favenc ne présentait aucun
caractère de fraude, et n'avait rien de contraire à
la loi.

Cet arrêt semble susceptible de fortes objections.
Au surplus, le sieur de Bellefonds, tiers intervenant, s'est pourvu en cassation, et son pourvoi a
été admis par arrêt de la Chambre des requêtes du
10 mars 1830.

XVI. Les intéressés et les tiers doivent appuyer
leurs réclamations de pièces justificatives. Les prin-
cipales de ces pièces sont des extraits de rôles. Un
article spécial de la loi du 2 juillet 1828, l'art. 26,
rappelant à cet égard une disposition d'une loi antérieure (celle du 18 prairial an V, 6 juin 1797),
prescrit aux percepteurs des contributions directes,
de délivrer à tout requérant l'extrait de rôle relatif
à sa contribution; elle leur prescrit aussi de délivrer à tout tiers ayant qualité pour réclamer (art. 12
de la loi de 1828), tout certificat négatif, ou tout
extrait de rôle de contribution; enfin, elle fixe à
25 centimes la rétribution pour chacun de ces actes.

XVII. C'est ici le lieu de parler d'une difficulté
relative à la manière de vérifier la portion d'impôt

des portes et fenêtres qui doit être attribuée au locataire. Cette difficulté résulte de ce que l'impôt dont il s'agit est inscrit au rôle sous le nom du propriétaire. Or, un tiers, qui attaque une inscription, est obligé (art. 13) de l'appuyer de pièces justificatives. Mais s'il conteste la quotité d'impôt attribuée à un locataire, il ne peut obtenir du percepteur des contributions qu'un extrait de rôle comprenant, au nom du propriétaire, l'impôt afférent à la totalité de la maison; et s'il n'avait pas d'autre moyen d'obtenir ce renseignement, le vœu de la loi serait éludé.

Voici comment il est possible d'y remédier : le calcul de la portion d'impôt afférente au locataire, se fait ordinairement au moyen d'un certificat du propriétaire, et quelquefois au moyen d'un procès-verbal de recensement, dressé par un agent des contributions directes; et le résultat en est indiqué sur l'extrait de rôle délivré par le percepteur. Il convient que le préfet communique ces renseignements au réclamant, ou ordonne au percepteur de les communiquer. (Solution du 14 janvier 1829.)

XVIII. Indépendamment de ces renseignements qui doivent être donnés par les percepteurs, il est prescrit, par l'art. 14, de communiquer, sans déplacement, aux intéressés, les pièces respectivement produites. La circulaire du 25 août contient quelques règles à cet égard. Elle porte que le requérant devra justifier de son intérêt à obtenir la communication, et, à cet effet, établir qu'il a déja commencé une instance, ou qu'une instance a été commencée contre lui. Dans le premier cas, il produira le récépissé de sa demande ; et, dans le second cas, la notification qui lui aura été adressée. Cette communication est donnée par le secrétaire général, sous l'inspection du préfet.

XIX. Suivant les premier et second paragraphes de l'art. 14, le préfet, en conseil de préfecture, doit statuer par décisions motivées (1) sur chaque réclamation, dans les cinq jours qui suivent leur réception, quand elles sont formées par les parties elles-mêmes ou par leurs fondés de pouvoir ; et dans les cinq jours qui suivent l'expiration du délai fixé par l'art. 13, quand elles sont formées par des tiers.

(Ce délai est celui de dix jours après la notification faite à l'intéressé par le tiers réclamant.)

Les délais dont il s'agit, ne sont pas susceptibles d'être augmentés à raison de la distance, et il n'y a pas lieu de leur appliquer, à cet égard, les dispositions de l'art. 1033 du Code de procédure civile. La discussion de la loi a indiqué que les délais sont rigoureusement ceux qu'elle détermine ; et deux arrêts de la Cour royale d'Agen l'ont déclaré formellement. (Voyez ci-dessous, § VI, n° III, pag. 206.)

XX. Le préfet, en conseil de préfecture, est tenu de statuer sur les demandes formées régulièrement, et ne peut en renvoyer le jugement à la Cour royale.

Ainsi l'a jugé la Cour royale de Paris, par un

_____

(1) Ces décisions sont qualifiées *arrêtés.*

arrêt du 25 août 1829, au sujet d'un arrêté du
préfet d'Eure-et-Loir, en conseil de préfecture,
qui avait renvoyé le sieur Isambert à faire décider,
par la Cour royale, si les contributions d'un bien
qu'il tenait de son père par avancement d'hoirie,
pouvaient être comptées dans son cens électoral.

XXI. Le préfet, en conseil de préfecture, peut-il
condamner aux dépens l'électeur dont le nom est
rayé en vertu de la réclamation d'un tiers qui succombe dans sa réclamation ?

Cette question semble devoir être résolue négativement. En effet, l'action des tiers devant le
préfet, en conseil de préfecture, n'est pas soumise
aux dispositions sur les instances judiciaires ; et
la loi du 2 juillet 1828 ne contient, à cet égard,
aucune disposition expresse. (Solution du 14 avril
1829.)

XXII. Aux termes des troisième et quatrième
paragraphes de l'art. 15, les décisions prononçant
des radiations ou portant refus d'inscription, sont
notifiées, dans les cinq jours, aux individus dont
la radiation ou l'inscription a été réclamée, soit
par eux-mêmes, soit par des tiers ; et les décisions
rejetant les demandes, soit en radiation, soit en
rectification, sont notifiées dans le même délai,
tant au réclamant qu'à l'individu dont l'inscription a
été contestée.

Les décisions qui prononcent des inscriptions
ou des rectifications, n'ont pas besoin d'être notifiées particulièrement. Elles ne sont connues que

par leur publication dans les tableaux successifs de rectification dont il va être parlé ci-dessous.

Voyez dans la circulaire du 25 août 1828, § II, n° VI, le tableau des diverses suites qui doivent être données, selon leur diverse nature, aux décisions du préfet en conseil de préfecture.

XXIII. Toutes les décisions qui ont pour effet de modifier la liste, sont publiées dans des tableaux de rectification qui paraissent tous les quinze jours, et reçoivent la même publicité que la liste primitive.

Ces tableaux sont dans la même forme que la liste primitive et contiennent les indications prescrites par l'art. 7, relativement aux détails du cens électoral.

Il n'y a pas lieu d'y insérer les motifs des décisions dont le résultat y figure.

Ils comprennent, pour chaque partie de la liste, trois sortes d'articles, des *additions*, des *radiations*, des *rectifications*.

§ V.

De la clôture des listes, et de la formation du collége départemental.

I. La circulaire du 25 août 1828 fait remarquer (§ II, n° VIII) pour quels motifs la loi du 2 juillet a laissé seize jours d'intervalle entre la clôture des réclamations (30 septembre) et la clôture des listes (16 octobre.)

II. La même circulaire explique, 1° pourquoi

l'on ne peut inscrire sur le dernier tableau de rectification, qui est dressé le 16 octobre, les individus qui, du 1er au 16 octobre, ont acquis la qualité d'électeur ou de juré par des circonstances qui n'étaient pas connues ou ne pouvaient l'être le 30 septembre; 2° pourquoi il n'y a pas lieu de retrancher les individus qui perdraient leurs droits du 1er au 16 octobre. C'est qu'aucune réclamation ne peut être reçue après cette époque, et que le préfet, en conseil de préfecture, ne peut statuer que sur des réclamations présentées antérieurement.

Toutefois, il paraît convenable d'admettre une exception pour les individus décédés pendant les seize jours, et de les retrancher de la liste.

III. On a fait observer ci-dessus, § IV, n° VI, que la troisième partie de la liste, s'il y a lieu d'en former une, doit, à l'époque de la clôture, être augmentée ou diminuée, de manière à ce que le nombre total des électeurs et jurés soit de *huit cents*.

IV. Une observation essentielle doit ici trouver place. Selon l'art. 19 de la loi du 2 juillet 1828, le pourvoi devant la Cour royale, contre un arrêté du préfet, en conseil de préfecture, a un effet suspensif, quand l'arrêté a prononcé une radiation ou une réduction du cens électoral. Le bénéfice qu'en peut retirer l'intéressé est limité au temps qui s'écoule entre la notification du pourvoi et l'arrêt définitif de la Cour royale. Si, pendant cet intervalle, il paraît un ou plusieurs tableaux de rectification, il n'y a pas de nécessité d'y rétablir le réclamant, parce que sa qualité est encore en litige, et que ses droits n'éprouvent aucun préjudice de ce retard : mais si le 16 octobre arrivait avant que la Cour royale eût statué, l'électeur ou juré devrait, en vertu de l'art. 19, être rétabli sur le dernier tableau de rectification. (Circulaire du 25 août, § 11, n° XII.)

Par la même raison, son cens électoral devrait être rétabli tel qu'il était précédemment, si l'arrêté avait seulement prononcé une réduction de cens.

V. Enfin, c'est à cette même époque du 16 octobre que, la liste totale des électeurs ou la première partie de la liste générale du jury étant définitivement arrêtée, le préfet dresse la liste du collége départemental.

Cette liste est publiée le 20 octobre avec le dernier tableau de rectification, et l'arrêté de clôture de la liste générale du jury.

Il suffit d'indiquer, sur cette liste départementale, le total des contributions de chacun des électeurs qu'elle comprend, puisque les détails de son cens électoral se trouvent inscrits en regard de son nom sur la liste d'arrondissement.

VI. Le quart de tous les électeurs d'arrondissement, devant former le collége départemental, doit-il être établi avec ou sans égard aux fractions?

Si le nombre des électeurs d'arrondissement n'excède que d'une unité un multiple de 4, il ne faut pas tenir compte de la fraction. S'il excède de 2 ou 3 unités un multiple de 4, on doit prendre le quart du multiple de 4 immédiatement supérieur. Par exemple, pour 121, le quart sera 30 ; pour 122 et 123, le quart sera 31.

La raison en est que 121 et 123 sont plus près, le premier de 120 que de 124, le second de 124 que de 120. Quant à 122, qui diffère également de ces deux multiples de 4, le doute qui s'établit semble devoir être résolu dans le sens qui favorise les intérêts d'un plus grand nombre d'individus et qui augmente la force des collèges départementaux. (Solution du 29 août 1820.)

VII. Quel parti faut-il prendre quand deux électeurs, payant la même contribution, sont en concurrence pour être inscrits sur la liste du collége départemental?

La préférence doit être donnée au plus âgé, conformément à ce qui se pratique lorsque deux candidats obtiennent, dans un scrutin, un même nombre de suffrages. (Solution du 29 août 1820.)

§ VI.

Formes des pourvois devant la Cour royale.

I. Le titre III de la loi du 2 juillet 1828 trace les formes à suivre pour l'action qui peut être intentée, devant la Cour royale, contre une décision du préfet en conseil de préfecture.

Cette action peut être intentée, dans tous les cas, par l'intéressé direct, soit que lui-même ait provoqué la décision attaquée, soit que cette décision ait été provoquée par un tiers.

Elle peut l'être par un tiers, lorsque sa demande, devant le préfet en conseil de préfecture, a eu pour objet une radiation ou une rectification de cens.

Mais quand elle a eu pour objet une inscription, le tiers n'est pas autorisé à attaquer, devant la Cour royale, l'arrêté du préfet en conseil de préfecture, portant qu'il n'y a pas lieu d'effectuer l'inscription. Ce droit n'appartient qu'à l'individu dont l'inscription était réclamée.

I *bis*. Le recours ouvert par le titre III de la loi du 2 juillet 1828, à toute partie qui se croit fondée à contester une décision rendue par le préfet en conseil de préfecture, n'est point *un appel* proprement dit; nulle part la loi ne lui applique une telle qualification. C'est une *action extraordinaire* qui est portée en premier et dernier ressort devant la Cour royale. Le préfet, officier d'état politique en cette matière, n'est point un juge, un premier degré de juridiction par rapport à la Cour royale, puisque la loi veut qu'il soit lui-même mis à portée de justifier ses actes.

C'est ce qu'expliqua devant la Chambre des pairs, le Ministre du Roi qui y exposa les motifs de la loi de 1828.

«Dans le projet tel qu'il a été adopté par la Chambre des députés, disait-il, *la Cour royale n'est point appelée à réformer les décisions du préfet; ce n'est point un appel qui lui est soumis*; c'est une action qui doit être portée devant elle.

« Le préfet révise la liste et la publie. Des réclamations lui sont adressées; il les examine en conseil de préfecture, les accueille ou les repousse. S'il les accueille, tout est terminé; s'il les rejette, *le litige s'établit entre le réclamant et lui*, et ce litige est porté devant la Cour royale. Le préfet transmet à la Cour les pièces et les observations qui doivent justifier la résolution qu'il a prise. La Cour prononce, et le préfet opère sur la liste les rectifications que la Cour a prescrites.

« Ce mode de procéder n'a plus rien qui blesse l'ordre des juridictions; il est conforme à celui qui est employé en matière domaniale. Là aussi la réclamation est d'abord adressée à l'administration, et c'est sur son refus d'y faire droit, que le litige est porté devant les tribunaux *entre le préfet et le réclamant.* »

D'après des explications aussi précises, il semble donc que c'est mal à propos que l'action dont il s'agit est qualifiée *d'appel,* soit dans les actes de procédure, soit même dans la plupart des arrêts des Cour royales.

II. L'exploit introductif d'instance doit, sous peine de nullité, être notifié, dans les dix jours, tant au préfet qu'aux parties intéressées.

III. Ce délai de *dix jours* n'est pas susceptible de l'augmentation à raison de la distance, établie par l'art. 1033 du Code de procédure civile.

La Cour royale d'Agen a reconnu ce principe par deux arrêts successifs.

Le premier, à la date du 15 janvier 1829, est

fondé sur ce que « la loi du 2 juillet 1828, ne dit point que la partie qui voudra se pourvoir contre l'arrêté du préfet, aura *dix jours* pour former ce pourvoi, expressions qui placeraient alors le délai tout entier entre le jour de la signification et celui de l'échéance ; qu'elle dit, au contraire, positivement, que le pourvoi sera *interjeté dans les dix jours :* par où elle a voulu que le jour de ce pourvoi fût compris dans le délai même, et ne pût jamais en dépasser les limites. »

Le second arrêt, à la date du 12 février 1829, est fondé sur ce que « la loi du 2 juillet 1828 traitant une matière toute spéciale, ne s'est point expliquée sur l'augmentation du délai à raison des distances ; que son silence indique assez qu'elle n'a pas voulu que les délais fussent augmentés ; qu'il ne s'agit que d'actes circonscrits dans l'étendue d'un département où les parties intéressées ont toujours leur domicile réel ou d'élection ; que le délai dont il est question est accordé pour signifier un acte, et non pour comparaître sur cette signification ; seul cas où, d'après les règles générales, ce délai doive être augmenté à raison des distances. »

IV. On a demandé si, dans les actions en Cour royale autorisées par le titre III de la loi du 2 juillet 1828, le préfet doit être considéré comme étant *partie* dans l'instance, et assigné en cette qualité devant la Cour royale.

L'article 18 se borne à dire que l'exploit introductif d'instance devra être notifié tant aux préfets qu'aux parties intéressées.

De cette rédaction et de quelques opinions émises dans la discussion qui a eu lieu à la chambre des pairs, notamment d'un discours de M. le duc De Cazes, on a quelquefois conclu que le préfet n'était pas précisément *partie* dans l'instance, qu'il n'y était point mis en cause, qu'il n'était point véritablement *défendeur*; qu'il ne pouvait pas se pourvoir en cassation, etc.

C'est ici le lieu de citer les développements donnés, sur cette question, à la Chambre des pairs.

Voyez d'abord ci-dessus, n° I *bis*, l'exposé des motifs présentés par le ministre de l'intérieur.

Ce même ministre, et MM. le vicomte Lainé et le Duc de Cazes, se sont exprimés ainsi qu'il suit :

« Le préfet n'est pas obligé de comparaître devant les tribunaux, il envoie les pièces et les mémoires..... Le préfet n'est pas partie intéressée : il ne peut être mandé. L'exploit introductif est notifié au préfet, pour l'avertir de faire ce qu'il jugera convenable, afin d'éclairer la justice...... » (Rapport de M. le vicomte Lainé).

« Les préfets seront, dit-on, traduits avec leurs actes à la barre des Cours royales..... Mais ce danger est chimérique.

« Le préfet n'a point à se défendre; il n'a dans les débats aucun intérêt personnel; ce n'est pas lui qu'on juge, c'est son acte, ou plutôt le droit sur lequel cet acte a prononcé.

« Une réclamation a été faite. Le préfet l'a examinée. S'il l'a reconnue juste, il y aura fait droit; s'il l'a trouvée mal fondée, il l'aura écartée.

« Le réclamant se pourvoit devant la Cour royale, et dit : Voilà mes titres; jugez-les. Il notifie son pourvoi au préfet, afin qu'il le connaisse; et celui-ci dit à son tour à la Cour royale : Voilà les raisons qui m'ont décidé. La Cour prononce que la réclamation est ou n'est pas fondée, et le préfet inscrit ou n'inscrit pas, selon ce qui a été décidé. . . . . »

(Discours du ministre de l'intérieur, séance du 17 juin 1828.)

« On paraît craindre que les préfets ne soient traduits à la barre des Cours royales. Comment le seraient-ils, *puisqu'ils ne sont point parties au procès?* Le projet ne dit point qu'ils seront assignés, mais qu'on leur notifiera le recours; et s'ils se présentent devant la Cour, ce sera volontairement pour fournir par écrit des éclaircissements et des lumières. S'ils étaient parties, ils pourraient former opposition aux arrêts par défaut. Ils pourraient se pourvoir en cassation, et nulle part la loi ne les y autorise (1). Mais les préfets, dit-on, prononcent comme juges, et si un recours doit être ouvert contre leur décision, c'est le Conseil d'état, seul juge supérieur des préfets, qui doit en connaître. Il me semble qu'on ne saurait accorder ce caractère aux actes du préfet. Celui-ci n'est pas juge,

---

(1) La question de savoir si le préfet a qualité pour se pourvoir est en ce moment soumise à la Cour de cassation.

14

il est officier de l'état politique de l'électeur, comme le maire est officier de l'état civil des citoyens. » (Discours de M. le duc de Cazes, séance du 18 juin.)

Il est bien vrai, et le ministre qui présentait la loi, l'a formellement exprimé, « que le préfet n'est « pas personnellement partie intéressée dans cette « instance; qu'il ne peut y être mandé; que ce n'est « pas lui qu'on juge; que c'est son acte, ou plutôt « le droit sur lequel cet acte a prononcé. »

Aussi, dans la pratique, les préfets n'agissent-ils pas comme *défendeurs;* ils ne font pas défendre leurs arrêtés par des avocats; ils se bornent à envoyer les pièces et à faire remettre des mémoires au procureur général; c'est le mode de défense que leur a indiqué la circulaire du 25 août 1828. (*Voyez* sect. V.')

Plusieurs arrêts, notamment ceux de la Cour royale de Paris, n'établissent pas de *qualité* à l'égard du préfet.

Un arrêt de cette Cour, du 2 décembre 1828, relatif à un pourvoi du sieur Peigné, a déclaré que le préfet n'était point partie au procès.

Cinq arrêts de la Cour royale de Metz, des 10, 11 et 12 février 1829, sur des pourvois formés par des tiers, ont déclaré que l'instance était entre *N... demandeur,* et *N... défendeur, en présence du préfet.*

Ces derniers arrêts ont statué qu'il suffisait de *notifier* le recours au préfet, et qu'il n'y avait pas lieu de le *citer* devant la Cour. Ils portent que,

« c'est mal à propos que le préfet a été cité à comparaître ; qu'il suffisait qu'il lui fût donné connaissance du recours ; que l'art. 18 de la loi du 2 juillet
1828 n'a voulu, ni pu vouloir rien de plus ; qu'ainsi
il *doit être tiré des qualités*. »

Toutefois, si d'après les termes et l'esprit de la
loi, le préfet n'a point à *se défendre en personne* devant la Cour royale, s'il n'a pas dans les débats
d'intérêt personnel, il y a intérêt au nom de l'administration ; il y a intérêt en sa qualité d'officier d'état
civil politique, ou d'administrateur, comme dans
les procès domaniaux. La loi l'oblige à y défendre
ses actes, à faire connaître les motifs de sa décision,
et à envoyer les pièces nécessaires pour la justifier.

Dès-lors n'est-il pas en quelque sorte *partie* dans
les procès de cette nature, comme dans ceux du
domaine ?

L'extrait de l'exposé des motifs de la loi, rapporté dans le n° Ier *bis* ci-dessus, ne semble pas
permettre de doute. Le ministre y déclare, par deux
fois, *que le litige s'établit entre le réclamant et le
préfet ; que le préfet doit justifier, devant la Cour
royale, la décision qu'il a prise.*

C'est pourquoi, bien que les préfets ne se fassent
pas défendre par des avocats, en matière électorale,
pas plus qu'en matière domaniale, la plupart des
arrêts, notamment ceux des Cours royales d'Agen,
Amiens, Angers, Caen, Nancy, Pau, Poitiers,
déclarent que l'instance est entre *N...* *demandeur*,
et le préfet du département de........

Un arrêt de la Cour royale de Nancy, du 24 novembre 1828, en adoptant les conclusions du ministère public, a formellement reconnu que le préfet *devait être mis en cause et assigné.*

Les motifs de cet arrêt sont « que la loi du 2 juillet 1828 n'a point apporté de changement à l'usage d'assigner le préfet, usage non contesté et reconnu par divers arrêts, notamment par un arrêt de cassation, du 20 février 1828; que les termes, *exploit introductif d'instance*, insérés dans l'art. 18 de cette loi, l'établissent manifestement, puisqu'un exploit de cette nature est un acte fait par huissier pour assigner quelqu'un et le citer à comparaître, ou autrement dit un *ajournement;* qu'un ajournement suppose nécessairement une personne interpellée et ajournée; que, dans l'espèce, la seule personne qui puisse être ajournée, c'est le préfet; que vainement ou objecte que le préfet, étant juge de première instance dans cette matière, ne peut, devant la Cour, être appelé comme *partie;* qu'il a en cette matière deux qualités qu'il ne faut pas confondre; qu'il est *partie* en tant qu'il a rendu, d'après l'art. 6 de la loi, la décision primitive attaquée par le réclamant, comme lui faisant un tort, et qui est la cause de la contestation; qu'il est *juge,* en tant que, sur la réclamation du plaignant, il a rendu, *en conseil de préfecture*, aux termes de l'art. 14, l'arrêté attaqué, qui a confirmé la décision primitive; que, s'il avait agi comme juge en rendant la décision primitive, il s'ensuivrait qu'il y a, en matière électorale, trois degrés de juridiction, ce qui est insoutenable; que, lorsque le préfet rend ses arrêtés sans l'assistance du conseil de préfecture, il fait de véritables actes de contradiction donnant lieu à un litige; qu'il est dans la même position qu'un officier de l'état civil qui refuserait son ministère pour un acte qui lui serait demandé; que, dans ce cas, les officiers de l'état civil sont ajournés devant les tribunaux; qu'il doit en être de même des préfets, qui sont *officiers de l'état politique;* que cet ajournement est même dans l'intérêt du préfet, qui peut alors se défendre, faire valoir son opinion, et prendre des conclusions positives; qu'on objecte vainement que le préfet peut fournir des renseignements extrajudiciaires; que ces renseignements ne font pas état dans la cause; qu'ils sont confiés à l'appréciation du procureur-général, qui peut n'en pas faire usage; tandis que, si le préfet est en cause, son avis a un organe devant les juges; et sa défense est présentée avec plus de succès. »

La Cour de cassation elle-même, dans les motifs d'un arrêt du 22 février 1830, qui sera ci-après rapporté sous le nº vi, suppose que la loi exige que le préfet *soit mis en cause pour justifier sa décision.*

Tous les pourvois en cassation, formés par les réclamants, sont dirigés contre les préfets; et la chambre des requêtes, en les admettant, permet toujours aux demandeurs de citer les préfets devant la chambre civile.

Enfin, le préfet du Haut-Rhin s'est tellement regardé comme *partie* dans une instance en matière électorale, qu'il vient de se pourvoir en cassation contre un arrêt de la Cour royale de Colmar, qui avait réformé un de ses arrêtés.

V. La Cour royale n'est compétente pour statuer sur une réclamation que lorsqu'elle a été soumise préalablement au jugement du préfet en conseil de préfecture. La Cour n'a point à statuer sur une réclamation qui lui serait présentée directement contre la teneur de la liste publiée le 15 août.

Ce principe, qui résulte du texte des articles 6, 7 et 8 de la loi du 2 juillet 1828, a été reconnu formellement par un arrêt de la Cour royale de Riom, du 24 août 1829.

VI. La Cour royale, ayant à statuer sur un pourvoi formé par un électeur qui réclame son inscription, et qui produit devant elle des pièces justificatives qui n'ont pas été produites devant le préfet en conseil de préfecture, peut-elle, jugeant au fond, apprécier ces pièces, réformer l'arrêté du préfet et ordonner l'inscription ? ou doit-elle renvoyer le réclamant à se pourvoir devant le préfet en conseil de préfecture ?

Cette question, si importante pour l'administration et pour la régularité des listes, mérite un examen approfondi.

Nul doute que, d'après les principes généraux, un demandeur ne puisse produire en cause d'appel, des moyens, des preuves, des pièces justificatives, qu'il n'avait pas employés en première instance.

Mais nous avons déjà fait observer (Voyez ci-dessus, n° I *bis*) que le recours dont il s'agit n'était

point un appel; que c'était une action tout extraordinaire sur laquelle les Cours royales pronon-
çaient en premier et dernier ressort; et le système
général de la loi du 2 juillet 1828 ne semble point
permettre qu'on applique à cette action les règles
ordinaires de la procédure.

En établissant la permanence des listes électorales et du jury, ainsi que leur révision et leur rectification annuelles, la loi a laissé à l'autorité administrative le soin de former, de réviser et de rectifier ces listes. Cette autorité seule pouvait réunir
les documents nécessaires et remplir cette tâche
avec la célérité convenable.

Or, pour que ces opérations administratives
soient possibles, pour que les rectifications qui se
renouvellent chaque année n'empêchent pas la
clôture définitive et l'usage qui doit être fait des
listes, il faut nécessairement fixer des délais et des
conditions aux réclamants; il faut qu'ils puissent
être mis en demeure, et déchus, faute par eux de
remplir ces conditions.

Aussi les articles 10 et 11 de la loi portent-ils
qu'après la rectification annuelle de la liste et sa
publication, tout individu qui croirait avoir à se
plaindre d'avoir été indûment inscrit, omis ou rayé,
pourra, *depuis le 15 août jusqu'au 30 septembre
inclusivement, présenter sa réclamation, et qu'elle
devra être accompagnée de pièces justificatives.*

L'article 12 dispose que, *dans le même délai,*
tout individu inscrit sur la liste d'un département
pourra réclamer la rectification de toute erreur

commise dans la rédaction des listes, *en motivant sa demande et l'appuyant de pièces justificatives.*

Bien qu'aucun de ces articles ne prononce formellement la déchéance contre les réclamations qui ne seraient pas formées avant le 1er octobre, ou qui ne seraient pas accompagnées de toutes les pièces justificatives, il est aujourd'hui bien reconnu que cette déchéance n'en résulte pas moins des termes mêmes de la loi. C'est ce qui a été formellement décidé, et par la circulaire ministérielle du 25 août 1828 et par des arrêts de la Cour de Rouen des 13 et 20 déc. 1828. (Voyez ci-dessus, § IV, n° XI.)

Et, en effet, à quoi servirait-il au législateur de dire que toutes les réclamations doivent être présentées *depuis le 15 août jusqu'au 30 septembre inclusivement, et accompagnées de pièces justificatives,* si ces réclamations pouvaient être formées plus tard, ou si l'on n'y joignait pas toutes les pièces nécessaires pour les justifier complètement?

Comment concilier cette faculté qui serait laissée aux réclamants, avec l'obligation imposée aux préfets de prononcer avec connaissance sur les réclamations, de procéder, le 16 octobre, à la clôture de la liste définitive, de déterminer le nombre et de désigner les membres du collége départemental, et enfin de faire afficher toutes ces listes dès le 20 du même mois?

Cela posé, la faculté de réclamer devant la Cour royale, quand on a gardé le silence devant le préfet, ou de produire devant elle des pièces justificatives qui n'ont pas été soumises à ce magistrat, cette

faculté, disons-nous, ne semble pas plus admissible,
d'après le système et les dispositions de la loi.

Il est vrai que, par une dérogation bien remarquable aux principes séparatifs des pouvoirs, la
loi sur cette matière, voulant donner de nouvelles
garanties au public, a placé les opérations des préfets, toutes administratives qu'elles sont, sous la
surveillance des Cours royales. Elle a voulu qu'en
cas de rejet d'une réclamation contre la rédaction
des listes par le préfet, le réclamant pût soutenir
et prouver qu'il y avait abus, et que, si la Cour
royale reconnaissait que la réclamation avait été
mal à propos rejetée, elle pût l'admettre, et ordonner par arrêt la rectification de la liste.

Mais ce n'est que lorsqu'il y a abus, rejet injuste
ou illégal de la réclamation, que la Cour royale doit
ordonner la rectification. Or, il n'y en a point lorsque la réclamation n'a pas été faite en temps utile,
ou qu'elle n'a pas été suffisamment justifiée. C'est
donc là tout ce que la Cour royale doit examiner.

Permettre de commencer devant elle une nouvelle
instruction, de produire des pièces nouvelles, de
provoquer des jugements préparatoires ou interlo-
cutoires, comme dans les affaires ordinaires, ce
serait non - seulement nuire à la célérité prescrite
par les art. 18 et suivants, mais encore manquer
le but essentiel de la loi: Au lieu d'ouvrir un recours aux citoyens en cas d'abus de la part des préfets, ce serait transporter à l'autorité judiciaire la
révision des listes, ce serait procurer à une foule
d'individus le moyen d'éluder la juridiction admi-

nistrative des préfets pour s'adresser directement
aux Cours royales, pour y multiplier les procès,
pour entraver la confection des listes, et les bou-
leverser par suite des rectifications qui seraient in-
définiment prononcées par arrêts.

Quel avantage un tel système pourrait-il d'ailleurs offrir en compensation? celui de réparer quelques erreurs dans l'intérêt ou selon le vœu des réclamants? Mais indépendamment de ce que c'est à
leur négligence ou à leur imprévoyance qu'ils doivent s'en prendre de n'avoir pas obtenu la rectification réclamée, il ne faut pas oublier que le préjudice qui en résulte pour eux ou pour le public
n'a rien d'irréparable; qu'il n'est que temporaire;
que les parties seront à portée de faire opérer la
rectification par le préfet lors de la révision de la
liste qui aura lieu l'année suivante.

Dira-t-on que si, à la veille d'un délai fatal, le
préfet élimine des listes un grand nombre d'électeurs qui, se reposant sur leur inscription, n'auront
fait aucune justification, leur recours devant la
Cour royale ne pourra être utile que tout autant
qu'ils auront la faculté d'y produire leurs pièces
justificatives?

Mais une fois la liste révisée et publiée par le préfet, il ne lui est plus permis d'y opérer d'office des
radiations. A dater du 15 août, il ne peut plus y en
faire que sur la réclamation de l'intéressé lui-même
ou d'un tiers; et la notification de cette réclamation à l'électeur intéressé devant lui être faite dix
jours avant la décision administrative, laisse à cet

électeur tous les moyens de justifier de ses droits devant le préfet.

Dans le cas même où la réunion d'un collége électoral aurait lieu plus de trente jours après la clôture annuelle et définitive des listes, bien que la loi charge alors le préfet de dresser un nouveau tableau de rectification, et que les délais soient abrégés pour les réclamations et pour leur notification, la surprise dont on a parlé n'est nullement à craindre, soit parce que ce nouveau tableau de rectification ne s'applique qu'aux individus qui depuis la clôture des listes annuelles auraient acquis ou perdu la qualité d'électeurs, et qu'à l'égard des autres, leur position est irrévocablement fixée pour toute l'année par la clôture des listes; soit parce que, malgré l'abréviation des délais, les électeurs qui peuvent avoir à se plaindre du tableau de rectification, ont toujours les moyens rigoureusement nécessaires pour former et justifier leur réclamation devant le préfet; soit enfin parce que lorsqu'il y a vraiment surprise ou abus, la dénonciation à la Cour royale par la partie intéressée est toujours permise par la loi.

Hors le cas d'abus, la stabilité de la liste après sa clôture, est d'un si grand intérêt, qu'elle ne semble pas permettre aux Cours royales de recevoir des pièces justificatives qui n'auraient pas été soumises aux préfets. Les décisions des préfets ne doivent être jugées que d'après les éléments qui leur ont servi de base.

Malgré ces considérations, quelques Cours royales

ont admis des extraits de contributions et autres pièces justificatives qui n'avaient pas été produites devant les préfets. C'est ce qu'a fait la Cour royale de Rouen par un arrêt du 22 déc. 1828 relatif au sieur Lecanu, ainsi que celle de Grenoble par un arrêt du 4 août 1829, en faveur du sieur Chaper.

Ce dernier arrêt est ainsi conçu :

« Attendu que la loi du 2 juillet 1828, qui confère aux Cours royales la connaissance des appels formés envers les décisions des préfets en conseil de préfecture, en matière d'élection, n'a pas restreint devant ces Cours les moyens des parties à ceux discutés devant le conseil de préfecture ;

« Que les droits des parties doivent recevoir, devant les Cours royales, tous les développements dont ils sont susceptibles, et être appuyés sur les documents propres à éclairer la conscience des magistrats sur le bien ou le mal jugé de la décision qui leur est soumise ;

« Que réduire l'attribution des Cours royales à l'examen des seuls éléments qui ont servi de base à la décision attaquée, serait en effet une restriction opposée à la compétence générale attribuée par la loi du 2 juillet aux Cours royales, nuisible aux droits des parties, à l'appréciation de leurs capacités électorales, dont cette loi rend les Cours royales juges en dernier ressort. »

Mais le parti contraire a été adopté par quatre arrêts des Cours royales d'Amiens, d'Agen et de Poitiers ; le premier, du 19 décembre 1828, rendu sur la réclamation du sieur Moquet ; le second, du

15 janvier 1829, relatif au sieur Vaissié; le troisième et le quatrième émanés de la Cour de Poitiers, les 23 décembre 1828 et 31 octobre 1829.

Enfin le sieur Fruchard, contre la prétention
duquel avait été rendu ce dernier arrêt, s'étant
pourvu en cassation, a été repoussé par un arrêt
de la Chambre des requêtes, du 22 février 1830,
qui paraît devoir fixer la jurisprudence. Il est ainsi
motivé :

« Attendu que, d'après la loi du 2 juillet 1828,
le soin de rédiger et de réviser les listes électorales
et du jury, est exclusivement confié à l'autorité
administrative;

« Que les réclamations qu'il est permis de faire,
après la rectification de la liste et sa publication,
ne peuvent être instruites que devant le préfet, et
qu'il doit y être statué par lui en conseil de préfecture;

« Qu'aux termes des art. 10, 11 et 12, ces réclamations doivent être formées depuis le 15 août
jusqu'au 30 septembre inclusivement, et accompagnées de pièces justificatives; d'où il suit évidemment qu'elles ne sont plus admissibles, ni lorsqu'elles ne sont formées qu'après le 30 septembre,
ni lorsqu'elles ne sont pas accompagnées de toutes
les pièces nécessaires pour les justifier complètement;

« Attendu qu'à la vérité, la loi, voulant donner
aux citoyens une garantie spéciale contre les décisions du préfet, a, par l'art. 18, permis à ceux
qui croiraient avoir à se plaindre du rejet de leur

réclamation, de s'adresser à la Cour royale du ressort;

« Mais que ce recours extraordinaire, cette attribution nouvelle s'exerce d'après des règles particulières, et qu'on ne peut lui appliquer les moyens
d'instruction relatifs *aux appels* ou *aux demandes
ordinaires;* qu'en exigeant que le préfet soit mis
en cause pour justifier la décision qu'il a prise, la
loi fait assez connaître que cette décision ne doit
être jugée que d'après les éléments qui lui ont servi
de base; qu'il ne saurait être permis au demandeur de produire aucune pièce, d'invoquer aucune
preuve qui n'aurait pas été soumise au préfet;
qu'autrement ce serait transférer aux Cours royales
la révision des listes, attribution qui ne pourrait
leur être conférée sans les plus graves inconvénients;

« Qu'ainsi, en décidant que l'action du demandeur ne pouvait être jugée que d'après les pièces
produites devant le préfet de la Vienne, la Cour
royale de Poitiers a fait une juste application de
la loi. »

M. Favard, président. — M. de Malleville, rapporteur. — M. Laplagne-Barris, avocat-général.
— Me Odillon-Barrot, défenseur.

VII. On ne peut précisément assimiler aux arrêts
rendus sur pièces non soumises aux préfets, ceux
de la Cour royale de Pau, des 3 et 16 décembre
1828, qui ont ordonné l'inscription d'électeurs dont
le préfet des Basses-Pyrénées avait rejeté les demandes, attendu qu'ils produisaient des extraits

de rôles et des certificats de possession annale, délivrés par des maires et percepteurs de communes situées dans d'autres départements, et qui n'étaient pas légalisés par les préfets de ces départements. Les réclamants produisirent ces pièces devant la Cour royale, après les avoir fait *légaliser*. Et la Cour ordonna l'inscription, attendu que le seul motif, qui avait empêché le préfet de l'effectuer, n'existait plus par la production de titres réguliers.

Ici il ne s'agissait que de réparer une omission, et non pas de produire de nouvelles pièces.

VIII. Cette production de pièces nouvelles ne peut être opposée à l'électeur ou juré dont un tiers attaque l'inscription ou la quotité du cens.

Mais on a demandé s'il peut, après le 30 septembre, justifier de contributions qu'il n'aurait pas déclarées avant cette époque; ou, en d'autres termes, si le délai, fixé pour les réclamations par les articles 10, 11 et 12 de la loi du 2 juillet 1828, peut être opposé au défendeur comme au demandeur?

Trois arrêts de Cours royales (Caen, 29 décembre 1828; Rennes, 9 janvier 1829; Paris, 20 novembre 1829) ont jugé que, dans ce cas, le défendeur était recevable, attendu qu'à son égard la clôture de la liste est suspendue. (*Voy.* ci-dessus § IV, n° XIV, p. 190.)

VIII *bis*. Un tiers réclamant ne peut être admis à prouver par témoins, et en déférant le serment, que l'électeur dont il conteste l'inscription ne possède point les biens dont les contributions lui ont été attribuées.

Cette question a été ainsi résolue par un arrêt de la Cour royale de Montpellier, du 2 décembre 1829, dont voici les motifs :

« Attendu que la réclamation du sieur Saliès n'est appuyée d'aucune pièce justificative et portant la preuve actuelle des faits qu'il allègue;

« Attendu que la demande en preuve par lui formée, et le serment déféré au sieur Ricard sur des aliénations non avouées par ce dernier, n'ont point le caractère des preuves qu'exige impérieusement la loi ; qu'en soumettant le réclamant à appuyer sa demande de pièces justificatives, la loi a, par-là même, exclu tout autre genre de preuves, qui ne serait propre qu'à entraîner les parties dans des discussions longues et difficiles, et nécessairement dispendieuses; qu'en ce qui concerne la preuve par témoins, par exemple, il résulterait de son admission une contradiction manifeste avec les principes de la législation civile qui, n'admettant point un prétendu acquéreur à établir son droit par la preuve testimoniale, se trouverait éludée au profit d'un tiers étranger, au nom duquel on ferait admettre cette preuve; qu'on ne saurait non plus admettre une délation de serment, dont l'effet serait de produire des tracasseries capables de troubler la paix domestique, et d'élever des discussions sur des propriétés paisibles et non contestées; que ce serait d'ailleurs ajouter indirectement, au serment que la loi impose aux électeurs, un autre serment, qu'elle n'exige point d'eux, sur la légitimité des propriétés dont ils sont actuellement et de fait en possession. »

IX. Bien que la Cour royale ait à statuer au fond sur toutes les contestations relatives à l'inscription sur la liste du jury, il est telle question à l'égard de laquelle elle peut reconnaître que cette question est purement administrative et sort de ses attributions. C'est ce qu'a fait la Cour royale de Paris, dans un arrêt du 21 octobre 1829.

Il s'agissait d'un électeur inscrit sur la liste de 1828, et dont la patente avait été diminuée pour 1829 : il prétendait que cette diminution n'avait pas été prononcée selon les formes établies par la loi du 15 mai 1818.

La Cour royale de Paris a déclaré qu'il ne lui appartient pas de modifier la quotité de l'impôt établi au rôle des contributions directes, et que le contribuable a le droit de se pourvoir administrativement contre la fixation de cette quotité.

X. La Cour royale, en déclarant que tel individu doit être inscrit sur la liste électorale, peut-elle ordonner l'exécution de son arrêt *sur la minute?*

La Cour royale de Pau (arrêt du 16 décembre 1828), statuant sur une telle demande, s'est prononcée pour la négative, attendu que la loi du 2 juillet 1828 ne renferme aucune disposition qui autorise l'exécution des arrêts sur la minute, et que, d'ailleurs, ce mode d'exécution pourrait entraîner des inconvénients graves, qu'il est important d'éviter.

La Cour de Rennes, dans son arrêt du 9 janvier 1829, qui maintient le sieur de Goyon sur la liste électorale du deuxième arrondissement de la Loire-Inférieure, et la Cour de Caen, dans deux arrêts du 19 janvier 1830, relatifs aux sieurs Baston et Fortier, ont ordonné l'exécution de ces arrêts sur minute (1).

XI. Dans les actions en Cour royale intentées par des tiers, il y a un demandeur et un défendeur. Les Cours ont, comme dans toutes les autres instances portées devant elles, tantôt condamné aux dépens la partie qui succombe, tantôt compensé les dépens.

Quelquefois, elles n'ont point adjugé de dépens : ce qui, par le fait, les a laissés respectivement à la charge des parties.

Un arrêt de la Cour royale de Rennes, du 10 janvier 1829, repoussa, par une fin de non-recevoir, une demande du sieur Brice, contre l'inscription de vingt-deux électeurs, et cependant ne le condamna point aux dépens. (Voyez ci-dessus, § IV, n° XIII, p. 190.)

XII. Mais quand un réclamant attaque l'arrêté du préfet, en conseil de préfecture, qui le concerne, si ce réclamant obtient son inscription, radiation ou rectification, y a-t-il lieu de condamner le préfet aux dépens?

---

(1) Il est à remarquer que les colléges électoraux devaient se réunir trois et quatre jours après l'époque où la Cour statuait : qu'ainsi il y avait urgence.

La Cour royale de Nanci est la seule qui ait condamné le préfet aux dépens. Mais elle est ensuite revenue sur cette décision, et a adopté la doctrine contraire.

Deux arrêts, à la date du 10 novembre 1828, en ordonnant l'inscription des sieurs Demange et Bailly, ont condamné le préfet de la Meurthe, *en sa qualité*, aux dépens, « attendu qu'en principe général, celui qui succombe doit être condamné aux frais, et qu'il n'existe au cas particulier aucune exception à cette règle. »

Mais, par un troisième arrêt, du 24 novembre, entre le sieur Bontoux, *demandeur,* et le préfet de la Meurthe, *défendeur,* la même Cour, en ordonnant l'inscription du sieur Bontoux, déclara, qu'adoptant les motifs énoncés aux conclusions du procureur-général, elle *n'adjugeait pas de dépens.* Ces motifs, énoncés dans l'arrêt, sont : « que le préfet remplit un ministère public; qu'il a agi dans le cercle de ses fonctions, et pour l'exécution des lois; qu'il n'a aucun intérêt privé à la décision à intervenir; qu'on ne peut pas plus lui appliquer l'article 130 du Code de procédure civile qu'on ne peut l'appliquer au ministère public; que tout arrêt qui condamnerait le préfet aux dépens, en sa qualité, serait inexécutable, n'y ayant pas de fonds alloués, par l'état, aux préfets, pour ces sortes de dépenses; que la loi du 2 mai 1827, non abrogée en cette partie, porte (art. 4) : que ces sortes de contestations auront lieu sans dépens; que, par arrêt du 21 février 1828, la Cour

15.

de cassation (1) a décidé que l'esprit de cette loi était même que ces actions fussent jugées sans dépens; que la loi du 2 juillet 1828 est loin de contrarier cette disposition, dans son esprit, en diminuant les dépens par tous les moyens possibles (art. 18); qu'il y a donc impossibilité légale de condamner le préfet aux dépens, puisqu'une loi formelle s'y oppose. »

Les autres Cours royales, quand elles ont réformé les arrêtés attaqués, ont statué *sans dépens*. Un arrêt de la Cour de Paris, du 2 décembre 1828, relatif au sieur Peigné, électeur de l'Aube, a donné pour motif de son refus d'adjuger des dépens, *que le préfet n'était pas en cause.*

On ne peut citer l'arrêt de la Cour royale de Paris, du 28 avril 1828, relatif au sieur Noël, et qui condamne aux dépens le préfet de Seine-et-Marne : d'abord, parce qu'il ne s'agissait pas d'une question d'inscription électorale, mais d'une question de domicile; et ensuite, parce que cet arrêt est antérieur à la loi du 2 juillet 1828.

---

(1) Cet arrêt, relatif à un pourvoi du sieur Noël, contre un jugement du tribunal de Meaux, déclara que la question dont il s'agissait concernait uniquement le domicile réel du demandeur; qu'ainsi, c'était une question de fait, laquelle ne rentrait point dans les questions en matière électorale, dévolues aux Cours royales par la loi du 5 février 1817. L'arrêt rejeta le pourvoi et ordonna que l'amende serait restituée au demandeur.

Elle ordonna cette restitution conformément aux conclusions du réclamant, qui alléguait que la loi du 2 mai 1827 avait voulu que ces causes se jugeassent sans frais.

Depuis cette loi, la Cour royale de Paris n'a point adjugé de dépens contre les préfets.

Il suit de là qu'en général, lorsque l'action est intentée par un intéressé direct, les Cours, par leur silence sur les dépens, les laissent à la charge du demandeur, soit qu'il obtienne ses conclusions, soit que l'arrêt les repousse.

§ VII.

De la formation d'un tableau de rectification en cas de convocation d'un collége électoral.

1. Si un collége électoral est convoqué dans les onze mois qui s'écoulent, du 21 novembre d'une année au 20 octobre de l'année suivante, il est publié un tableau de rectification à la liste de ce collége (1). (Art. 6 de la loi du 2 mai 1827; — art. 22 de la loi du 2 juillet 1828.)

Suivant l'article 22, il doit s'écouler au moins trente jours entre la réception de l'ordonnance de convocation et la réunion du collége.

---

(1) Si la réunion du collége avait lieu du 21 octobre au 20 novembre, la liste, arrêtée le 16 et publiée le 20 octobre, servirait sans aucun changement. (Art. 21 de la loi du 2 juillet 1828.) La seule condition imposée par cet article, est qu'il s'écoule au moins vingt jours entre la réception de l'ordonnance de convocation et la réunion du collége.

Il va sans dire que si, après le 16 octobre, un arrêt de la Cour royale prononçait une inscription, radiation ou rectification de cens, le préfet devrait modifier la liste. (Art. 19 de la loi du 2 juillet.) L'art. 21 ne peut faire obstacle à cette modification.

Mais aucune autre modification ne peut être effectuée.

II Si la réunion a lieu du 21 novembre au 20 décembre, il n'y a pas lieu de publier de nouveau la liste électorale. Cette publication est nécessaire, si le collége est réuni après le 20 décembre. (Art 6 de la loi du 2 mai 1827.)

En cas de convocation d'un collége d'arrondissement, il suffit de réafficher la liste de ce collége; mais s'il s'agit de la convocation du collége départemental, il faut afficher, en même temps, les listes des divers colléges d'arrondissement, dont la première n'est qu'un extrait. D'ailleurs, celle-ci est, quant à sa composition, subordonnée à celle des listes d'arrondissement.

La liste ou les listes, qu'il est nécessaire de publier de nouveau, doivent être affichées dans toute l'étendue du département, et non pas seulement de l'arrondissement électoral dont le collége est convoqué. En effet, l'article 12 appelle tous les *électeurs et jurés du département* à réclamer contre la teneur de la liste. Elle doit donc être portée à leur connaissance.

Mais il n'est pas besoin de faire déposer de nouveau une liste *en cahier*, dans chaque mairie. On a dû y conserver celle qui a été envoyée à l'époque de la révision annuelle.

III. Aux termes de l'art. 22 de la loi du 2 juillet 1828, le préfet doit faire afficher immédiatement l'ordonnance de convocation, et ouvrir le registre prescrit par l'art. 10, pour recevoir les réclamations mentionnées aux articles 11 et 12. Ce registre ne doit rester ouvert que huit jours, et le tableau de rectification doit être publié au plus tard le onzième jour, c'est-à-dire dans les trois jours après la clôture du registre.

Le but du législateur, en abrégeant les délais pour les opérations relatives à la formation du tableau de rectification, a été de laisser, aux intéressés et aux tiers, le temps nécessaire pour faire juger, avant la réunion du collége, leurs pourvois en Cour royale. Comme il doit s'écouler trente jours, au moins, depuis l'arrivée de l'ordonnance de convocation au chef-lieu du département, jusqu'à l'ouverture de la session, il y aurait dix-neuf jours, au moins, pour le jugement de ces pourvois, si le registre des réclamations était ouvert au moment même de la réception de l'ordonnance. Mais alors le délai, déja très-court, de huit jours seulement, pour former les réclamations, deviendrait insuffisant pour les individus habitant à l'extrémité la plus éloignée du département. L'article 22 ne prescrit pas d'ouvrir le registre *immédiatement* après la réception de l'ordonnance (le mot *immédiatement*, § 2, ne se rapporte qu'à la *publication*). C'est pourquoi on a recommandé de n'ouvrir le registre qu'après la *complète* publication de l'ordonnance; c'est-à-dire lorsqu'elle a été publiée dans toute l'étendue du département.

De cette manière, l'ouverture du registre a lieu deux ou trois jours après la réception de l'ordonnance. Chaque électeur ou juré résidant dans le département a réellement huit jours francs pour réclamer; et il reste seize à dix-sept jours pour le jugement des actions en Cour royale, temps qui est bien suffisant.

IV. Les seuls changements qui doivent être faits à la liste, et compris au tableau de rectification, sont ceux qui résultent de faits postérieurs à la clôture de cette liste, lors de la révision annuelle, ou plutôt, à la clôture des réclamations, qui a lieu le 30 septembre. C'est ce qui résulte du principe de la permanence des listes, des règles sur la révision annuelle (articles 1er et 6 de la loi du 2 juillet 1828), et du texte de l'article 6 de la loi du 2 mai 1827, portant « que le tableau de rectification est formé à raison des *droits acquis ou perdus depuis la clôture,* et que les réclamations de ceux qui auraient été omis dans la première partie de la liste du jury, et qui auraient acquis leurs droits électoraux antérieurement à sa publication, ne seront admises qu'autant qu'elles auront été formées avant le 1er octobre. » Ainsi, on ne peut rayer un électeur qui a été indûment inscrit à cette époque, et contre les droits duquel aucune réclamation n'a été formée avant le 1er octobre; on ne peut inscrire un électeur en possession des droits électoraux avant cette époque, et dont l'inscription n'a pas été réclamée alors. Mais il y a lieu de rayer ou d'inscrire l'individu dont les droits ont été perdus ou acquis depuis le 30 septembre.

Il en est de même pour les rectifications du cens électoral.

V. Ce principe fondamental de la formation du

tableau de rectification a été contesté et jugé diversement depuis 1828. On a prétendu que la loi du 2 juillet avait abrogé la déchéance prononcée par l'art. 6 de la loi du 2 mai 1827.

Cette opinion a été établie par des arrêts des Cours royales de Montpellier (5 mai 1829); de Douai (6 mai); de Grenoble (4 août); de Toulouse (22 septembre); et d'Angers (28 septembre.)

L'opinion contraire a été adoptée par des arrêts des Cours royales de Riom, de Dijon et de Caen, des 25 juin et 21 septembre 1829, et 19 février 1830. Elle est implicitement contenue dans les considérants d'un arrêt de la Cour royale d'Aix, du   mars 1829. (Voyez ci-dessous, n° xi.) Enfin, elle a été consacrée par deux arrêts de la Cour de cassation, des 25 septembre et 22 octobre 1829, qui ont infirmé les arrêts de Douai et de Montpellier.

Ces arrêts de Douai et de Montpellier, et ceux rendus dans le même sens, se fondent sur l'abrogation de l'art. 6 de la loi du 2 mai 1827 ; « abrogation qui résulterait de l'article 22 de la loi du 2 juillet 1828, portant que, dans les huit jours après la publication de l'ordonnance qui convoque le collége, *seront reçues les réclamations prévues par les articles* 11 *et* 12. Or, parmi ces réclamations, sont comprises celles des individus qui auraient été *indûment omis*, et l'article 22 ne contient aucune restriction à la généralité de ces derniers termes : d'où il suit que tout individu, sans accep-

tion de l'époque où il possédait des droits électoraux, serait admissible à réclamer son inscription
sur le tableau de rectification. »

L'arrêt de la Cour royale de Montpellier, en ex-
posant ces motifs, y ajoute le considérant qui suit:

« Attendu que si, dans le dernier paragraphe de
l'art. 22, il est dit que le préfet, en conseil de préfecture, dressera le tableau de rectification prescrit
par l'art. 6 de la loi du 2 mai 1827, et si cet art. 6
dispose que ce tableau contiendra l'indication des
individus qui auront acquis ou perdu, depuis la
publication de la liste électorale, les qualités exigées pour exercer les droits électoraux, il ne s'ensuit pas que, dans le cas spécial pour lequel la
loi de 1828 dispose, on ne doive pas y comprendre
aussi les individus qui, bien qu'ayant cette qualité
avant cette publication, auraient été omis dans la
liste : car, autrement, il en résulterait qu'après
avoir dit que les réclamations de ces individus
doivent être admises, le législateur dirait que,
quoique admises, elles doivent rester sans effet,
contradiction impossible à supposer; que tout ce
qu'on peut conclure de ce dernier paragraphe de
l'art. 22, c'est qu'on ne doit pas faire deux tableaux
de rectification : l'un relatif aux individus dont les
droits électoraux n'auraient été acquis que depuis
la publication de la liste générale ; et l'autre relatif à ceux qui les avaient acquis avant cette liste,
et qui, néanmoins, y avaient été omis; mais qu'un
même tableau doit comprendre les uns et les
autres. »

Les arrêts de la Cour de cassation, qui ont infirmé cette doctrine, sont ainsi motivés :

Arrêt du 25 septembre 1829.

« Attendu que l'art. 6 de la loi du 2 mai 1827, n'admet postérieurement à la publication de la liste générale des électeurs et des jurés, et dans le cas de la convocation ultérieure d'un collége électoral, *que les réclamations des individus qui auront acquis ou perdu, depuis la publication de cette liste, les qualités exigées pour exercer les droits électoraux ;* que cet article dispose formellement *que les réclamations de ceux qui auraient été omis dans la première partie de la liste arrêtée et close le 30 septembre, et qui auraient acquis les droits électoraux antérieurement à sa publication, ne seront admises qu'autant qu'elles auront été formées avant le 1er octobre :* d'où il suit que le sieur *Courty,* ayant la capacité électorale lors de la publication de la liste générale, n'ayant point, avant le délai fixé pour cette publication, réclamé contre son omission sur cette liste, n'ayant point acquis ses *droits* depuis la clôture de la liste, puisqu'il en était investi *antérieurement à sa publication,* ne pouvait, à raison de la convocation du collége électoral du deuxième arrondissement du département du Nord, et, par une réclamation tardive, formellement repoussée par la loi, prétendre à faire partie du tableau de rectification ordonné par cette loi ;

« Attendu, néanmoins, que l'arrêt attaqué a dé-

cidé qu'il devait être porté sur ce tableau, sous
prétexte *qu'il a été virtuellement dérogé à l'article* 6
de la loi du 2 mai 1827, *par la loi du 2 juillet* 1828 ;
qu'il résulte, de la combinaison des articles 22, 11
et 12 *de cette loi, que lorsque le tableau de recti-*
fication sera ouvert par suite de la convocation du
collége électoral, plus d'un mois après la révision
annuelle des listes, les réclamations de tous ceux
qui auraient à se plaindre d'avoir été indûment
inscrits, omis ou rayés dans la formation de la liste
générale, devront être admises ;

« Attendu que cette interprétation est contraire
« à l'art. 1er de la loi du 2 juillet 1828, portant que
« les listes faites en vertu de la loi du 2 mai 1827,
« sont permanentes, sauf les radiations et inscrip-
« tions qui peuvent avoir lieu *lors de la révision*
« *prescrite par la présente loi* : » d'où il s'ensuit
que les listes annuelles sont irréfragables jusqu'à
l'époque de la révision, qui doit avoir lieu dans
l'année suivante ; et que ce n'est qu'à cette époque
que les parties intéressées peuvent réclamer contre
les erreurs que ces listes contiennent à leur préjudice ;

« Attendu que la même interprétation, donnée
à la loi du 2 juillet 1828, est aussi expressément
condamnée par l'art. 22 de cette loi, dont l'unique
but, dont le résultat final est la confection, par le
préfet, *du tableau de rectification prescrit par l'art.* 6
de la loi du 2 mai 1827, qui exclut formellement
les réclamations formées à raison des droits électoraux qu'on avait déja acquis et qu'on aurait pu ré-

clamer avant la formation de la liste annuelle;

« Attendu que la loi du 2 juillet 1828 prescrit deux opérations bien distinctes : la révision annuelle des listes, qui fait l'objet des trois premiers titres de cette loi, et *la formation d'un tableau de rectification, en cas d'élection après la clôture annuelle des listes*, qui fait l'objet du titre IV; que c'est dans ce dernier titre que se trouve l'art. 22, qui ne s'occupe, en effet, que de la formation *du tableau prescrit par l'art. 6 de la loi du 2 mai* 1827; que si cet article ordonne l'ouverture du registre prescrit par l'art. 10, et l'admission des réclamations prévues par les articles 11 et 12 (ces deux derniers articles compris dans la partie de la loi relative à la formation des listes annuelles de révision, et dans le titre 11, ayant pour rubrique, *des réclamations contre la révision des listes*), cet art. 22 n'a pu et dû s'occuper que des réclamations autorisées par l'art. 6 de la loi du 2 mai 1827, dont il a pour unique objet de faciliter, assurer et compléter l'exécution; qu'il a seulement indiqué les art. 10, 11 et 12, quant aux formalités à remplir par ceux qui auraient à former de pareilles réclamations, à l'effet d'être inscrits ou rayés sur *le tableau de rectification* ordonné par la loi du 2 mai 1827; qu'il est impossible de supposer au législateur l'intention d'exiger, à l'époque de la convocation de chaque collége électoral, une nouvelle et générale révision de la liste annuelle; que son intention est clairement manifestée par l'art. 1er de la loi, qui veut que les listes annuelles soient per-

manentes, sauf à réparer les erreurs *lors de la révision annuelle* qu'elle prescrit; que le législateur
a sagement voulu, et dans la loi du 2 mai 1827,
et dans celle du 2 juillet 1828, que ceux qui, ayant
les droits électoraux lors de la révision annuelle, ont
négligé de réclamer l'exercice de ces droits, et ont
ainsi renoncé à la faculté que leur donnait leur capacité électorale, et se sont, en même temps, ab-
stenus de remplir les devoirs qui y sont attachés,
ne fussent plus admis, avant l'époque de la révision annuelle, à réclamer ces mêmes droits, lors
de la convocation faite, dans l'intervalle, d'un collége électoral; que cette convocation ne peut donner lieu qu'à un tableau de rectification comprenant ceux dont, depuis la révision annuelle, la
capacité électorale s'est formée ou modifiée; que
c'est la disposition précise de la loi du 2 mai 1827,
confirmée et consacrée par l'art. 22 de la loi du 2
juillet 1828, qui n'a pour objet, et pour résultat,
que *la formation du tableau de rectification prescrit par l'art. 6 de la loi du 2 mai*: d'où il suit que
l'arrêt attaqué a violé les deux lois des 2 mai 1827
et 2 juillet 1828. «

Arrêt du 22 octobre 1829.

« Attendu que l'art. 6 de la loi du 2 mai 1827
n'admet postérieurement à la publication de la
liste générale des électeurs et des jurés, et dans le
cas de convocation ultérieure d'un collége électoral, *que les réclamations des individus qui auront acquis ou perdu, depuis la publication de cette*

liste, les qualités exigées pour exercer les droits électoraux; que cet article dispose formellement que les réclamations de ceux qui auraient été omis dans la première partie de la liste, arrêtée et close le 30 septembre, et qui avaient acquis les droits électoraux antérieurement à sa publication, ne seront admises qu'autant qu'elles auront été formées avant le 1er octobre;

« Attendu que, loin qu'il ait été dérogé à ce principe général par la loi du 2 juillet 1828, il existe, au contraire, dans cette dernière loi, des dispositions qui ne font que le confirmer et le consacrer de nouveau;

« Qu'en effet, la loi du 2 juillet 1828 est divisée en plusieurs titres, dont le premier est relatif à la révision annuelle des listes électorales et du jury;

« Que l'art 1er de ce titre dispose que les listes, faites en vertu de la loi du 2 mai 1827, sont permanentes, sauf les radiations et inscriptions qui peuvent avoir lieu lors de la révision annuelle de ces listes;

« Qu'il en résulte qu'il ne peut y être apporté de changement que lors de la révision annuelle, qui doit être faite aux époques et suivant les formes déterminées par les divers articles du même titre;

« Que le titre II est relatif aux réclamations sur la révision des listes;

« Que, suivant l'art. 9, il ne doit être fait de changement, après la publication de la liste rectifiée, qu'en vertu de décisions rendues par le préfet en conseil de préfecture, dans les formes prescrites par le titre III, relatif aux réclamations sur la révision des listes;

« Qu'aux termes de l'art. 11 du même titre, ceux qui croient avoir à se plaindre d'avoir été indûment inscrits, omis ou rayés, doivent présenter leurs réclamations avant le 30 septembre ;

Que l'art. 17 du même titre veut qu'il ne puisse plus être fait de changement à la liste qu'en vertu d'arrêts rendus, suivant les formes déterminées par le titre III;

« Attendu que le titre IV est spécialement relatif au tableau de rectification, qui doit être dressé, en cas d'élection, après la clôture annuelle des listes ;

« Que le n° 3 de l'article 22, contenu dans ce titre, dispose, en termes formels, que *le préfet, en conseil de préfecture, dressera le tableau de rectification prescrit par l'art. 6 de la loi du 2 mai 1827 ;*

« Qu'ainsi, ce tableau ne doit, comme le prescrit l'art. 6 de la loi du 2 mai 1827, contenir que les noms des individus qui ont acquis ou perdu, depuis la publication de la liste générale, les qualités exigées pour exercer les droits d'électeur ;

« Attendu que si le n° 2 du même article veut que le registre prescrit par l'art. 10 soit ouvert, et que les réclamations prévues par les art. 11 et 12 soient admises, cette disposition ne peut s'entendre que de la forme dans laquelle les réclamations doivent être formées et reçues; qu'on ne saurait en inférer que le législateur ait entendu faire admettre, contrairement à la disposition formelle de l'art. 6 de la loi du 2 mai 1827, consacrée par le paragraphe 3 de l'art. 22 de la loi du 2 juillet 1828, et aux art. 1er, 9, 11 et 17 de cette dernière loi, les réclamations de ceux qui, ayant acquis les droits électoraux antérieurement à la publication de la liste générale, auraient négligé de réclamer dans les délais prescrits par l'art. 11 de cette dernière loi ;

« Qu'une pareille interprétation aurait pour effet de mettre le législateur en contradiction avec lui-même ;

« Qu'enfin, en rapprochant et en combinant les art. 1er, 9, 11, 17, et 22 de la loi du 2 juillet 1828, l'on doit demeurer convaincu que le seul but et le seul résultat de l'art 22 de cette loi, est de régulariser le tableau de rectification prescrit par l'art. 6 de la loi du 2 mai 1827; et que ce tableau ne doit contenir, comme le prescrit cet article, que les individus qui, depuis la révision annuelle de la liste générale, ont acquis ou perdu les qualités nécessaires pour l'exercice du droit électoral, etc. »

Il paraît utile, pour achever d'éclaircir cette importante question, de citer quelques passages du réquisitoire de M. le procureur-général de la Cour de cassation, dans l'affaire qui a donné lieu à l'arrêt du 25 septembre, et d'ajouter quelques développements nouveaux aux motifs exposés dans les différents arrêts qu'on vient de lire.

« La Cour royale de Douai, disait M. le procureur-général de cassation, reconnaît que, d'après

16

la loi du 2 mai 1827, quand la liste annuelle est close, il n'y a plus de réclamation recevable, et qu'il faut attendre la nouvelle période pour faire valoir des droits qui ont été négligés.

« Mais la Cour royale pense qu'il y a dérogation à ce principe dans la loi du 2 juillet 1828, en telle sorte que, s'il y a réunion d'un collége, on puisse profiter de cette circonstance, et se faire inscrire sur le tableau que la préfecture est chargée de dresser.

« Elle invoque l'art. 22 de cette dernière loi, combiné avec les art. 11 et 12.

« Il faut donc voir comment ces trois articles disposent; mais, avant tout, il faut bien faire attention à la rubrique des titres.

Le titre 1er porte : *Révision annuelle des listes électorales et du jury.*

« Le titre 2 porte : *Des réclamations sur la révision des listes;* et c'est sous ce titre que se trouvent les art. 11 et 12 invoqués par la Cour royale.

Le titre 3 porte : *Réclamations contre les décisions des préfets en conseil de préfecture.*

« Enfin le titre 4, où se trouve l'art. 22, porte : *Formation d'un tableau de rectification* EN CAS D'É- LECTION APRÈS LA CLÔTURE ANNUELLE DES LISTES.

« Maintenant, lisons les trois articles, auxquels il faut ajouter l'art. 21, pour rendre l'art. 22 plus intelligible (1).

_____

(1) Voici le texte de ces quatre articles :

Art. 11. Tout individu qui croirait devoir se plaindre, soit d'a-

« Il est certain que la loi a voulu, en cas d'élection après la clôture annuelle des listes, qu'il fût fait un tableau de rectification.

« Mais dans quel sens ce tableau doit-il être fait ?

---

voir été indûment inscrit, omis ou rayé, soit de toute autre erreur, commise à son égard dans la rédaction des listes, pourra, jusqu'au 30 septembre, inclusivement, présenter sa réclamation, qui devra être accompagnée de pièces justificatives.

Art. 12. Dans le même délai, tout individu inscrit sur la liste d'un département, pourra réclamer l'inscription de tout citoyen qui n'y serait pas porté, quoique réunissant toutes les conditions nécessaires, la radiation de tout individu qu'il prétendrait y être indûment inscrit, ou la rectification de toute autre erreur commise dans la rédaction des listes.

Il devra motiver sa demande et l'appuyer de pièces justificatives.

Art. 21. Lorsque la réunion d'un collége aura lieu dans le mois qui suivra la publication du dernier tableau de rectification prescrit par l'art. 16, il ne sera fait à ce tableau aucune modification. Dans ce cas, l'intervalle entre la réception de l'ordonnance et la réunion du collége, sera de vingt jours au moins.

Art. 22. Si la réunion a lieu à une époque plus éloignée, l'intervalle sera de trente jours au moins.

Dans ce dernier cas, le préfet fera afficher immédiatement l'ordonnance de convocation. Le registre prescrit par l'article 10 ci-dessus, sera ouvert. Les réclamations prévues par les art. 11 et 12 seront admises ; mais elles devront être faites dans le délai de huit jours, sous peine de déchéance.

Le préfet, en conseil de préfecture, dressera le tableau de rectification prescrit par l'art. 6 de la loi du 2 mai 1827. Il le fera publier et afficher le onzième jour, au plus tard, après la publication de l'ordonnance, et les notifications prescrites par l'art. 15, seront faites aux parties intéressées, dans le délai de cinq jours.

16.

« Peut-on toucher à la liste annuelle? Est-ce un travail général auquel il faille se livrer? ou plutôt ne s'agit-il pas uniquement des individus qui ont acquis ou perdu les droits électoraux dans l'intervalle de la clôture de la liste annuelle à l'époque de la convocation?

« En d'autres termes, le citoyen qui a encouru la déchéance, faute d'avoir réclamé dans le temps prescrit par la loi du 2 mai 1827, en est-il relevé par la circonstance de la convocation du collége?

« La discussion qui a eu lieu à la Chambre des députés n'a jamais présenté de difficulté sur ce point; et ce qui a été dit au nom du gouvernement, n'a rencontré aucune contradiction.

Or, le ministre de l'intérieur, présentant les motifs de la loi du 2 juillet 1828, à la séance du 25 mars, disait : « La première partie des listes du jury « est revisée et rectifiée chaque année à une époque « déterminée. Si une élection a lieu immédiatement, « cette première partie sert comme liste électorale, « et il n'y a aucune difficulté.

« Si le collége électoral est convoqué à une autre « époque de l'année, une nouvelle rectification « devient nécessaire. Celle-là ne peut porter que « sur les droits acquis ou perdus depuis la clôture « de la dernière liste, qui est devenue, en ce qui « concerne les faits antérieurs, définitive et inat- « taquable : mais il fallait déterminer les délais et « les formes de cette opération nouvelle, de ma- « nière à la rendre possible et régulière. »

« Même observation, de la part du ministre, dans
le cours de la discussion.

« S'agira-t-il (disait-il) de procéder à une révision
« nouvelle? nullement. La révision est partielle et
« porte sur tout autre chose que la liste permaa-
« nente. La rectification ne concerne que ceux qui
« ont acquis ou perdu leurs droits électoraux, de-
« puis la clôture des listes. Ainsi, il n'y a point de
« contradiction entre ce que nous vous proposons,
« et le principe de la permanence. »

On a fait à la doctrine consacrée par les arrêts
de Riom, de Dijon, de Caen et de la Cour de cassation, les objections suivantes :

Il s'agit de prononcer une déchéance, de priver
de l'exercice des droits électoraux un citoyen qui a
toutes les qualités requises pour figurer sur la liste.
Pour appliquer une disposition si rigoureuse, il
faut que la loi soit bien positive. Or, elle est bien
loin de déclarer déchu le citoyen omis sur la liste;
elle renvoie, dans l'art. 22, aux art. 11 et 12, sans
énoncer aucune restriction aux dispositions de ces
deux articles. Si les art. 11 et 12 fixent le 30 septembre pour terme aux réclamations, et ne permettent plus d'en former après cette époque, l'art.
22 a pour objet de relever de cette déchéance les
citoyens qui n'auraient pas réclamé jusqu'au 30
septembre. Les art. 11 et 12, d'une part, et l'art. 22,
de l'autre, donnent des délais différents pour les
réclamations dont ils s'occupent : les uns accordent
jusqu'au 30 septembre; l'autre dit qu'il faut récla-

mer dans le délai de huit jours depuis l'ouverture du registre.

On dit que, dans ce système, le législateur serait en contradiction avec lui-même, puisque, après avoir prononcé une déchéance par l'art. 6 de la loi du 2 mai 1827, il admettrait, par l'art. 22 de la loi de 1828, toute espèce de réclamations. Mais ce n'est pas là une contradiction; c'est une dérogation formelle.

On dit que ce système blesse le principe de la permanence des listes, en ce qu'il tend à faire procéder de nouveau à une révision générale, et que l'interprétation qu'il donne à l'art. 22, fera trouver aux préfets, dans les art. 11 et 12, le droit de retrancher d'office de la liste tous ceux qu'il jugera y avoir été indûment inscrits lors de la révision annuelle.

Mais la permanence des listes a été soumise aux restrictions prévues par la loi; et d'ailleurs elle subsiste toujours à l'égard de ceux qui sont légalement inscrits. Si le principe n'est pas détruit par l'inscription de ceux qui ont acquis des droits depuis la clôture, il ne le sera pas davantage par celle des citoyens qui avaient antérieurement les qualités requises, ni par la radiation de ceux qui ne les ont jamais possédées.

Il serait très-fâcheux que ces derniers fussent maintenus forcément sur la liste, en cas d'élection, par cela seul qu'aucune réclamation n'aurait été formée contre eux jusqu'au 30 septembre. C'est précisément contre cette fraude que les art. 22 et 12 ont armé les tiers.

Si l'on objecte les discours qui ont été prononcés dans les deux Chambres, on peut répondre que d'autres orateurs ont émis une opinion contraire, et que les termes précis de l'art. 22 de la loi du 2 juillet 1828 ne permettent pas de chercher une interprétation ailleurs que dans cet article même.

Telles sont les raisons exposées contre la doctrine de la Cour de cassation. On ne peut nier qu'elles ont quelque force, et qu'elles s'appuient sur un texte de loi qui n'a pas été rédigé peut-être avec assez de précision.

Cependant, en consultant l'esprit des deux lois de 1827 et 1828, et les circonstances de leur discussion, l'opinion contraire semble beaucoup plus fondée.

La disposition finale de l'art. 6 de la loi du 2 mai 1827 a été adoptée à la suite d'une discussion approfondie, qui a eu lieu à la Chambre des pairs, dans la séance du 2 février 1827. Elle a eu pour objet de punir, par la suspension du droit électoral, la négligence à se faire inscrire sur la liste du jury, et d'empêcher que des citoyens en possession de ce droit ne cherchassent à éluder les devoirs de juré, en négligeant de se faire inscrire à l'époque de la révision annuelle, et en attendant le moment où la convocation d'un collège électoral leur offrirait un intérêt immédiat à réclamer la qualité d'électeur. Ces motifs subsistent sous le régime de la loi du 2 juillet 1828, comme avant sa promulgation. Il n'y avait donc pas de motif d'abroger cette dis-

position, et les termes dans lesquels est rédigé
l'art. 22 ne permettent pas d'en induire cette abrogation, d'autant que la discussion qui a eu lieu aux
deux Chambres, en 1828, non-seulement, ne contient rien qui annonce que telle ait été l'intention
du législateur, mais prouve au contraire que la loi
nouvelle s'est référée purement et simplement à
l'art. 6 de celle du 2 mai 1827.

C'est ce que le ministre de l'intérieur, qui a présenté la loi, a exprimé formellement à plusieurs
reprises.

Nous ne répéterons pas ici les passages de son
exposé de motifs, qui sont cités dans le réquisitoire
que l'on vient de lire, de M. le procureur-général
près la Cour de cassation. Mais de plus, lors de la
discussion du titre IV, il disait à la Chambre des députés, dans la séance du 8 mai 1828 : « Il fallait
donc rayer de la liste tous ceux qui, *dans l'intervalle* (1), auraient perdu le droit de voter. La loi
de 1817 accorde le droit de voter à tous les Français qui sont âgés de 30 ans et qui paient 300 fr.
de contributions; il fallait donc rétablir, sur la
liste, tous ceux qui, dans l'intervalle, en avaient
acquis le droit. S'agira-t-il de procéder à une révision nouvelle? nullement : et c'est là l'erreur dans
laquelle est tombé tout-à-l'heure un orateur. La révision est *partielle*, et porte sur tout autre chose
que la liste permanente; elle est bornée à ce qui .

---

(1) Depuis la clôture de la révision annuelle jusqu'à la formation du tableau de rectification.

doit être l'objet du tableau de rectification prescrit
par l'art. 6 de la loi de 1827. La rectification ne
concerne que ceux qui ont acquis ou perdu leurs
droits électoraux *depuis la clôture des listes.* »

Le même ministre, disait encore, dans la séance
du 9 mai : « Quelque disposition que vous arrêtiez,
il y aura toujours un délai quelconque, *pendant
lequel* des droits auront été acquis et perdus. Ce
délai sera de quelques jours ou de quelques mois ;
voilà toute la différence. »

Le rapporteur de la loi (M. Favard de Langlade)
s'exprimait en ces termes, dans la séance du 9 mai :
« Il n'en est pas de même dans le cas où la réunion
a lieu à une époque plus éloignée, c'est-à-dire plus
d'un mois après la publication du dernier tableau
prescrit par l'art. 16. Ici, des capacités peuvent
avoir été acquises *dans l'intervalle*, et il est important de garantir l'exercice des droits qu'elles con-
fèrent. »

Un des orateurs entendus dans la séance du 8
mai (M. Mauguin), parlait absolument dans le
même sens : « La rectification, disait-il, aura lieu
aux termes de l'art. 6 de la loi du 2 mai 1827 ; en
sorte que le préfet aura droit de retrancher de la
liste permanente tous ceux qui lui paraîtront avoir
perdu les droits d'électeur, et qu'il pourra y ajouter
tous ceux qui lui paraîtront les avoir acquis *depuis
la dernière publication.* »

Le 9 mai, M. de Montbel, proposant la suppression du titre IV, exprimait ainsi l'objection principale tirée de l'utilité du tableau de rectification.

«Mais, dira-t-on, *depuis la clôture de la liste*, des droits ont été acquis; des droits ont été perdus.»

M. le vicomte Lainé, rapporteur de la loi à la Chambre des pairs, manifestait la même doctrine avec plus de développements : «Si le collége n'est réuni que 2 mois, 3 mois, 6 mois après le 20 octobre, des électeurs peuvent *avoir perdu* le droit d'être inscrits, un plus grand nombre aura acquis celui de l'être. Le fils d'un père, décédé depuis la clôture de la liste, jouit de l'héritage sur qui repose le droit; le temps a enrichi un jeune Français de ses 30 années : voilà leur titre; on peut le vérifier, le rendre solennel et complet : il serait injuste de leur fermer la porte du collége, que leur ouvre la Charte.

«C'est pour leur en faciliter l'entrée, que l'article 22 presse, en ce cas, l'accomplissement des formalités remplies avec plus de loisir avant le 20 octobre . . . .

«On a trouvé ces opérations précipitées; mais il fallait bien concilier la prérogative qui veut convoquer, avec le droit des électeurs qui doivent élire. Les cas de cette activité ne seront pas fréquents.

«Lorsqu'ils se présenteront, la liste permanente, actuellement moins variable, et revisée le 20 octobre, n'exigera qu'une seconde révision, devenue plus facile. Ceux auxquels on facilite l'exercice d'un droit *nouvellement acquis*, n'ont pas à se plaindre, si, pour le constater, on les stimule : c'est parce qu'ils sont impatients de l'exercer, qu'on les presse de faire vérifier leur titre, afin de le rendre pour ainsi dire exécutoire. »

Enfin, M. le comte de Tocqueville, dans la séance de la Chambre des pairs du 18 juin, disait, en proposant la suppression du titre IV : « Quels seraient les résultats de cette suppression? Quant aux électeurs qui n'auraient acquis la capacité *qu'après la clôture des listes*, ils n'auraient pas à se plaindre : la Charte dit bien que nul ne pourra être électeur, s'il ne paie 300 fr. d'impôt, et s'il n'a 30 ans accomplis; mais elle n'exige pas, d'une manière impérative, que tous ceux qui remplissent ces conditions, participent à l'élection. Quant aux électeurs qui auraient perdu leur droit *dans l'intervalle*, la position n'est pas la même, et il est évident qu'ils ne peuvent participer à l'élection sans la vicier : mais n'est-il pas un moyen de les écarter, sans recourir à une révision générale des listes?»

Aucun orateur n'a dit expressément que le tableau de rectification dût comprendre les électeurs qui, avant le 1ᵉʳ octobre, auraient échappé aux recherches de l'administration et des tiers; et rayer les électeurs indûment inscrits lors de la révision annuelle. Tout au plus peut-on inférer cette opinion des critiques adressées aux dispositions du titre IV, par quelques-uns des membres des deux Chambres, qui en demandaient la suppression.

Ces citations établissent clairement qu'il n'était pas question, en introduisant, dans la loi de 1828, les dispositions nouvelles relatives au tableau de rectification, d'assujettir ce tableau à d'autres con-

ditions que celles qui sont déterminées par la loi
du 2 mai 1827. On en doit conclure que le tableau
mentionné à l'article 22 de la loi du 2 juillet 1828,
ne doit comprendre que les individus qui ont acquis les droits électoraux depuis le 30 septembre,
ou qui avaient réclamé leur inscription avant le
1er octobre; et qu'il ne doit retrancher que les électeurs qui, depuis la même époque, ont perdu les
droits électoraux.

S'il en était autrement, toute l'économie de la
loi serait renversée : les précautions, les délais, les
garanties accumulées par les trois premiers titres,
pour parvenir, avec lenteur, avec maturité, à la
formation exacte et complète de la liste, devien-
draient sans résultat, puisque l'art. 22 permettrait
de remettre en question toute la teneur de cette
liste; d'inscrire des individus dont les droits auraient échappé aux recherches de l'administration
et des tiers, pendant les quatre mois écoulés du
1er juin au 30 septembre précédent; de rayer des
électeurs dont les droits n'auraient pas été contestés
pendant la même époque; et cela dans l'espace de
dix jours, auquel la loi réduit, dans le cas d'élection, tout le travail de rectification confié au préfet en conseil de préfecture. Les conséquences de
cette doctrine seraient donc extrêmement graves,
et tendraient à légitimer le reproche fait à la loi
du 2 juillet, d'avoir anéanti, par le titre IV, tous
les avantages établis par les titres précédents.

Si l'on objecte, contre l'ensemble de ces raison-
nements et de ces considérations, que l'article 22 a

cité sans restriction les articles 11 et 12, et a, par
conséquent, admis dans toute leur étendue les réclamations que ces articles mentionnent, on répon-
dra que le but de cette citation est seulement de
rappeler la double origine des réclamations susceptibles d'être admises; savoir : celles des intéressés
directs (article 11), celles des tiers (article 12), et
non pas d'indiquer tous les objets qu'elles peuvent
embrasser. Ces objets ne peuvent être les mêmes
dans le titre II, où il s'agit de réclamer contre la
teneur d'une liste revisée par l'administration seulement, et qu'elle soumet au contrôle de la publicité; et dans le titre IV, où il n'est question que de
modifier la liste définitivement close et arrêtée
après que ce contrôle a pu être complètement exercé. La rédaction des articles 11 et 12, placés dans
le titre II, a toute la généralité que comporte l'étendue du droit de réclamation nécessaire à la révision
générale de la liste; mais quand ces articles de-
viennent applicables à la révision déterminée par
la convocation d'un collége, leur signification doit
être restreinte aux objets qui sont de nature à influer sur la composition du tableau de rectification,
tel qu'il est défini par la loi du 2 mai 1827.

Il y a sans doute un inconvénient réel à ce que
des électeurs inscrits sans droit, lors de la révision
annuelle, ne puissent pas être rayés lorsque, en
cas d'élection, l'administration ou les tiers reconnaissent le vice de leur inscription. Mais cet inconvénient est compensé avec avantage par la sécurité
donnée aux électeurs dont les droits ont subi l'é-

preuve des formalités établies et du temps accordé
pour la révision annuelle par la loi du 2 juillet, et
qui, au terme de cette opération, ont été maintenus définitivement sur la liste du jury. Ces droits
leur sont acquis, et ne peuvent plus être attaqués
qu'à l'époque de la révision annuelle subséquente.
Tel est l'utile, l'important avantage du principe de
la permanence des listes; et si ce principe fondamental des lois de 1827 et 1828 était méconnu et
abandonné dans le cas d'élection, ce serait avec
juste raison que plusieurs pairs et députés, en dé-
fendant la proposition de supprimer le titre IV, auraient prétendu que les dispositions qu'il contient
détruisent entièrement tout ce que la loi a voulu
établir dans les trois premiers titres.

VI. On a cherché à établir une distinction quant
à la déchéance des droits non réclamés, entre les
individus qui possédaient ces droits avant le 15 août,
et ceux qui les ont acquis du 15 août au 16 octobre.
On a fait observer que l'art. 6 de la loi du 2 mai
1827 prononce la déchéance contre ceux qui, *possédant les droits électoraux avant la publication de
la liste, n'auraient pas réclamé*: or, disait-on, il
n'y a d'autre *publication* de la liste que celle qui
est faite par le préfet le 15 août; il n'est publié ensuite que des suppléments, ou tableaux de rectification. La déchéance ne s'applique donc pas aux
individus qui ont acquis ces droits depuis le 15
août, c'est à dire *après la publication*, et qui,
d'ailleurs, ont eu moins de temps pour réclamer.

A cela l'on peut répondre que la liste annuelle

n'est complétée qu'après le délai consacré à recevoir et à juger les réclamations; qu'il n'y a pas de
motifs de traiter ceux qui ont négligé de réclamer
devant le préfet en conseil de préfecture, pendant
que cette voie leur était ouverte, plus favorable-
ment que ceux qui n'ont pas réclamé devant le
préfet seul; enfin, que l'art. 6 de la loi du 2 mai
1827, en parlant de la *publication* de la liste, rap-
proche cette expression de celle de *liste close et arrêtée.* D'où l'on doit inférer que le mot *publication*
ne se rapporte pas exclusivement à la première
publication faite le 15 août, mais à la publication
qui a eu lieu, au moyen de tableaux supplémentaires, jusqu'au terme fixé pour les réclamations.
(Circulaire du 29 juin 1827; — Solution du 17
avril 1829.)

VII. Il ne paraît pas que l'on doive considérer,
comme frappés par la déchéance, les individus qui,
ayant réclamé avant le 1ᵉʳ octobre, n'auraient pu
alors faire admettre leurs réclamations, parce qu'ils
ne les avaient pas accompagnées de pièces justificatives, ou de preuves suffisantes. (Voyez ci-dessus,
§ IV, n° x, page 187.)

Dès qu'ils étaient en instance avant le 1ᵉʳ octobre, ils échappent à la forclusion qui atteint ceux
qui auraient entièrement négligé de faire valoir
leurs droits.

VIII. La déchéance n'est pas non plus applicable
à l'individu qui, ne payant pas le cens électoral, à
l'époque du 30 septembre, reçoit ensuite une délégation de sa mère, aïeule ou belle-mère, qui lui

permet d'atteindre le cens de 300 fr. Cette délégation lui confère un droit nouveau, dont il n'a été
en possession que depuis le terme des réclamations.

La cour royale de Caen a rendu deux arrêts dans
ce sens le 19 janvier 1830.

Le collège d'arrondissement de Lisieux était convoqué pour le 23 janvier 1830. Les sieurs Baston et
Fortier complétaient le cens électoral au moyen
de contributions à eux déléguées par leurs belles-
mères depuis la clôture de la liste annuelle, et demandaient leur inscription sur le tableau de rectification. Elle fut refusée par arrêtés du préfet en
conseil de préfecture.

Ces arrêtés étaient motivés sur l'application de la
déchéance prononcée par l'article 6 de la loi du
2 mai 1827; sur ce que la loi veut qu'avant le 30 septembre, toutes les contributions dont un électeur
peut profiter soient par lui déclarées; sur ce que la
déchéance atteint aussi bien le droit personnel de
l'électeur que celui qui lui est délégué par sa mère,
aïeule ou belle-mère; enfin, sur les inconvénients
qui résulteraient de délégations faites en vue d'une
élection, au moment où le préfet dresse le tableau
de rectification, puis révoquées peu de temps après :
de manière que le fils, petit-fils ou gendre trouverait le moyen d'échapper aux devoirs du jury, et
se réserverait la faculté de participer à l'élection,
lorsqu'il y en aurait une.

On doit reconnaître que ce dernier motif a quelque
fondement. Mais les principes sont pour la doctrine contraire; et sur les pourvois des sieurs Bas-

ton et Fortier, la Cour royale de Caen a ordonné l'inscription, d'après les motifs suivants :

« Considérant que l'article 5 de la loi du 29 juin 1820 n'impartit à la veuve aucun délai dans lequel elle devra faire la délégation de ses impositions à son gendre, et que celui-ci n'acquiert de droits électoraux que du jour de cette délégation ;

« Considérant que l'article 6 de la loi du 2 mai 1827 veut que le tableau de rectification, ordonné par cet article, contienne l'indication des individus qui, après la publication de la liste générale, auront acquis des droits électoraux, et que dès-lors, étant constant que le gendre n'a acquis de droits électoraux que depuis la publication de la liste, il a droit d'être porté au tableau de rectification ;

« Considérant que ce n'est pas la veuve qui exerce des droits électoraux par un mandataire ; que dès-lors elle n'est assujettie à aucune des obligations imposées aux électeurs ; que la veuve ne délègue que des impôts et non des droits électoraux ; et que si le gendre, par le résultat de cette délégation, acquiert des droits électoraux, c'est un droit personnel qu'il exerce et non pas le droit de sa belle-mère ;

« Considérant qu'il est possible qu'il résulte des inconvénients de ce que le législateur n'a point fixé de délai dans lequel la veuve qui voudra faire une délégation à son gendre, sera tenue de la faire ; mais qu'il n'appartient pas aux tribunaux d'impartir des délais que la loi n'a pas impartis, et de prononcer une déchéance qui n'est pas dans la loi, etc. »

17

On voit que ces arrêts reconnaissent, comme ceux de Dijon et de Riom, et comme la cour de cassation (Voyez page 232 et suivantes), que la déchéance prononcée par l'art. 6 de la loi du 2 mai 1827 est toujours applicable.

Les mêmes arrêts, du 19 janvier 1830, portent que, *vu l'urgence*, la notification sera faite sur le *vu de la minute*. (Voyez ci-dessus, page 225, n° x.)

IX. La déchéance dont il s'agit s'applique-t-elle à l'inscription sur la liste du collége départemental?

En d'autres termes, un individu inscrit le 16 octobre, comme électeur d'arrondissement, pourrait-il, en cas de convocation du collège départemental, justifier de nouvelles contributions qui eussent pu lui être attribuées avant le 1er octobre, qu'il n'aurait pas déclarées à cette époque, et qui élèveraient son cens de manière à lui donner entrée au collége des plus imposés?

Cette question est fort délicate; elle avait été résolue affirmativement, en 1827, par les instructions ministérielles, d'après les considérations suivantes : l'art. 6 de la loi du 2 mai ne prononce la déchéance qu'à l'égard de la *première partie de la liste du jury*, laquelle se compose de toutes les listes électorales d'arrondissement, et ne comprend pas la liste du collége départemental, qui est tout-à-fait indépendante de la liste du jury, dont elle forme seulement une annexe. Ainsi, le texte de la loi de 1827 ne s'applique pas à l'omission sur la liste du collége des plus imposés. En second lieu,

le motif qui a fait prononcer la déchéance du droit
électoral, pendant un an, a été de punir l'individu
qui chercherait à se soustraire aux charges du jury,
et de ne pas lui laisser la possibilité de jouir du
droit électoral, s'il y avait élection dans le courant
de l'année. Ce motif ne s'applique pas à l'électeur
d'arrondissement, qui, par le fait de son inscription, a satisfait à l'obligation du jury. La loi exige
de lui qu'il ne cache point qu'il paie le cens de 300
fr., mais non pas qu'il déclare toutes ses contributions.

Cette opinion a été adoptée par un arrêt de la
Cour royale d'Angers, du 28 septembre 1829, relatif au sieur Buon.

Elle l'a été avec quelque restriction dans un arrêt de la Cour royale de Grenoble, du 4 août 1829,
relatif au sieur Chaper. Il en sera fait mention au
numéro suivant, IX *bis* (page 261).

Mais l'opinion contraire peut être soutenue par
d'autres considérations également puissantes. D'a-
bord, elle résulte implicitement des considérants
des deux arrêts rendus, par la Cour de cassation,
les 25 septembre et 22 octobre 1829. Ces considérants s'expriment de la manière la plus générale
sur la prohibition d'admettre, pour former le tableau de rectification, d'autres droits que ceux
qui ont été acquis ou perdus depuis le 30 septembre. De plus, il est à remarquer que la loi du
2 juillet 1828 a toujours placé sur la même ligne
l'inscription électorale et *l'élévation du cens* : elle
assimile *l'augmentation* ou la *réduction du cens*, à

17.

l'*inscription* ou à la *radiation*, lorsque ces modifications de cens sont de nature à faire admettre
l'électeur dans le collège départemental, ou à l'en
faire sortir. L'esprit de la loi de 1828, qui a donné
le temps et les moyens suffisants pour que chacun
puisse justifier de toutes ses contributions, et que
l'administration parvienne à la connaissance précise
du cens de chaque électeur, de manière à composer les listes le plus exactement qu'il est possible,
favorise la doctrine de la déchéance à l'égard de
toute attribution de contributions dont le bénéfice était acquis avant le 1er octobre. Enfin, l'admission de réclamations nombreuses tendant à
modifier la composition du collège départemental
lors d'une élection, est tout-à-fait contraire au
principe de la permanence des listes, et à l'esprit
dans lequel a été conçu le titre iv de la loi du 2
juillet, puisque le législateur a eu en vue de ne
faire apporter, par le tableau de rectification, que
peu de changements aux listes arrêtées lors de la
révision annuelle, et revisées avec des garanties de
temps et de soins qui ne peuvent être observées
lors de la formation des tableaux de rectification
mentionnés à l'art. 22 (1).

---

(1) L'admission d'un grand nombre de nouveaux électeurs de
département, laquelle résulterait de l'opinion qui restreint la déchéance à la seule inscription d'arrondissement, aurait pour effet d'ac-
croître la difficulté réelle que présente l'augmentation du collège départemental, après le 16 octobre, en cas d'élection. En effet, à moins
qu'elle ne soit proportionnelle à l'augmentation du nombre d'électeurs
d'arrondissement, ou compensée par des décès, elle porte la force

IX *bis*. La Cour de Grenoble, dans son arrêt du 4 août 1829, a embrassé une opinion intermédiaire.

Le sieur Chaper pouvait, avant le 30 novembre 1828, se prévaloir de 391 fr. d'impôt : il ne fut inscrit que pour 347 fr. Dans l'intervalle entre la clôture de la liste annuelle (30 novembre 1828), et la convocation du collége départemental de l'Isère (8 août 1829), il acquit la possession annale pour d'autres contributions; mais ces contributions, ajoutées à 347 fr., ne lui donnaient pas encore le cens départemental. Il demandait à y ajouter une délégation faite par sa mère, et les 44 fr. qu'il n'avait pas déclarés l'année précédente. Le préfet lui opposait la déchéance.

La Cour lui compta toutes ces contributions par l'arrêt suivant :

« Attendu que le réclamant a justifié, soit devant le conseil de préfecture, soit devant la Cour, *par pièces nouvelles,* qu'il acquittait pour droit de contributions sur ses propriétés d'Allevard, une somme de 44 fr *pour laquelle il n'avait pas formé sa demande avant le jour de la clôture définitive de la*

---

de ce collége au-delà du quart de la totalité des électeurs d'arrondissement. Il faut donc rayer quelques-uns des électeurs inscrits le 16 octobre : mais ceux-ci peuvent réclamer; leur recours est suspensif (loi du 2 juillet 1828, art. 23); et si la Cour royale ne jugeait pas leurs pourvois avant l'ouverture du collége, il faudrait les réintégrer. (Voyez ci-dessous, n° XIII, page 267.) Alors le collége départemental serait trop considérable : on pourrait contester l'élection, etc.

liste; mais que la cote dont il s'agit, à cette der-
nière époque était indifférente au réclamant, qui,
étant alors électeur du premier degré, ne pouvait,
en s'en prévalant, obtenir la capacité pour être élec-
teur du grand collége;

« Que, postérieurement, de la réunion des diverses contributions mises à la charge du demandeur, à celle de 44 fr. dont il excipe, il résulte que
le cens électoral qui lui compète, peut s'élever à
une somme suffisante pour devenir électeur du
collége départemental; *que ces sommes ainsi tota-*
lisées forment un droit acquis et complété depuis
la clôture de la liste définitive; qu'il faut d'autant
mieux le décider ainsi; à l'égard de ladite somme
de 44 fr., qu'il ne résultait de son paiement, an-
térieurement à cette époque, aucun droit pour le
demandeur;

« Que, par ce même motif, la délégation faite,
par la dame Chaper, de ses contributions en faveur de son fils, doit être admise et faire partie
du cens total dont celui-ci demande à se prévaloir. »

On voit que la Cour de Grenoble semble avoir
établi une distinction entre l'électeur qui, avant
le 30 septembre, pouvant être électeur de département, aurait négligé de réclamer ce droit; et celui qui, comme le sieur Chaper, ne pouvait alors
compléter le cens départemental, et n'était pas
tenu, par conséquent, de justifier de toutes ses
contributions, dès qu'il était inscrit pour 300 fr.;
et qu'elle a pensé que, dans le premier cas, la dé-

chéance serait encourue, tandis qu'elle ne l'est point dans le second.

X. L'art. 22 de la loi du 2 juillet 1828 ne fait mention que de réclamations prévues par les articles 11 et 12, c'est-à-dire formées par les intéressés directs et par les tiers. On a demandé si le préfet peut, de lui-même, introduire d'office, pour les juger en conseil de préfecture, des demandes fondées sur des droits acquis ou perdus depuis le 30 septembre, mais à l'égard desquels ne serait formée aucune réclamation de la part des intéressés ou des tiers.

Cette question semble devoir être résolue affirmativement. En effet, l'art. 6 de la loi du 2 mai 1827 prescrit la formation d'un tableau de rectification conforme aux droits acquis ou perdus depuis la clôture de la liste annuelle. Cette obligation ne peut être accomplie que par l'intervention du préfet, dans le cas où des faits de nature à motiver des inscriptions ou radiations ne seraient pas signalés par les intéressés ou par les tiers. De plus, la discussion qui a eu lieu à la Chambre des députés, les 8 et 9 mai 1828, sur l'article 22 et sur ceux qu'il a remplacés par amendement, a manifesté l'intention de réunir dans une même période de temps, et d'assujettir aux mêmes formes de statuer, les deux opérations que distinguait le projet primitif; savoir : la révision administrative résultant de documents obtenus par le préfet; et le jugement des réclamations formées par les intéressés et par les tiers. Il ne paraît pas que le lé-

gislateur ait voulu supprimer entièrement la première de ces deux opérations. Seulement, elle doit
s'effectuer en même temps que l'autre, et avec le
concours du conseil de préfecture.

Le principe de la permanence des listes se trouve
respecté, puisque les modifications apportées à la
liste arrêtée le 16 octobre, ne peuvent être fondées
que sur des faits postérieurs à la clôture de la dernière révision générale. En effet, ce principe de
la permanence des listes consiste spécialement en
ce que les droits reconnus et non contestés avant
cette époque, ne peuvent plus être remis en question jusqu'à l'année suivante ; ce qui n'empêche
pas les rectifications résultant des pertes ou des acquisitions survenues depuis. (Solution du 31 août
1829.)

XI. Doit-on inscrire comme électeurs, sur le tableau de rectification, les individus à l'égard desquels les conditions de temps dont dépend la capacité électorale, s'accomplissent après la clôture
du tableau de rectification, mais avant l'ouverture
du collége?

La question (élevée seulement en ce qui concerne la condition de l'âge) a été décidée affirmativement par la Cour royale de Montpellier (arrêt
du 5 mai 1829), et négativement par la Cour
royale d'Aix (arrêt de mars 1829).

Le premier arrêt est motivé sur ce que les lois
sur le système électoral, en réglant les conditions
nécessaires pour exercer le droit de suffrage, exigent l'âge de 30 ans, mais n'exigent pas que cet

âge soit accompli au moment où la liste électorale est dressée; que les individus dont il s'agit l'auront acquis à l'époque de l'ouverture du collége; et que l'événement de cette condition ne peut pas être incertain quand l'époque de l'assemblée électorale est fixée, et que l'acte de naissance est rapporté.

La Cour royale d'Aix a considéré au contraire que, d'après le texte de l'article 6 de la loi du 2 mai 1827, rappelé par l'article 22 de la loi du 2 juillet 1828, le tableau de rectification doit contenir l'indication de tous ceux qui ont acquis ou perdu, *depuis la clôture de la liste générale*, les qualités exigées pour exercer les droits électoraux; qu'ainsi, il ne peut comprendre que les citoyens qui sont en possession de ces droits à l'époque de la formation et de la clôture dudit tableau; qu'y admettre comme électeurs des personnes qui peuvent acquérir ultérieurement ces qualités, ce serait créer des électeurs futurs, système contraire à l'économie, à la lettre et à l'esprit des lois de la matière.

On peut ajouter que l'opinion de la Cour de Montpellier est conforme à ce qui se pratiquait avant la loi du 2 mai 1827; et que celle de la Cour royale d'Aix est plus en harmonie avec les règles suivies pour le calcul des conditions de temps lors de la révision annuelle. (Voyez ci-dessus, § II, n° IX, p. 173.)

XII. Les délais prescrits, par le titre II de la loi du 2 juillet, pour les opérations relatives à la ré-

vision annuelle, doivent nécessairement être abrégés pour les opérations correspondantes en cas
d'élection. L'article 22 n'en spécifie qu'un seul. Il
répète la disposition de l'article 15 sur le délai de
cinq jours, dans lequel devront être faites les
notifications des arrêtés du préfet en conseil de
préfecture. Ce délai n'offre pas de difficulté d'exécution, parce que les individus auxquels ces décisions sont notifiées, ont toujours dix à quinze
jours, au moins, pour porter une action devant la
Cour royale.

Ce même article 22 se tait sur les autres délais
déterminés par le titre II. De ce silence et de l'impossibilité de les concilier avec la brièveté du
temps fixé pour la publication du tableau de rectification, il faut conclure qu'ils doivent être ré-
duits dans leur durée.

Ainsi, le préfet ne doit pas attendre, pour statuer sur les réclamations, les cinq jours qui lui
sont laissés par l'art. 14.

De même, il est impossible que les intéressés
auxquels les tiers notifient une réclamation qui
les concerne, jouissent, pour répondre, du délai
de dix jours que leur laisse l'article 13 : toutefois,
ils n'en doivent pas moins être admis à fournir
leurs observations. Ainsi, le préfet ne peut recevoir de réclamation d'un tiers, à moins que ce
tiers ne prouve qu'il a notifié sa demande à l'intéressé; et si celui-ci ne produit pas immédiatement sa réponse, le préfet doit attendre, pour

statuer, jusqu'au dernier jour où il peut juger les réclamations.

XIII. L'art. 23 porte que l'action intentée devant la Cour royale, contre un arrêté pris dans le cas de l'art. 22, n'aura d'effet suspensif qu'en cas de radiation.

Cette disposition s'applique à la radiation sur la liste du collége départemental, aussi bien que sur la liste d'un collége d'arrondissement.

Les délais sont calculés, d'après l'article 22, de manière que la Cour royale puisse juger le recours, et que son arrêt puisse être notifié avant l'ouverture du collége. Toutefois, si cette époque arrivait sans que la Cour eût statué sur une action ayant pour objet d'attaquer une radiation prononcée par le préfet en conseil de préfecture, il devrait, conformément à l'article 23, rétablir l'individu dont il s'agit sur la liste du collége électoral.

§ VIII.

De la formation des listes d'éligibles.

I. La publication de la liste des éligibles n'est prescrite, ni par la Charte, ni par les lois relatives aux élections. Cette liste n'est pas même nécessaire pour la nomination des députés à prendre dans le sein du département. Un député serait régulièrement élu, quoique n'étant pas porté sur la liste des éligibles, s'il prouvait qu'il a son domicile politique dans le département, et qu'il paie 1,000 fr. de contributions directes.

Mais la liste des éligibles, toujours utile et commode à consulter pour les électeurs, devient indispensable dans les départements où il n'y a pas cinquante citoyens âgés de quarante ans et payant 1,000 fr., et où il est nécessaire de compléter ce nombre en prenant les plus imposés au-dessous de 1,000 fr. (Art. 39 de la Charte.)

Dans ces départements, la qualité d'éligible, pour ceux de cette dernière classe, résulte d'une condition *relative*, et ne peut être manifestée que par l'inscription sur une liste arrêtée par le préfet, imprimée et publiée comme le tableau de rectification prescrit en cas d'élection. Bien que les lois du 5 février 1817 et du 2 juillet 1828 ne contiennent aucune disposition spéciale à cet égard, il semble convenable que la formation et la publication de cette liste soient soumises aux règles qui viennent d'être exposées dans le paragraphe VII, ci-dessus.

Telle avait été l'opinion du comité de l'intérieur du Conseil d'état consulté à ce sujet. (Avis du 10 juillet 1819. –- Circulaire du 4 octobre 1820).

Dans les autres départements, cette liste est seulement affichée dans la salle des séances de chaque collége électoral; et l'application des règles rappelées ci-dessus n'est pas aussi rigoureusement nécessaire.

La liste des éligibles ne doit contenir que des citoyens ayant leur domicile politique dans le département. Ainsi, celui qui paierait 1,000 fr. de contribution dans le département, sans y être domicilié, ne peut y figurer, et doit être remplacé, s'il n'y a pas cinquante personnes réunissant les conditions d'éligibilité, par un contribuable payant moins de 1,000 fr., mais possédant le domicile politique. (Solution du 4 septembre 1820).

II. On a demandé si les contributions qui donnent le droit d'être porté sur la liste des éligibles, doivent être payées dans le département. La réponse à cette question se trouve dans l'art. 2 de la loi du 5 février 1817, qui porte que, pour former la masse des contributions nécessaires à la qualité d'électeur ou d'éligible, on compte celles qui sont payées dans tout le royaume. Ainsi, chaque contribuable profite, dans le lieu de son domicile politique, des contributions directes qu'il paie dans tout le royaume. Et un contribuable qui paierait 40 fr. dans le département A (où il n'y a pas cinquante éligibles imposés à plus de 1,000 fr.) et 800 fr. dans d'autres départements, exclurait de la liste des éligibles celui qui paierait 820 francs dans le département A. (Solution du 4 septembre 1820).

III. Ainsi qu'on l'a dit plus haut, toutes les règles concernant la capacité électorale, et particulièrement celles sur le domicile et le calcul des contributions, s'appliquent aux conditions d'éligibilité.

IV. On a contesté l'admission de la délégation des veuves dans le cens d'éligibilité, attendu que l'article 5 de la loi du 29 juin 1820 ne l'énonce pas formellement. Mais cet article dit en général : *les contributions d'une veuve sont comptées*, sans ajouter, *pour être électeur*. Ainsi, puisqu'il n'y a pas de restriction, l'article doit s'entendre du cens électoral et du cens d'éligibilité : d'autant que l'article précédent, employant la même locution : *les contributions seront comptées*, ajoute, *pour être électeur et éligible*. Au reste, la Chambre a admis plusieurs députés qui n'étaient éligibles qu'au moyen de contributions déléguées par leurs mères, aïeules, ou belles-mères.

V. Il n'y a pas lieu de porter, sur la liste des éligibles d'un département, le préfet, le commandant de la division ou du département, déclarés inéligibles par l'article 7 de la loi du 5 février 1817 (1), et les pairs de France qui, bien qu'électeurs, puisque la loi ne leur ôte pas la capacité électorale, ne peuvent pas être nommés députés.

VI. Si la députation d'un département, ayant moins de cinquante éligibles, devenait incomplète, il faudrait comprendre, parmi les cinquante éligibles, les députés en fonctions, attendu que la moitié de la députation devant être choisie parmi

---

(1) Les sous-préfets (loi du 29 juin 1820, art. 8) ne peuvent être élus dans l'arrondissement électoral formé en totalité ou en partie de leur arrondissement de sous-préfecture. Mais, comme rien ne s'oppose à ce qu'ils soient élus par un autre collége d'arrondissement ou par le collége départemental, ils peuvent être portés sur la liste des éligibles.

les cinquante plus imposés, âgés de quarante ans, si on excluait un député déja nommé, la liste des éligibles comprendrait les cinquante-un, cinquante-deux ou cinquante-trois, et non les cinquante plus imposés, et l'exception autorisée par l'article 39 de la Charte serait étendue au-delà du texte de cet article.

SECTION IV.

DES FORMES DE LA TENUE DES SESSIONS ÉLECTORALES.

I. Les convocations des colléges sont de deux sortes :

Convocations générales, lorsque la Chambre tout entière doit être renouvelée.

Ce renouvellement intégral a lieu dans deux circonstances :

1° Quand le terme de *sept années*, fixé à la durée de ses pouvoirs est expiré. Ces sept années se comptent à partir du jour où a été rendue l'ordonnance de convocation. (Loi du 9 juin 1824.)

2° Quand la Chambre est dissoute. (Charte, art. 50.) Dans ce cas, la nouvelle Chambre doit être convoquée dans le délai de trois mois. (Même article.)

Ce délai de trois mois a toujours été entendu de l'intervalle entre la dissolution d'une Chambre et l'ouverture de celle qui lui succède.

Convocations extraordinaires ou *partielles*, lorsqu'un collége est réuni pour remplacer un député dont les fonctions sont devenues vacantes,

à raison de décès, démission, option ou toute
autre cause. Les démissions doivent avoir été
acceptées par la Chambre, pour qu'il soit procédé
au remplacement. En cas d'élection par plusieurs
départements, le député doit déclarer son option
dans le premier mois de la session qui a suivi la
double élection; au bout de ce terme, le sort
décide à quel département il appartient. (Loi du 25
mars 1818, art. 2.) Mais il ne peut y avoir option,
quand le député nouvellement élu par un départe-
tement était déja admis comme député d'un autre.
Dans ce cas, la seconde élection est annulée.
(Décision de la Chambre, du 22 décembre 1820.)

Chaque fois qu'une place de député devient vacante, le collége qui l'a nommé doit être convoqué
dans les deux mois. (Loi du 29 juin 1820, art. 9
et 10.)

II. Les colléges électoraux sont convoqués par
des ordonnances du Roi, qui fixent le jour de leur
ouverture et la ville où ils se réuniront. (Loi du
5 février 1817, art. 8.)

III. Les colléges de plus de 600 membres sont
divisés en sections de 300 électeurs au moins, et
600 au plus. Chaque section concourt directement
à la nomination de tous les députés que le collége
doit élire. (Même loi, art. 9.)

La division des colléges en sections est faite par
le préfet en conseil de préfecture, en suivant l'ordre
des numéros de la liste définitive. (Ordonnance du
4 septembre 1820, art. 6.)

IV. Le Roi nomme, pour chaque collége, un

président, et, pour chaque section de collége, un vice-président. (Charte, art. 40 ; — et loi du 5 février 1817, art. 10.)

En cas d'empêchement d'un président ou vice-président nommé par le Roi, le préfet pourvoit à son remplacement parmi les électeurs du collége ou de la section. (Ordonnance du 11 octobre 1820, art. 4.)

Il en est de même si la nomination du Roi n'est pas connue du préfet au jour fixé pour l'ouverture du collége.

V. Le président ou vice-président a seul la police du collége ou de la section. (Loi du 5 février 1817, art. 11.) Nulle force armée ne peut, sans sa demande, être placée près du lieu des séances; mais les commandants militaires sont tenus d'obtempérer à ses réquisitions. (Ordonnance du 11 octobre 1820, art. 8.)

VI. Les colléges électoraux ne peuvent s'occuper que de l'élection des députés; toute discussion, toute délibération leur sont interdites. (Loi du 5 février 1817, art. 8.) Le bureau de chaque collége ou section, juge provisoirement toutes les difficultés qui s'élèvent sur les opérations de l'assemblée, sauf la décision définitive de la Chambre des députés. (Même loi, art 11.)

Le bureau du collége n'a point à juger de la capacité des électeurs. Il ne peut donc avoir égard aux réclamations qui s'élèveraient contre l'inscription d'un électeur figurant sur la liste.

18

L'inscription sur la liste est le titre qui donne le droit de voter.

Par conséquent, si un électeur inscrit sur la liste n'avait pas reçu ou avait perdu la carte qui doit être délivrée à chaque électeur (Ordonnance du 4 septembre 1820, art. 7), le bureau pourrait l'admettre à voter, son identité étant d'ailleurs bien constatée.

VII. Le bureau de chaque collége, ou section de collége, est composé, outre le président ou vice-président, de quatre scrutateurs et d'un secrétaire. A l'ouverture de chaque session, le président ou vice-président désigne, parmi les électeurs présents, les scrutateurs et le secrétaire provisoires. (Loi du 5 février, art. 10; — Ordonnance du 11 octobre 1820, art. 6.) Puis, il est procédé à la nomination du bureau définitif par les électeurs présents, à la pluralité relative des suffrages, et au moyen de deux scrutins simultanés, mais distincts; un scrutin de liste pour les scrutateurs, un scrutin individuel pour le secrétaire. (Même loi, art. 10.) Dans les colléges partagés en plusieurs sections, le président est attaché à la première; le bureau de cette section est le bureau du collége, et ses fonctions en cette qualité consistent à recenser les scrutins pour l'élection des députés (1).

---

(1) D'après le texte de l'art. 10, paragraphe 3, il semblerait que, dans les colléges partagés en plusieurs sections, le bureau du collége devrait être nommé par toutes les sections réunies. Mais

VIII. Un collége procède à deux sortes d'opérations : celles pour la formation du bureau; celles
pour l'élection des députés. Il n'est question des
premières que dans l'art. 10 de la loi du 5 février;
les art. 13 et 15 traitent des formes relatives aux
scrutins d'élection. On a mis en doute si ces formes
sont applicables aux scrutins pour la nomination
du bureau. Elles ont été quelquefois négligées ou
simplifiées dans cette première opération, et la
Chambre n'en a pas moins validé l'élection. Par
exemple, les scrutins pour le bureau ont quelquefois eu lieu sans prestation préalable de serment,
sans que l'inscription des votants ait été faite autrement que par un émargement au crayon, sans
que les votes aient été écrits sur le bureau; et ces
circonstances n'ont pas été considérées comme des
nullités. Mais il est mieux de suivre, pour ces scru-

---

il l'a toujours été par la première section seulement. On a reconnu 1° qu'il y a ambiguité dans la rédaction de l'art. 10; ambiguité qui provient de ce que la Chambre, en amendant le projet
de loi, et en substituant un nouveau système de formation du
bureau à celui qu'indiquait ce projet, a laissé subsister par erreur
le paragraphe 3 tel qu'il était rédigé dans le premier système;
2° que l'intention du législateur a été que chaque section formât
son bureau, et le nommât de la manière la plus prompte. La
Chambre des députés, en approuvant toutes les élections faites
depuis 1817, la Chambre des pairs en passant à l'ordre du jour
sur la proposition qui lui avait été faite, d'émettre le vœu d'un
projet de loi, pour corriger cette erreur de rédaction, ont suffisamment consacré le mode de nomination du bureau du collége
par la première section seulement.

tins, les mêmes formalités que pour ceux d'élection, formalités qui vont être indiquées.

. IX. L'article 7 de l'ordonnance du 11 octobre 1820 prescrit d'ouvrir le procès-verbal des opérations après la formation du bureau définitif. Ordinairement le procès-verbal relate en détail les opérations de la première séance et de la formation du bureau définitif. Mais quelquefois la rédaction du procès-verbal ne commence qu'à la seconde séance, et rappelle sommairement les opérations de la première. Cette forme ne constitue pas une irrégularité, et la Chambre a souvent approuvé des élections, dont les procès-verbaux étaient ainsi dressés.

De même il arrive que la partie du procès-verbal relative à la première séance, est signée tantôt par les membres du bureau provisoire, tantôt par ceux du bureau définitif. Cette différence n'a jamais fait l'objet d'aucune difficulté.

X. Chaque électeur, en votant pour la première fois, est tenu de prononcer le serment de *fidélité au Roi, obéissance à la Charte constitutionnelle et aux lois du royaume.* (Ordonnance du 11 octobre, art. 11.)

Ce serment est demandé le plus ordinairement lors du scrutin pour la nomination des membres du bureau définitif ; mais il ne l'est quelquefois que lors du premier des scrutins d'élection des députés. Les motifs d'adopter le premier mode, sont, que l'ordonnance exige le serment au moment où l'électeur vote *pour la première fois.* Pour défendre l'autre mode, on observe que la nomination du bureau n'est qu'une opération préliminaire; que l'électeur ne *vote* que quand il nomme des députés; que d'ailleurs, l'art. 11 de l'ordonnance du 11 octobre 1820, qui prescrit le serment, est placé après l'article qui concerne la formation du bureau, et avant les dispositions relatives à l'élection des députés; qu'ainsi, c'est quand le bureau est formé, que le serment doit être prêté. La première interprétation est le plus généralement suivie, et paraît la plus conforme au texte de l'ordonnance. Néanmoins, la Chambre a approuvé plusieurs élections où le serment n'avait été prêté qu'au premier scrutin d'élection.

Les électeurs qui n'ont pas voté lors du scrutin où le serment a été demandé, et qui votent à un scrutin postérieur, sont tenus de le prêter alors.

X *bis*. On a demandé si des anabaptistes ou des quakers, à qui leur religion ne permet pas le serment, pourraient en être dispensés. Il semble que, selon l'usage des tribunaux, ils pourraient être admis à faire l'affirmation qui, dans leur croyance, équivaut au serment.

XI. Il ne doit y avoir qu'une séance par jour; elle est close après le dépouillement du scrutin. (Loi du 5 février 1817, art. 12.)

Il suit de là que le collége ne peut procéder qu'à un scrutin par jour. La Chambre a annulé, en juin 1822, les opérations du collége électoral des Hautes-Alpes, qui avait, dans une même séance, formé le bureau et nommé les députés.

Chaque scrutin ne peut rester ouvert moins de six heures. Il doit être dépouillé séance tenante. (Loi du 5 février 1817, art. 13)(1).

Les élections du collége du premier arrondissement de la Haute-Vienne ont été annulées en 1820, parce que le bureau avait remis au lendemain le dépouillement du scrutin pour la nomination du secrétaire.

Si le bureau s'apperçoit que le scrutin doit se prolonger, de manière à ne pouvoir être dépouillé dans la même séance, il peut interrompre l'opération, dépouiller la portion du scrutin déja faite, en mentionner le résultat au procès-verbal, et continuer le lendemain à recevoir les suffrages des électeurs qui n'ont pas encore voté. Cette marche ayant été suivie, en 1820, dans le collége du deuxième arrondissement de l'Aude, pour le scrutin de formation du bureau, les opérations n'en furent pas moins approuvées. Depuis, il n'y a point eu d'autre exemple de cette manière de procéder.

XII. Chaque électeur doit écrire secrètement son vote sur le bureau, ou le faire écrire, par un autre électeur de son choix, sur un bulletin qu'il reçoit à cet effet du président. Il remet son bulletin, écrit et fermé, au président, qui le dépose dans

_____

(1) Quoique cet article prescrive de clore chaque scrutin à trois heures du soir, ce terme est dépassé quand le scrutin n'a pu être ouvert qu'après neuf heures du matin, ou quand l'appel des électeurs du collége ou de la section n'est pas terminé à trois heures.

l'urne destinée à cet usage. (Loi du 29 juin 1820, art. 6)(1).

Chaque bulletin doit contenir autant de noms qu'il y a de nominations à faire.

Suivant l'article 13 de la loi du 5 février 1817, le nom, la qualification et le domicile de chaque électeur doivent être inscrits, par le secrétaire ou scrutateur qui reçoit les bulletins, sur une liste destinée à constater le nombre des votants; et ce secrétaire ou scrutateur inscrit en marge son propre nom.

Cette mesure a présenté des difficultés dans l'exécution. Il est impossible qu'en six heures, près de six cents personnes soient appelées successivement, et que chacune d'elles se rende au bureau, y écrive un ou plusieurs noms, et qu'un membre du bureau inscrive, dans quatre colonnes, les désignations et la signature exigées (sans compter le serment quand il y a lieu de le prêter). Aussi on a soin de préparer des listes où sont imprimés, à l'avance, les noms, qualifications et domicile de

---

(1) On a prétendu que, d'après le texte de cet article, la formalité d'écrire les bulletins sur le bureau, n'est nécessaire que pour l'élection des députés, et ne l'est pas pour la nomination des scrutateurs et du secrétaire. On cite une décision de la Chambre, en date du 23 décembre 1820, qui a validé les opérations d'un collége du département de Saône-et-Loire, où cette formalité n'avait pas été observée pour la formation du bureau ; mais, depuis, l'usage l'a étendue à toutes les opérations d'un collége électoral, et les bureaux provisoires en ont exigé l'accomplissement à tous les scrutins.

chaque électeur; en sorte que le membre du bureau qui reçoit le vote, n'a plus qu'à signer son nom dans la quatrième colonne, qui est laissée en blanc. Cet usage, constamment suivi depuis 1817, est consacré par les décisions de la Chambre des députés, qui n'y a pas vu une violation de la loi.

Quand le scrutin est fermé, le président compte les bulletins déposés dans l'urne, et le nombre doit s'en trouver égal à celui des votants inscrits. Si ces deux nombres ne s'accordent pas, le bureau décide, suivant les circonstances, sur la validité de l'opération (1). Ordinairement une légère différence n'est pas un motif d'annuler le scrutin. Souvent, en ouvrant les billets, on reconnaît d'où provient l'erreur.

XIII. L'usage est que le président ouvre lui-même les bulletins, et en proclame le résultat.

Quelquefois il communique les bulletins aux scrutateurs ou aux deux premiers d'entre eux : quelquefois il ne les consulte que s'il a du doute sur le nom inscrit au bulletin.

Si un bulletin contient plus de noms qu'il n'y a de nominations à faire, le bureau raie les derniers noms. (Ordonnance du 11 octobre 1820, art. 17.) S'il en contient moins, cette circonstance

---

(1) Les décisions du bureau se prennent à part, et le président en proclame le résultat à haute voix. Elles doivent être prises par trois au moins des membres du bureau. (Loi du 5 février 1817, art. 11 ; — Ordonnance du 11 octobre 1820, art. 9.)

n'empêche pas de tenir compte des seuls noms portés sur le bulletin; et, dans ce cas, il y a des suffrages perdus (1).

Le bureau (art. 17 de l'ordonnance) raie les noms qui ne lui paraissent pas désigner suffisamment les individus auxquels ils s'appliquent. Mais il n'annule que les bulletins où toutes les désignations sont insuffisantes (2).

XIV. Si le collége est divisé en plusieurs sections, le vice-président de chacune d'elles porte le résultat du scrutin de sa section au bureau du collége, qui fait le recensement général des votes en présence de tous les vice-présidents. (Loi du 5 février 1817, art. 13.) Le résultat de chaque tour de scrutin est sur-le-champ rendu public.

---

(1) Un article du règlement de la Chambre des députés prescrit d'annuler les bulletins qui contiennent moins de noms qu'il n'y a de nominations à faire. Et cette règle a reçu son application lors de la nomination des vice-présidents pour la session de 1819. Mais, n'étant formellement prescrite par aucun texte relatif aux opérations des colléges électoraux, elle ne peut leur être applicable. Il y a un grand nombre d'exemples d'admission de bulletins incomplets.

(2) Il est d'usage, au scrutin pour la formation du bureau, d'annuler les bulletins où les scrutateurs et le secrétaire provisoires sont désignés par ces mots : *les mêmes*. La Chambre a cassé, en 1820, les élections d'un collége d'arrondissement de la Haute-Vienne, où les scrutateurs n'avaient obtenu la majorité relative qu'au moyen de bulletins ainsi conçus. Dans la même année le collége départemental de l'Oise a recommencé le scrutin de formation du bureau, parce qu'il présentait un grand nombre de billets semblables.

Si une ou plusieurs sections n'avaient pas terminé leurs opérations ou n'en avaient fait que d'incomplètes, le recensement des votes des autres sections n'en aurait pas moins lieu, et les candidats qui auraient obtenu le nombre de voix nécessaire, seraient proclamés. (Ordonnance du 11 octobre, art. 19.)

XV. Pour être élu député au premier et même au second tour de scrutin, il faut réunir la moitié plus un des suffrages exprimés, et le tiers plus un de la totalité des membres du collége. (Loi du 29 juin 1820, art. 7.)

Le tiers plus un des membres du collége s'établit d'après la liste arrêtée par le préfet le jour de la clôture, et remise au président, avant l'ouverture de la session (1).

La moitié plus un des suffrages exprimés s'établit ordinairement d'après le nombre des bulletins trouvés dans l'urne, en y comprenant les billets blancs et ceux qui sont annulés.

XVI. Sous le système électoral antérieur à 1817, les billets blancs étaient retranchés du nombre des votes émis. La majorité s'établissait sur le nombre des votants ainsi réduit.

---

(1) Il est utile que le nombre des électeurs formant le collége soit mentionné dans le procès-verbal, pour constater quel est le tiers plus un des suffrages. Mais souvent les procès-verbaux ne contiennent pas cette mention, àlaquelle supplée une feuille, jointe ordinairement à chaque procès-verbal, certifiée par le préfet, et indiquant, entre autres renseignements, le nombre total des électeurs suivant l'arrêté de clôture.

Ainsi l'avait décidé un avis du Conseil d'état, en date du 25 janvier 1807. En 1816, la Chambre des députés, statuant sur les opérations des colléges électoraux du Nord et de la Mayenne, prit une décision contraire à l'avis du Conseil d'état. Cette décision, étant antérieure aux lois des 5 février 1817 et 29 juin 1820, ne serait applicable aux élections actuelles que si elle s'accordait avec le texte desdites lois. Or, ce point présente quelque doute. L'art. 6 de la loi du 29 juin 1820, qui répète, quant à cette disposition, le texte de l'article 14 de la loi du 5 février 1817, exige, aux deux premiers tours de scrutin, la moitié plus un des suffrages *exprimés*. On peut considérer que des *billets blancs n'expriment aucun suffrage*, et manifestent seulement la volonté de ne pas voter. Dans cette manière de voir, les billets blancs ne devraient pas être comptés ; et la majorité s'établirait en retranchant les billets blancs, mais en tenant compte des billets annulés comme ne contenant pas de désignation suffisante.

La Chambre n'a point eu, depuis 1817, d'occasion de décider cette question.

XVII. Le calcul de la moitié plus un, ou du tiers plus un, ne présente pas de difficulté quand les nombres de suffrages ou d'électeurs sont pairs, ou sont des multiples de trois. Mais, dans des cas contraires, comment doit-on calculer ces majorités ?

L'usage généralement établi, et consacré par des décisions de la Chambre, en 1819, 1820 et

1828, pour les élections de l'Ariége et de l'Aube, est de prendre la moitié ou le tiers du nombre pair ou du multiple de trois, immédiatement inférieur au nombre de suffrages ou d'électeurs, et d'y ajouter une unité.

Ainsi la moitié plus un de 125 est 63, et le tiers plus un 42; parce que 62 est la moitié de 124, et 41 le tiers de 123.

Cette manière de calculer est fondée sur ce que la moitié ou le tiers de pareils nombres étant fractionnaires, il faut prendre la moitié ou le tiers *possibles*, qui ne sont autres que la moitié ou le tiers des multiples de 2 ou de 3 immédiatement inférieurs.

XVIII. Si le premier tour de scrutin ne donne pas, pour la nomination du député que le collége doit élire, ou pour toutes les nominations, si le collége en a plusieurs à faire, les deux majorités dont il vient d'être parlé, il doit être procédé à un second tour de scrutin dans la même forme, et pour lequel les mêmes majorités sont également nécessaires.

Si, après ce deuxième scrutin, les nominations ne sont pas complétées, il est procédé à un *scrutin de ballottage*, dans lequel les voix ne peuvent être données qu'aux candidats portés sur une liste formée par le bureau du collége, et contenant, en nombre double des députés à élire, les personnes qui, au second tour de scrutin, ont réuni le plus de suffrages. (Loi du 5 février 1817, art. 15.) Les nominations, à ce troisième tour de scrutin, ont lieu à la pluralité des voix. (Même loi, même article.)

XIX. Si l'un des deux premiers scrutins a été annulé, ce scrutin n'est pas compté, et le ballottage ne doit avoir lieu qu'après deux scrutins effectifs.

Mais si, dans un collége partagé en sections, le scrutin d'une ou plusieurs sections seulement vient à être annulé, cela n'empêche pas le dépouillement de ceux des autres sections. (Ordonnance du 11 octobre 1820, art. 19); en sorte que cés scrutins incomplets sont considérés comme le premier ou le second scrutin du collége, et , s'ils n'ont pas complété les nominations à faire , il est procédé au ballottage. Cette marche a été suivie, en 1819 et 1821, aux élections du collége du département de la Charente-Inférieure et du collége d'arrondissement de Bayeux (Calvados).

En 1819, le collége électoral de la Charente-Inférieure (comprenant alors tous les électeurs du département, selon l'art. 7 de la loi du 5 février 1817) se rassembla le 11 septembre pour élire quatre députés. Il était divisé en cinq sections. Le 12 septembre, elles procédèrent au premier scrutin d'élection : celui de la première section fut annulé, parce qu'il y avait plus de bulletins que de votants. Les scrutins des autres sections furent dépouillés et ne donnèrent à personne la majorité voulue par l'art. 14 de la loi du 5 février 1817. Le 13 septembre, les cinq sections procédèrent à un *second scrutin*, et trois candidats, ayant réuni la majorité des suffrages, furent élus députés. Un quatrième restait à nommer. Il fut procédé, le 14 septembre, à un scrutin de ballottage. M. Tarayre obtint la pluralité des voix, et fut proclamé député. A la vérité son élection fut annulée (voyez ci-dessous, n° xx) : mais ce fut uniquement à raison d'un vice existant dans la formation de la liste de ballottage ; et le rapporteur reconnut (4 décembre 1819), que le collége avait procédé régulièrement en faisant le ballottage le troisième jour, nonobstant l'annulation du scrutin d'une des sections qui avait eu lieu le premier jour.

Le collége d'arrondissement de Bayeux fut réuni le 1ᵉʳ octobre 1821. Il était composé de deux sections, et avait un député à élire. Le premier scrutin d'élection eut lieu le 2 octobre, et aucun candidat n'obtint la majorité. Le 3 octobre le scrutin de la première section fut déclaré nul avant d'être dépouillé, attendu qu'il se trouva dans l'urne plus de billets qu'il n'y avait de votants. On considéra que, d'après le principe posé par l'art. 19 de l'ordonnance du 11 octobre 1820, l'annulation de ce scrutin n'entraînait pas la nullité de celui de la deuxième section. Les opérations de cette section furent donc considérées comme celles de la totalité du collége, et le scrutin auquel elle avait procédé, comme le *second scrutin d'élection.* Il n'avait donné à personne la majorité voulue par l'art. 7 de la loi du 29 juin 1820. En conséquence, il fut procédé, le 4 octobre, à un scrutin de ballottage entre les deux candidats qui avaient obtenu le plus de voix au deuxième scrutin de la deuxième section.

Le candidat élu fut proclamé député, et son élection fut confirmée par la Chambre (séance du 12 novembre 1821), toutefois après quelque discussion.

(Il est à remarquer que le député élu avait obtenu les majorités prescrites aux deux premiers tours de scrutin par la loi du 29 juin 1820; en sorte qu'en considérant le scrutin du 4 octobre comme le *second scrutin*, et non comme le scrutin de ballottage, ce candidat aurait toujours été proclamé député).

XX. Le bureau forme la liste de ballottage, en suivant exactement l'ordre de suffrages résultant du dépouillement du deuxième tour de scrutin. Il n'est pas le maître de rayer un candidat qui déclare qu'il ne veut pas être élu, et de le remplacer sur la liste par le candidat qui vient dans l'ordre des suffrages, immédiatement après ceux qui forment la liste double, par exemple, par le 3e, le 5e ou le 7e, selon que la liste double doit contenir deux, quatre ou six noms.

Le collége électoral de la Charente-Inférieure, ayant élu trois députés au second tour de scrutin le 13 septembre 1819, avait à en élire un quatrième le 14 septembre. Les candidats qui avaient obtenu le plus de suffrages, au-dessous de la majorité, étaient Messieurs :

Le général Tarayre............ 463 voix.
Mercier Lagrollière............ 328
De Merville.................. 318

Le ballottage devait avoir lieu entre MM. Tarayre
et Mercier. Ce dernier écrivit au président qu'il
n'accepterait point la députation, s'il était élu, et
que, pour abréger le travail de l'assemblée, il con-
venait de faire concourir au ballottage le candidat
qui, après lui, avait obtenu le plus de suffrages.
Le bureau de la première section, après avoir pris
l'avis des vice-présidents des autres sections, décida qu'on substituerait, au nom de M. Mercier,
celui de M. de Merville sur la liste de ballottage.
Une seule réclamation s'éleva dans le sein d'une
section, et n'eut point de suite. M. Tarayre obtint
la majorité, même absolue, et fut proclamé député.

Les doutes sur la validité des opérations, résultant de ce mode de procéder, furent soumis à la
Chambre des députés lors de la vérification des
pouvoirs, sans que le rapporteur présentât de conclusions. La Chambre annula l'élection dans sa
séance du 4 décembre 1819.

La règle que cette décision semble consacrer,
paraît cependant devoir admettre des exceptions
dans les trois cas suivants : 1° quand un des premiers candidats, en nombre double, est mort ou
vient à mourir ; 2° quand l'un d'eux déclare qu'il
ne possède pas les conditions d'éligibilité ; 3° lorsqu'il n'a pas son domicile politique dans le département, et que les députés, restant à nommer, doivent tous être pris dans cette catégorie. Dans ce
dernier cas, il faut former la liste double en prenant, selon l'ordre des suffrages obtenus, les candidats qui sont domiciliés.

Si, dans ce troisième scrutin, des billets contiennent les noms d'individus étrangers à la liste de ballottage, le bureau doit les effacer (ordonnance du 11 octobre 1820, art. 17), en sorte que, si le ballottage n'a lieu que pour une seule nomination, ces billets sont annulés : mais, s'il a lieu pour plusieurs nominations, le bureau, en rayant sur un bulletin les noms étrangers à la liste du ballottage, doit tenir compte des noms de candidats compris sur cette liste, qui seraient portés sur ledit bulletin.

XXI. Il peut arriver, quand il y a plusieurs nominations à faire par un même scrutin, que le nombre des candidats qui obtiennent la majorité absolue, surpasse celui des nominations à faire. Dans ce cas, la pluralité des suffrages décide de la préférence.

C'est ce qui est arrivé aux élections du collége départemental de la Seine-Inférieure, en 1824. Il y avait quatre députés à élire. Le nombre des votants était 951, et, par conséquent, la majorité absolue 476 ;

M. le prince de Montmorency obtint 608 suffrages
M. Ribard..................... 589
M. Fouquier-Long.............. 518
M. de Bouville................ 513
M. Duvergier de Hauranne...... 500

Ce dernier, quoique ayant la moitié plus un des suffrages, ne fut pas élu, parce que quatre autres candidats avaient obtenu des majorités plus considérables.

19

XXII. Toutes les fois que deux candidats obtiennent le même nombre de suffrages, l'âge décide de la préférence. (Loi du 5 février 1817, art. 16.)

XXIII. Les difficultés relatives au scrutin d'une section, sont décidées d'abord par le bureau de la section, et ne doivent être portées au bureau du collége, que si elles sont de nature à influer sur le résultat du recensement.

XXIV. Le bureau du collége juge les difficultés qui concernent le recensement, et la formation de la liste de ballottage. Aucune disposition ne statue que, dans ces décisions, les vice-présidents délibèrent avec le bureau de la première section. Cependant il paraîtrait convenable qu'ils participassent à la délibération, puisqu'elle intéresse l'ensemble des opérations du collége.

XXV. La session des colléges électoraux est de dix jours au plus. (Loi du 5 février 1817, art. 12.) Le président prononce la séparation du collége, quand les opérations qu'il avait à faire sont terminées, et au plus tard le dixième jour après l'ouverture. (Ordonnance du 11 octobre 1820, art. 20.) La séparation doit être prononcée quand même il y aurait encore des nominations à faire.

Le président peut mettre un ou deux jours d'intervalle entre les séances, de manière, cependant, que dans le terme de dix jours il puisse y avoir trois scrutins. Il y a eu des exemples d'un pareil ajournement en 1817 et en 1818.

XXVI. Si un député élu donne immédiatement

sa démission, faut-il procéder à son remplacement dans la même session? Cette circonstance s'étant présentée en 1818 dans le département de la Sarthe, le bureau du collége décida que la démission ne pouvait être considérée comme valable qu'après avoir été acceptée par la Chambre. Cette décision est susceptible de plusieurs observations ; mais les opinions pour et contre pouvant être soutenues avec avantage, il est à désirer que le gouvernement provoque une loi qui fasse cesser toute incertitude à cet égard, et qui empêche les colléges électoraux de procéder d'une manière irrégulière.

SECTION V.

CHARTE CONSTITUTIONNELLE, LOIS, ORDONNANCES, ET INSTRUCTIONS SUR LA MATIÈRE DES ÉLECTIONS.

Charte constitutionnelle.

Du 4 juin 1814.

LOUIS, par la grâce de Dieu, roi de France et de Navarre, à tous ceux qui ces présentes verront, SALUT.

La divine Providence, en nous rappelant dans nos états, après une longue absence, nous a imposé de grandes obligations. La paix était le premier besoin de nos sujets : nous nous en sommes occupés sans relâche; et cette paix, si nécessaire à la France, comme au reste de l'Europe, est signée. Une Charte constitutionnelle était sollicitée par l'état actuel du royaume : nous l'avons promise, et nous la publions. Nous avons considéré que, bien

19.

que l'autorité tout entière résidât en France dans la personne du Roi, nos prédécesseurs n'avaient point hésité à en modifier l'exercice, suivant la différence des temps; que c'est ainsi que les communes ont dû leur affranchissement à Louis-le-Gros, la confirmation et l'extension de leurs droits à Saint-Louis et à Philippe-le-Bel; que l'ordre judiciaire a été établi et développé par les lois de Louis XI, de Henri II et de Charles IX; enfin, que Louis XIV a réglé presque toutes les parties de l'administration publique par différentes ordonnances dont rien encore n'avait surpassé la sagesse.

Nous avons dû, à l'exemple des Rois nos prédécesseurs, apprécier les effets des progrès toujours croissants des lumières, les rapports nouveaux que ces progrès ont introduits dans la société, la direction imprimée aux esprits depuis un demi-siècle, et les graves altérations qui en sont résultées: nous avons reconnu que le vœu de nos sujets pour une Charte constitutionnelle était l'expression d'un besoin réel; mais, en cédant à ce vœu, nous avons pris toutes les précautions pour que cette Charte fût digne de nous et du peuple auquel nous sommes fiers de commander. Des hommes sages, pris dans les premiers corps de l'état, se sont réunis à des commissaires de notre conseil, pour travailler à cet important ouvrage.

En même temps que nous reconnaissions qu'une constitution libre et monarchique devait remplir l'attente de l'Europe éclairée, nous avons dû nous souvenir aussi que notre premier devoir envers nos

peuples était de conserver, pour leur propre intérêt, les droits et les prérogatives de notre couronne. Nous avons espéré qu'instruits par l'expérience, ils seraient convaincus que l'autorité
suprême peut seule donner aux institutions qu'elle
établit, la force, la permanence et la majesté dont
elle est elle-même revêtue; qu'ainsi, lorsque la sagesse des rois s'accorde librement avec le vœu des
peuples, une Charte constitutionnelle peut être de
longue durée; mais que, quand la violence arrache
des concessions à la faiblesse du gouvernement, la
liberté publique n'est pas moins en danger que le
trône même. Nous avons enfin cherché les principes de la Charte constitutionnelle dans le caractère
français, et dans les monuments vénérables des
siècles passés. Ainsi, nous avons vu, dans le renouvellement de la pairie, une institution vraiment
nationale, et qui doit lier tous les souvenirs à toutes
les espérances, en réunissant les temps anciens et
les temps modernes.

Nous avons remplacé par la Chambre des députés
ces anciennes assemblées des Champs de Mars et
de Mai, et ces Chambres du tiers-état, qui ont si
souvent donné tout-à-la-fois des preuves de zèle
pour les intérêts du peuple, de fidélité et de res-
pect pour l'autorité des rois. En cherchant ainsi à
renouer la chaîne des temps, que de funestes écarts
avaient interrompue, nous avons effacé de notre
souvenir, comme nous voudrions qu'on pût les effacer de l'histoire, tous les maux qui ont affligé la
patrie durant notre absence. Heureux de nous re-

trouver au sein de la grande famille, nous n'avons su répondre à l'amour dont nous recevons tant de témoignages, qu'en prononçant des paroles de paix et de consolation. Le vœu le plus cher à notre cœur, c'est que tous les Français vivent en frères, et que jamais aucun souvenir amer ne trouble la sécurité qui doit suivre l'acte solennel que nous leur accordons aujourd'hui.

Sûrs de nos intentions, forts de notre conscience, nous nous engageons, devant l'assemblée qui nous écoute, à être fidèles à cette Charte constitutionnelle, nous réservant d'en jurer le maintien, avec une nouvelle solennité, devant les autels de celui qui pèse dans la même balance les rois et les nations.

A CES CAUSES,

NOUS AVONS volontairement, et par le libre exercice de notre autorité royale, ACCORDÉ ET ACCORDONS, FAIT CONCESSION ET OCTROI à nos sujets, tant pour nous que pour nos successeurs, et à toujours, de la *Charte constitutionnelle* qui suit :

Droit public des Français.

Art. 1ᵉʳ. Les Français sont égaux devant la loi, quels que soient d'ailleurs leurs titres et leurs rangs.

2. Ils contribuent indistinctement, dans la proportion de leur fortune, aux charges de l'état.

3. Ils sont tous également admissibles aux emplois civils et militaires.

4. Leur liberté individuelle est également ga-

rantie, personne ne pouvant être poursuivi ni arrêté que dans les cas prévus par la loi, et dans la
forme qu'elle prescrit.

5. Chacun professe sa religion avec une égale
liberté, et obtient pour son culte la même protection.

6. Cependant la religion catholique, apostolique
et romaine, est la religion de l'état.

7. Les ministres de la religion catholique, apostolique et romaine, et ceux des autres cultes chré-
tiens, reçoivent seuls des traitements du Trésor
royal.

8. Les Français ont le droit de publier et de faire
imprimer leurs opinions, en se conformant aux lois
qui doivent réprimer les abus de cette liberté.

9. Toutes les propriétés sont inviolables, sans
aucune exception de celles qu'on appelle *nationales*,
la loi ne mettant aucune différence entre elles.

10. L'état peut exiger le sacrifice d'une propriété
pour cause d'intérêt public légalement constaté,
mais avec une indemnité préalable.

11. Toutes recherches des opinions et votes émis
jusqu'à la restauration sont interdites. Le même
oubli est commandé aux tribunaux et aux citoyens.

12. La conscription est abolie. Le mode de re-
crutement de l'armée de terre et de mer est déterminé par une loi.

Formes du gouvernement du Roi.

13. La personne du Roi est inviolable et sacrée.
Ses ministres sont responsables. Au Roi seul appartient la puissance exécutive.

14. Le Roi est le chef suprême de l'état, commande les forces de terre et de mer, déclare la guerre, fait les traités de paix, d'alliance et de commerce, nomme à tous les emplois d'administration publique, et fait les règlements et ordonnances nécessaires pour l'exécution des lois et la sûreté de l'état.

15. La puissance législative s'exerce collectivement par le Roi, la Chambre des pairs et la Chambre des députés des départements.

16. Le Roi propose la loi.

17. La proposition de la loi est portée, au gré du Roi, à la Chambre des pairs ou à celle des députés, excepté la loi de l'impôt, qui doit être adressée d'abord à la Chambre des députés.

18. Toute loi doit être discutée et votée librement par la majorité de chacune des deux Chambres.

19. Les Chambres ont la faculté de supplier le Roi de proposer une loi sur quelque objet que ce soit, et d'indiquer ce qu'il leur paraît convenable que la loi contienne.

20. Cette demande pourra être faite par chacune des deux Chambres, mais après avoir été discutée en comité secret : elle ne sera envoyée à l'autre Chambre, par celle qui l'aura proposée, qu'après un délai de dix jours.

21. Si la proposition est adoptée par l'autre Chambre, elle sera mise sous les yeux du Roi; si elle est rejetée, elle ne pourra être représentée dans la même session.

22. Le Roi seul sanctionne et promulgue les lois.

23. La liste civile est fixée, pour toute la durée du règne, par la première législature assemblée depuis l'avénement du Roi.

De la Chambre des Pairs.

24. La Chambre des pairs est une portion essentielle de la puissance législative.

25. Elle est convoquée par le Roi, en même temps que la Chambre des députés des départements. La session de l'une commence et finit en même temps que celle de l'autre.

26. Toute assemblée de la Chambre des pairs qui serait tenue hors du temps de la session de la Chambre des députés, ou qui ne serait pas ordonnée par le Roi, est illicite et nulle de plein droit.

27. La nomination des pairs de France appartient au Roi. Leur nombre est illimité : il peut en varier les dignités, les nommer à vie ou les rendre héréditaires, selon sa volonté.

28. Les pairs ont entrée dans la Chambre, à vingt-cinq ans, et voix délibérative à trente ans seulement.

29. La Chambre des pairs est présidée par le chancelier de France, et, en son absence, par un pair nommé par le Roi.

30. Les membres de la famille royale, et les princes du sang, sont pairs par le droit de leur naissance. Ils siégent immédiatement après le président ; mais ils n'ont voix délibérative qu'à vingt-cinq ans.

31. Les princes ne peuvent prendre séance à la Chambre que de l'ordre du Roi, exprimé pour chaque session par un message, à peine de nullité de tout ce qui aurait été fait en leur présence.

32. Toutes les délibérations de la Chambre des pairs sont secrètes.

33. La Chambre des pairs connaît des crimes de haute trahison, et des attentats à la sûreté de l'état qui seront définis par la loi.

34. Aucun pair ne peut être arrêté que de l'autorité de la Chambre, et jugé que par elle en matière criminelle.

De la Chambre des Députés des départements.

35. La Chambre des députés sera composée des députés élus par les colléges électoraux, dont l'organisation sera déterminée par des lois.

36. Chaque département aura le même nombre de députés qu'il a eu jusqu'à présent (1).

37. Les députés seront élus pour cinq ans, et de manière que la Chambre soit renouvelée, chaque année, par cinquième (2).

38. Aucun député ne peut être admis dans la Chambre, s'il n'est âgé de quarante ans, et s'il ne paie une contribution directe de mille francs.

39. Si néanmoins il ne se trouvait pas dans le département cinquante personnes de l'âge indiqué, payant au moins mille francs de contributions di-

---

(1) Le nombre des députés a été augmenté par la loi du 29 juin 1820.

(2) Cette disposition a été modifiée par la loi du 9 juin 1824.

rectes, leur nombre sera complété par les plus imposés au-dessous de mille francs, et ceux-ci pourront être élus concurremment avec les premiers.

40. Les électeurs qui concourent à la nomination des députés, ne peuvent avoir droit de suffrage, s'ils ne paient une contribution directe de trois cents francs, et s'ils ont moins de trente ans.

41. Les présidents des colléges électoraux seront nommés par le Roi, et de droit membres du collége.

42. La moitié au moins des députés sera choisie parmi des éligibles qui ont leur domicile politique dans le département.

43. Le président de la Chambre des députés est nommé par le Roi, sur une liste de cinq membres présentée par la Chambre.

44. Les séances de la Chambre sont publiques; mais la demande de cinq membres suffit pour qu'elle se forme en comité secret.

45. La Chambre se partage en bureaux, pour discuter les projets qui lui ont été présentés de la part du Roi.

46. Aucun amendement ne peut être fait à une loi, s'il n'a été proposé ou consenti par le Roi, et s'il n'a été renvoyé et discuté dans les bureaux.

47. La Chambre des députés reçoit toutes les propositions d'impôts; ce n'est qu'après que ces propositions ont été admises, qu'elles peuvent être portées à la Chambre des pairs.

48. Aucun impôt ne peut être établi ni perçu, s'il n'a été consenti par les deux Chambres et sanctionné par le Roi.

49. L'impôt foncier n'est consenti que pour un an. Les impositions indirectes peuvent l'être pour plusieurs années.

5o. Le Roi convoque chaque année les deux Chambres : il les proroge, et peut dissoudre celle des députés des départements : mais, dans ce cas, il doit en convoquer une nouvelle dans le délai de trois mois.

5r. Aucune contrainte par corps ne peut être exercée contre un membre de la Chambre, durant la session, et dans les six semaines qui l'auront précédée ou suivie.

52. Aucun membre de la Chambre ne peut, pendant la durée de la session, être poursuivi ni arrêté en matière criminelle, sauf le cas de flagrant délit, qu'après que la Chambre a permis sa poursuite.

53. Toute pétition à l'une ou à l'autre des Chambres ne peut être faite et présentée que par écrit. La loi interdit d'en apporter en personne et à la barre.

Des Ministres.

54. Les ministres peuvent être membres de la Chambre des pairs ou de la Chambre des députés. Ils ont, en outre, leur entrée dans l'une ou l'autre Chambre, et doivent être entendus quand ils le demandent.

55. La Chambre des députés a le droit d'accuser les ministres, et de les traduire devant la Chambre des pairs, qui seule a celui de les juger.

56. Ils ne peuvent être accusés que pour fait de trahison ou de concussion. Des lois particulières spécifieront cette nature de délits, et en détermineront la poursuite.

De l'Ordre judiciaire.

57. Toute justice émane du Roi. Elle s'administre en son nom par des juges qu'il nomme et qu'il institue.

58. Les juges nommés par le Roi sont inamovibles.

59. Les Cours et tribunaux ordinaires actuellement existants sont maintenus. Il n'y sera rien changé qu'en vertu d'une loi.

60. L'institution actuelle des juges de commerce est conservée.

61. La justice de paix est également conservée. Les juges de paix, quoique nommés par le Roi, ne sont point inamovibles.

62. Nul ne pourra être distrait de ses juges naturels.

63. Il ne pourra, en conséquence, être créé de commissions et tribunaux extraordinaires. Ne sont pas comprises sous cette dénomination les juridictions prévôtales, si leur rétablissement est jugé nécessaire.

64. Les débats seront publics en matière criminelle, à moins que cette publicité ne soit dangereuse pour l'ordre et les mœurs; et, dans ce cas, le tribunal le déclare par un jugement.

65. L'institution des jurés est conservée. Les

changements qu'une plus longue expérience ferait juger nécessaires, ne peuvent être effectués que par une loi.

66. La peine de la confiscation des biens est abolie, et ne pourra pas être rétablie.

67. Le Roi a le droit de faire grace, et celui de commuer les peines.

68. Le Code civil et les lois actuellement existantes, qui ne sont pas contraires à la présente Charte, restent en vigueur jusqu'à ce qu'il y soit légalement dérogé.

Droits particuliers garantis par l'État.

69. Les militaires en activité de service, les officiers et soldats en retraite, les veuves, les officiers et soldats pensionnés, conserveront leurs grades, honneurs et pensions.

70. La dette publique est garantie. Toute espèce d'engagement pris par l'État avec ses créanciers, est inviolable.

71. La noblesse ancienne reprend ses titres. La nouvelle conserve les siens. Le Roi fait des nobles à volonté ; mais il ne leur accorde que des rangs et des honneurs, sans aucune exemption des charges et des devoirs de la société.

72. La Légion-d'honneur est maintenue. Le Roi déterminera les réglements intérieurs et la décoration.

73. Les colonies seront régies par des lois et des réglements particuliers.

74. Le Roi et ses successeurs jureront, dans la

solennité de leur sacre, d'observer fidèlement la présente Charte constitutionnelle.

Articles transitoires.

75. Les députés des départements de France qui siégeaient au Corps législatif, lors du dernier ajournement, continueront de siéger à la Chambre des députés, jusqu'à remplacement.

76. Le premier renouvellement d'un cinquième de la Chambre des députés aura lieu, au plus tard, en l'année 1816, suivant l'ordre établi entre les séries.

Nous ordonnons que la présente Charte constitutionnelle, mise sous les yeux du Sénat et du Corps législatif, conformément à nôtre proclamation du 2 mai, sera envoyée incontinent à la Chambre des pairs et à celle des députés.

Donné à Paris, le 4 juin de l'an de grace 1814, et de notre règne le dix-neuvième.

Signé LOUIS.

Loi sur la septennalité.

Paris, 9 juin 1824.

LOUIS, etc.

Nous avons proposé, les Chambres ont adopté, nous avons ordonné et ordonnons ce qui suit :

La Chambre actuelle des députés, et toutes celles qui la suivront, seront renouvelées intégralement. Elles auront une durée de sept années, à compter du jour où aura été rendue l'ordonnance de leur première convocation, à moins qu'elles ne soient dissoutes par le Roi.

Donné à Paris, le neuvième jour du mois de juin, l'an de grace 1824, et de notre règne le trentième.

Signé LOUIS.

Loi concernant les conditions d'éligibilité pour être admis à la Chambre des députés.

A Paris, le 25 mars 1818.

LOUIS, par la grace de Dieu, ROI DE FRANCE ET DE NAVARRE, à tous présents et à venir, SALUT.

Nous avons proposé, les Chambres ont adopté, NOUS AVONS ORDONNÉ et ORDONNONS ce qui suit :

Art. ^{e}1^r. Nul ne pourra être membre de la Chambre des députés, si, au jour de son élection, il n'est âgé de quarante ans accomplis, et ne paie mille francs de contributions directes, sauf le cas prévu par l'article 39 de la Charte.

2. Le député élu par plusieurs départements sera tenu de déclarer son option à la Chambre, dans le mois de l'ouverture de la première session qui suivra la double élection ; et, à défaut d'option dans ce délai, il sera décidé par la voie du sort à quel département ce député appartiendra.

Donné à Paris, le vingt-cinquième jour du mois de mars de l'an de grace 1818, et de notre règne le vingt-troisième.

Signé LOUIS.

Loi sur les élections.

.A Paris, le 5 février 1817.

LOUIS, par la grace de Dieu, ROI DE FRANCE ET DE NAVARRE, à tous présents et à venir SALUT.

Nous avons proposé, les Chambres ont adopté, NOUS AVONS ORDONNÉ et ORDONNONS ce qui suit :

Art. Ier. Tout Français jouissant des droits civils et politiques, âgé de trente ans accomplis, et payant trois cents francs de contributions directes est appelé à concourir à l'élection des députés du département où il a son domicile politique.

2. Pour former la masse des contributions nécessaires à la qualité d'électeur ou d'éligible, on comptera à chaque Français les contributions directes qu'il paie dans tout le royaume;

Au mari, celles de sa femme, même non commune en biens; et au père, celles des biens de ses enfants mineurs dont il aura la jouissance.

3. Le domicile politique de tout Français est dans le département où il a son domicile réel. Néanmoins, il pourra le transférer dans tout autre département où il paiera des contributions directes, à la charge par lui d'en faire, six mois d'avance, une déclaration expresse devant le préfet du département où il aura son domicile politique actuel, et devant le préfet du département où il voudra le transférer.

La translation du domicile réel ou politique ne donnera l'exercice du droit politique, relativement à l'élection des députés, qu'à celui qui, dans les

20

quatre ans antérieurs, ne l'aura point exercé dans un autre département.

Cette exception n'a pas lieu dans le cas de dissolution de la Chambre.

4. Nul ne peut exercer les droits d'électeur dans deux départements.

5. Le préfet dressera, dans chaque département, la liste des électeurs, qui sera imprimée et affichée.

Il statuera provisoirement, en conseil de préfecture, sur les réclamations qui s'élèveraient contre la teneur de cette liste, sans préjudice du recours de droit, lequel ne pourra néanmoins suspendre les élections.

6. Les difficultés relatives à la jouissance des droits civils ou politiques du réclamant, seront définitivement jugées par les Cours royales : celles qui concerneraient ses contributions ou son domicile politique, le seront par le Conseil d'état (1).

7. Il n'y a, dans chaque département, qu'un seul collége électoral : il est composé de tous les électeurs du département dont il nomme directement les députés à la Chambre (2).

8. Les colléges électoraux sont convoqués par le Roi; ils se réunissent au chef-lieu du département, ou dans telle autre ville du département que le Roi désigne. Ils ne peuvent s'occuper d'autres

_____

(1) Ces dispositions ont été modifiées par la loi du 2 juillet 1828.

(2) Cet article a été abrogé, à l'égard du plus grand nombre des départements, par la loi du 29 juin 1820.

objets que de l'élection des députés ; toute discus-, sion, toute délibération , leur sont interdites.

9. Les électeurs se réunissent en une seule as-semblée, dans les départements où leur nombre n'excède pas six cents.

Dans ceux où il y en a plus de six cents ,. le col-lége électoral est divisé en sections, dont chacune ne peut être moindre de trois cents électeurs.

Chaque section concourt directemeut à la nomi-nation de tous les députés que le collége électoral doit élire.

10. Le bureau de chaque collége électoral se compose d'un président nommé par le Roi, de quatre scrutateurs et d'un secrétaire.

Les quatre scrutateurs et le secrétaire sont nom-més par le collége, à un seul tour de scrutin de liste pour les scrutateurs, et individuel pour le se-crétaire, à la pluralité des voix.

Dans les colléges électoraux qui se divisent en sections, le bureau, ainsi formé, est attaché à la première section du collége.

Le bureau de chacune des autres sections se compose d'un vice-président nommé par le Roi, de quatre scrutateurs et d'un secrétaire choisis de la manière ci-dessus prescrite.

A l'ouverture du collège et sections de collége, le président et les vice-présidents nomment le bu-reau provisoire, composé de quatre scrutateurs et d'un secrétaire.

11. Le président et les vice-présidents ont seuls

20.

la police du collége électoral, ou des sections de collége qu'ils président.

Il y aura toujours présents, dans chaque bureau, trois au moins des membres qui en font partie.

Le bureau juge provisoirement toutes les difficultés qui s'élèvent sur les opérations du collége ou de la section, sauf la décision définitive de la Chambre des députés.

12. La cession des colléges est de dix jours au plus. Chaque séance s'ouvre à huit heures du matin : il ne peut y en avoir qu'une par jour, qui est close après le dépouillement du scrutin.

13. Les électeurs votent par bulletins de liste, contenant, à chaque tour de scrutin, autant de noms qu'il y a de nominations à faire.

Le nom, la qualification, le domicile de chaque électeur qui déposera son bulletin, seront inscrits, par le secrétaire ou l'un des scrutateurs présents, sur une liste destinée à constater le nombre des votants.

Celui des membres du bureau qui aura inscrit le nom, la qualification, le domicile de l'électeur, inscrira en marge son propre nom.

Il n'y a que trois tours de scrutin.

Chaque scrutin est, après être resté ouvert au moins pendant six heures, clos à trois heures du soir et dépouillé séance tenante.

L'état de dépouillement du scrutin de chaque section, est arrêté et signé par le bureau. Il est immédiatement porté par le vice-président au bureau du collége, qui fait, en présence des vice-présidents de toutes les sections, le recensement général des votes.

Le résultat de chaque tour de scrutin est sur-le-champ rendu public.

14. Nul n'est élu à l'un des deux premiers tours de scrutin, s'il ne réunit au moins le quart plus une des voix de la totalité des membres qui composent le collége, et la moitié plus un des suffrages exprimés (1).

15. Après les deux premiers tours de scrutin, s'il reste des nominations à faire, le bureau du collége dresse et arrête une liste des personnes qui, au second tour, ont obtenu le plus de suffrages.

Elle contient deux fois autant de noms qu'il y a encore de députés à élire.

Les suffrages au troisième tour de scrutin ne peuvent être donnés qu'à ceux dont les noms sont portés sur cette liste.

Les nominations ont lieu à la pluralité des votes exprimés.

16. Dans tous les cas où il y aura concours par égalité de suffrages, l'âge décidera de la préférence.

17. Les préfets et les officiers-généraux commandant les divisions militaires et les départements, ne

---

(1) La disposition qui exigeait le quart plus une des voix de la totalité du collége, a été modifiée par l'article 7 de la loi du 29 juin 1820.

peuvent être élus députés dans les départements où ils exercent leurs fonctions.

18. Lorsque, pendant la durée ou dans l'intervalle des sessions des Chambres, la députation d'un département devient incomplète, elle est complétée par le collége électoral du département auquel elle appartient.

19. Les députés à la Chambre ne reçoivent ni traitement ni indemnités.

20. Les lois, décrets et réglements sur le mode des élections antérieurs à la présente loi, sont abrogés.

21. Toutes les formalités relatives à l'exécution de la présente loi, seront réglées par des ordonnances du Roi.

Donné à Paris, le cinquième jour du mois de février de l'an de grace 1817, et de notre règne le vingt-deuxième.

Signé LOUIS.

Loi sur les élections.

Au château des Tuileries, le 29 juin 1820.

LOUIS, par la grace de Dieu, roi de France et de Navarre, à tous présents et à venir, SALUT.

Nous avons proposé, les Chambres ont adopté, NOUS AVONS ORDONNÉ et ORDONNONS ce qui suit :

ART. 1er. Il y a dans chaque département un collége électoral de département et des colléges électoraux d'arrondissement.

Néanmoins, tous les électeurs se réuniront en un seul collége dans les départements qui n'a-

vaient, à l'époque du 5 février 1817, qu'un député à nommer; dans ceux où le nombre des
électeurs n'excède pas trois cents, et dans ceux
qui, divisés en cinq arrondissements de sous-
préfecture, n'auront pas au-delà de quatre cents
électeurs.

2. Les colléges de département sont composés
des électeurs les plus imposés, en nombre égal au
quart de la totalité des électeurs du département.

Les colléges de département nomment cent
soixante-douze nouveaux députés, conformément
au tableau annexé à la présente loi. Il procéderont
à cette nomination pour la session de 1820.

La nomination des deux cent cinquante-huit
députés actuels, est attribuée aux colléges d'arrondissements électoraux à former dans chaque
département, en vertu de l'article 1er, sauf les
exceptions portées au paragraphe 2 du même article.

Ces colléges nomment chacun un député. Ils sont
composés de tous les électeurs ayant leur domicile
politique dans l'une des communes comprises dans
la circonscription de chaque arrondissement électoral. Cette circonscription sera provisoirement
déterminée, pour chaque département, sur l'avis
du conseil général, par des ordonnances du Roi,
qui seront soumises à l'approbation législative dans
la prochaine session.

Le cinquième des députés actuels, qui doit être
renouvelé, sera nommé par les colléges d'arrondissement.

Pour les sessions suivantes, les départements qui auront à renouveler leur députation, la nommeront en entier d'après les bases établies par le présent article.

3. La liste des électeurs de chaque collége sera imprimée et affichée un mois avant l'ouverture des colléges électoraux (1). Cette liste contiendra la quotité et l'espèce des contributions de chaque électeur, avec l'indication des départements où elles sont payées.

4. Les contributions directes ne seront comptées, pour être électeur ou éligible, que lorsque la propriété foncière aura été possédée, la location faite, la patente prise, et l'industrie sujette à patente exercée une année avant l'époque de la convocation du collége électoral. Ceux qui ont des droits acquis avant la publication de la présente loi, et le possesseur à titre successif, sont seuls exceptés de cette condition.

5. Les contributions foncières, payées par une veuve, sont comptées à celui de ses fils, à défaut de fils, à celui de ses petits-fils, et, à défaut de fils et de petit-fils, à celui de ses gendres qu'elle désigne.

6. Pour procéder à l'élection des députés, chaque électeur écrit secrètement son vote sur le bureau, ou l'y faire écrire par un autre électeur de son choix, sur un bulletin qu'il reçoit à cet effet

---

(1) Cette disposition a été modifiée par l'art. 6 de la loi du 2 mai 1827, et par les art. 21 et 22 de la loi du 2 juillet 1828.

du président.; il remet son bulletin, écrit et fermé, au président, qui le dépose dans l'urne destinée à cet usage.

7. Nul ne peut être élu député aux deux premiers tours de scrutin, s'il ne réunit au moins le tiers plus une des voix de la totalité des membres qui composent le collége, et la moitié plus un des suffrages exprimés.

8. Les sous-préfets ne peuvent être élus députés par les colléges d'arrondissements électoraux, qui comprennent la totalité ou une partie des électeurs de l'arrondissement de leur sous-préfecture.

9. Les députés décédés ou démissionnaires seront remplacés chacun par le collége qui l'aura nommé.

En cas de décès ou démission d'aucun des membres actuels de la Chambre, avant que le département auquel il appartient soit en tour de renouveler sa députation, il sera remplacé par un des colléges d'arrondissement de ce département.

La Chambre déterminera, par la voie du sort, l'ordre dans lequel les colléges électoraux d'arrondissement procéderont aux remplacements éventuels, jusqu'au premier renouvellement intégral de chaque députation.

10.. En cas de vacance par option, décès, démission ou autrement, les colléges électoraux seront convoqués dans le délai de deux mois, pour procéder à une nouvelle élection.

11. Les dispositions des lois des 5 février 1817

et 25 mars 1818, auxquelles il n'est pas dérogé par la présente, continueront d'être exécutées, et seront communes aux colléges électoraux de département et d'arrondissement.

Donné en notre château des Tuiléries, le vingt-neuvième jour du mois de juin de l'an de grace 1820, et de notre règne le vingt-sixième.

Signé LOUIS.

Extrait de la loi du 2 mai 1827 sur l'organisation du jury.

ART. 1ᵉʳ. Les jurés seront pris parmi les membres des colléges électoraux et parmi les personnes désignées dans les paragraphes 3 et suivants de l'art. 2 ci-après.

2. Le 1ᵉʳ août de chaque année, le préfet de chaque département dressera une liste qui sera divisée en deux parties.

La première partie sera rédigée conformément à l'art. 3 de la loi du 29 juin 1820, et comprendra toutes les personnes qui rempliront les conditions requises pour faire partie des colléges électoraux du département.

La seconde partie comprendra :

1° Les électeurs qui, ayant leur domicile réel dans le département, exerceraient leurs droits électoraux dans un autre département ;

2° Les fonctionnaires publics nommés par le Roi et exerçant des fonctions gratuites ;

3° Les officiers des armées de terre et de mer en retraite ;

4° Les docteurs et licenciés de l'une ou de plusieurs des facultés de droit, des sciences et des lettres; les docteurs en médecine; les membres et correspondants de l'Institut; les membres des autres sociétés savantes reconnues par le Roi;

5° Les notaires, après trois ans d'exercice de leurs fonctions.

Les officiers des armées de terre et de mer en retraite ne seront portés dans la liste générale qu'après qu'il aura été justifié qu'ils jouissent d'une pension de retraite de douze cents francs au moins, et qu'ils ont, depuis cinq ans, un domicile réel dans le département.

Les licenciés de l'une des facultés de droit, des sciences et des lettres, qui ne seraient pas inscrits sur le tableau des avocats et des avoués près les Cours et tribunaux, ou qui ne seraient pas chargés de l'enseignement de quelqu'une des matières appartenant à la faculté où ils auront pris leur licence, ne seront portés sur la liste générale qu'après qu'il aura été justifié qu'ils ont, depuis dix ans, un domicile réel dans le département.

Dans les départements où les deux parties de la liste ne comprendraient pas huit cents individus, ce nombre sera complété par une liste supplémentaire, formée des individus les plus imposés parmi ceux qui n'auront pas été inscrits sur la première.

3. Les listes dressées en exécution de l'article précédent seront affichées au chef-lieu de chaque commune au plus tard le 15 août, et seront arrêtées et closes le 30 septembre.

Un exemplaire en sera déposé et conservé au secrétariat des mairies, des sous-préfectures et des préfectures, pour être donné en communication à toutes les personnes qui le requerront.

4. Il sera statué , suivant le mode établi par les art. 5 et 6 de la loi du 5 février 1817, sur les réclamations qui seraient formées contre la rédaction des listes.

Ces réclamations seront inscrites au secrétariat général de la préfecture, selon l'ordre et la date de leur réception.

Elles seront formées par simple mémoire, et sans frais.

5. Nul ne pourra cesser de faire partie des listes prescrites par l'art. 2 qu'en vertu d'une décision motivée ou d'un jugement, contre lesquels le recours ou l'appel auront un effet suspensif.

6. Lorsque les colléges électoraux seront convoqués, la première partie de la dernière liste qui aura été arrêtée le 30 septembre précédent, en exécution de l'art. 3, tiendra lieu de la liste prescrite par l'art. 5 de la loi du 5 février 1817, et par l'art. 3 de la loi du 29 juin 1820.

Les préfets feront imprimer et afficher, dans ce cas, un tableau de rectification contenant l'indication des individus qui auront acquis ou perdu, depuis la publication de la liste générale, les qualités exigées pour exercer les droits électoraux. S'il s'est écoulé plus de deux mois depuis la clôture de la liste, les préfets en feront publier et afficher de nouveau la première partie avec le tableau de rectification.

Les réclamations de ceux qui auraient été omis dans la première partie de la liste arrêtée et close le 30 septembre, et qui auraient acquis les droits électoraux antérieurement à sa publication, ne seront admises qu'autant qu'elles auront été formées avant le 1er octobre.

Loi sur la révision annuelle des listes électorales et du jury.

Au château de Saint-Cloud, le 2 juillet 1828.

CHARLES, etc.

TITRE 1er. *Révision annuelle des listes électorales et du jury.*

ART. 1er. Les listes faites en vertu de la loi du 2 mai 1827 sont permanentes, sauf les radiations et inscriptions qui peuvent avoir lieu lors de la révision prescrite par la présente loi.

Cette révision sera faite conformément aux dispositions suivantes.

2. Du 1er au 10 juin de chaque année, et aux jours qui seront indiqués par les sous-préfets, les maires des communes composant chaque canton se réuniront à la mairie du chef-lieu, sous la présidence du maire, et procéderont à la révision de la portion de la liste formée en vertu de la loi du 2 mai 1827, qui comprendra les citoyens de leur canton appelés à faire partie de cette liste.

Ils se feront assister des percepteurs de l'arrondissement cantonnal.

3. Dans les villes qui forment à elles seules un canton, ou qui sont partagées en plusieurs cantons, la révision des listes sera effectuée par le maire, les adjoints, et les trois plus anciens membres du conseil municipal, selon l'ordre du tableau. Les maires des communes qui dépendraient de l'un de ces cantons seront aussi appelés à la révision; ils se réuniront tous sous la présidence du maire de la ville.

A Paris, les maires des douze arrondissements, assistés des percepteurs, procéderont à la révision, sous la présidence du doyen de réception.

4. Le résultat de cette opération sera transmis au sous-préfet qui, avant le 1er juillet, l'adresera, accompagné de ses observations, au préfet du département.

5. A partir du 1er juillet, le préfet procédera à la révision générale de la liste.

6. Il y ajoutera les citoyens qu'il reconnaîtra avoir acquis les qualités requises par la loi, et ceux qui auraient été précédemment omis.

Il en retranchera,

1° Les individus décédés;

2° Ceux qui auront perdu les qualités requises;

3° Ceux dont l'inscription aura été déclarée nulle par les autorités compétentes;

4° Enfin ceux qu'il reconnaîtrait avoir été indûment inscrits, quoique leur inscription n'eût pas été attaquée.

Il tiendra un registre de toutes ces décisions, et il fera mention de leurs motifs et des pièces à l'appui.

7. La liste ainsi rectifiée par le préfet sera affichée, le 15 août, au chef-lieu de chaque commune, et déposée au secrétariat des mairies, des sous-préfectures et de la préfecture, pour être donnée en communication à toutes les personnes qui le requerront.

Elle contiendra, en regard du nom de chaque individu inscrit sur la première partie de la liste, l'indication des arrondissements de perception où il paie des contributions, propres ou déléguées, ainsi que la quotité et l'espèce des contributions pour chacun de ces arrondissements.

8. La publication prescrite par l'article précédent tiendra lieu de notification des décisions intervenues aux individus dont l'inscription aura été ordonnée.

Toute décision ordonnant radiation sera notifiée dans les dix jours à celui qu'elle concerne, ou au domicile qu'il sera tenu d'élire pour l'exercice de ses droits politiques, s'il n'habite pas le département.

Cette notification et toutes celles qui doivent avoir lieu, aux termes de la présente loi, seront faites suivant le mode employé jusqu'à présent pour les jurés, en exécution de l'art. 389 du Code d'instruction criminelle.

9. Après la publication de la liste rectifiée, il ne pourra plus y être fait de changement qu'en

vertu de décisions rendues par le préfet, en conseil de préfecture, dans les formes ci-après.

TITRE II. *Des réclamations sur la révision des listes.*

10. A compter du 15 août, jour de la publication, il sera ouvert, au secrétariat général de la préfecture, un registre coté et paraphé par le préfet, sur lequel seront inscrites, à la date de leur présentation, et suivant un ordre de numéros, toutes les réclamations concernant la teneur des listes. Ces réclamations seront signées par le réclamant ou par son fondé de pouvoirs.

Le secrétaire-général donnera récépissé de chaque réclamation et des pièces à l'appui. Ce récépissé énoncera la date et le numéro de l'enregistrement.

11. Tout individu qui croirait devoir se plaindre, soit d'avoir été indûment inscrit, omis ou rayé, soit de toute autre erreur commise à son égard dans la rédaction des listes, pourra, jusqu'au 30 septembre inclusivement, présenter sa réclamation, qui devra être accompagnée de pièces justificatives.

12. Dans le même délai, tout individu inscrit sur la liste d'un département, pourra réclamer l'inscription de tout citoyen qui n'y serait pas porté, quoique réunissant toutes les conditions nécessaires, la radiation de tout individu qu'il prétendrait y être indûment inscrit, ou la rectifica-

tion de toute autre erreur commise dans la rédaction des listes.

Il devra motiver sa demande et l'appuyer de pièces justificatives.

13. Aucune des demandes énoncées en l'article précédent ne sera reçue, lorsqu'elle sera formée par des tiers, qu'autant que le réclamant y joindra la preuve qu'elle a été par lui notifiée à la partie intéressée, laquelle aura dix jours pour y répondre, à partir de celui de la notification.

14. Le préfet statuera en conseil de préfecture, sur les demandes dont il est fait mention aux articles 11 et 12 ci-dessus, dans les cinq jours qui suivront leur réception, quand elles seront formées par les parties elles-mêmes ou par leurs fondés de pouvoirs; et dans les cinq jours qui suivront l'expiration du délai fixé par l'art. 13, si elles sont formées par des tiers.

Ses décisions seront motivées.

La communication, sans déplacement, des pièces respectivement produites sur la question en contestation, devra être donnée à toute partie intéressée qui le requerra.

15. Il sera publié, tous les quinze jours, un tableau de rectification, conformément aux décisions rendues dans cet intervalle, et présentant les indications mentionnées à l'art. 7 ci-dessus.

Aux termes de l'art. 8, la publication de ces tableaux de rectification tiendra lieu de notification aux individus dont l'inscription aura été ordonnée ou rectifiée.

21

Les décisions portant refus d'inscription ou prononçant des radiations, seront notifiées, dans les cinq jours de leur date, aux individus dont l'inscription ou la radiation aura été réclamée, soit par eux-mêmes, soit par des tiers.

Les décisions rejetant les demandes en radiation ou rectification, seront notifiées dans le même délai, tant au réclamant, qu'à l'individu dont l'inscription aura été contestée.

16. Le 16 octobre, le préfet procédera à la clôture de la liste. Le dernier tableau de rectification, l'arrêté de clôture et la liste du collége départemental dans les départements où il y a plusieurs colléges, seront affichés le 20 du même mois.

17. Il ne pourra plus être fait de changements à la liste qu'en vertu d'arrêts rendus dans la forme déterminée au titre suivant.

TITRE III. *Réclamations contre les décisions du préfet en conseil de préfecture.*

18. Toute partie qui se croira fondée à contester une décision rendue par le préfet en conseil de préfecture pourra porter son action devant la Cour royale du ressort.

L'exploit introductif d'instance devra, sous peine de nullité, être notifié dans les dix jours, tant au préfet qu'aux parties intéressées.

Dans le cas où la décision du préfet en conseil de préfecture aurait rejeté une demande d'inscription formée par un tiers, l'action ne pourra être intentée que par l'individu dont l'inscription était réclamée.

La cause sera jugée sommairement, toutes affaires cessantes, et sans qu'il soit besoin du ministère d'avoué. Les actes judiciaires auxquels elle donnera lieu seront enregistrés gratis. L'affaire sera rapportée en audience publique par un des membres de la Cour, et l'arrêt sera prononcé après que le ministère public aura été entendu.

S'il y a pourvoi en cassation, il sera procédé comme devant la Cour royale, avec la même exemption de droits d'enregistrement, sans consignation d'amende.

19. Le recours et l'action intentés par suite d'une décision qui aura rayé un individu de la liste, ou qui lui aura attribué une quotité de contribution moindre que celle pour laquelle il était précédemment inscrit, auront un effet suspensif.

20. Le préfet, sur la notification de l'arrêt intervenu, fera sur la liste la rectification qui aura été prescrite.

TITRE IV. *Formation d'un tableau de rectification en cas d'élection après la clôture annuelle des listes.*

21. Lorsque la réunion d'un collége aura lieu dans le mois qui suivra la publication du dernier tableau de rectification prescrit par l'art. 16, il ne sera fait à ce tableau aucune modification. Dans ce cas, l'intervalle entre la réception de l'ordon-

21.

nance et la réunion du collége, sera de vingt jours au moins.

22. Si la réunion a lieu à une époque plus éloignée, l'intervalle sera de trente jours au moins.

Dans ce dernier cas, le préfet fera afficher immédiatement l'ordonnance de convocation. Le registre prescrit par l'art. 10 ci-dessus sera ouvert; les réclamations prévues par les art. 11 et 12 seront admises; mais elles devront être faites dans le délai de huit jours, sous peine de déchéance.

Le préfet, en conseil de préfecture, dressera le tableau de rectification prescrit par l'art. 6 de la loi du 2 mai 1827. Il le fera publier et afficher le onzième jour au plus tard après la publication de l'ordonnance, et les notifications prescrites par l'article 15 seront faites aux parties intéressées dans le délai de cinq jours.

23. L'action exercée conformément à l'article 18 sera portée directement devant la Cour royale du ressort; elle n'aura d'effet suspensif que dans le cas de radiation.

L'assignation sera donnée à huitaine, pour tout délai, et la Cour prononcera après l'expiration du délai. L'arrêt ne sera pas susceptible d'opposition.

24. Il ne pourra être fait de changement au tableau de rectification ci-dessus prescrit, qu'en exécution d'arrêts rendus par les Cours royales.

TITRE V. *Dispositions générales.*

25. Nul individu appelé à des fonctions publi-

ques temporaires ou révocables, ne pourra être inscrit sur la première partie de la liste du département où il exerce ses fonctions, que six mois après la double déclaration prescrite par l'article 3 de la loi du 5 février 1817.

26. Les percepteurs des contributions directes sont tenus de délivrer sur papier libre, et moyennant une rétribution de vingt-cinq centimes par extrait de rôle concernant le même contribuable, à toute personne portée au rôle, l'extrait relatif à ses contributions; et à tout individu qualifié comme il est dit à l'art. 12 ci-dessus, tout certificat négatif, ou tout extrait des rôles de contributions.

27. Il sera donné communication des listes annuelles et des tableaux de rectification à tous les imprimeurs qui voudront en prendre copie. Il leur sera permis de les faire imprimer sous tel format qu'il leur plaira de choisir, et de les mettre en vente.

28. Pour l'année 1828, les opérations ordonnées par la présente loi commenceront le premier jour du mois qui suivra sa promulgation, et seront poursuivies en observant les délais qu'elle prescrit.

Donné au château de Saint-Cloud, le deuxième jour du mois de juillet, de l'an de grace 1828, et de notre règne le quatrième.

Signé CHARLES.

Extrait de l'ordonnance royale du 4 septembre 1820, en ce qui concerne la publication des listes électorales.

Art. 5. La liste de chaque collége, arrêtée ainsi qu'il vient d'être dit, sera transmise au président, et, pour les colléges divisés en plusieurs sections, au président de chaque section. Une expédition en sera affichée, dès l'ouverture, dans le lieu de chaque réunion.

6. La division des colléges en plusieurs sections, prescrite par l'art. 9 de la loi du 5 février 1817, sera faite par le préfet en conseil de préfecture, en suivant l'ordre des numéros.

7. Des cartes individuelles seront, à la diligence des préfets et des maires, adressées, avant l'ouverture, au domicile de chaque électeur; elles porteront le jour et le lieu de la réunion.

Extrait de l'ordonnance royale du 11 octobre 1820, sur les opérations des colléges électoraux, et les attributions des présidents de colléges.

Art. 3. La liste des électeurs et celle des éligibles doivent rester affichées dans la salle des séances pendant tout le cours de l'opération.

4. En cas d'empêchement, soit avant l'ouverture, soit pendant les opérations, d'un président ou vice-président, le préfet nommera un des électeurs pour le remplacer.

5. Nul ne pourra être admis dans le collége, ou

section de collége, s'il n'est inscrit sur la liste définitive remise au président ou vice-président.

6. Le jour fixé pour l'ouverture, la séance commencera à huit heures précises du matin. Elle sera
ouverte par le président ou vice-président, lequel
désignera, parmi les électeurs présents, les quatre
scrutateurs et le secrétaire provisoires. Il sera ensuite procédé à la nomination du bureau définitif
par deux scrutins simultanés, mais distincts : l'un
de liste simple, pour les quatre scrutateurs ; l'autre
individuel, pour le secrétaire. L'une et l'autre nomination pourra avoir lieu à la simple majorité des
voix des électeurs présents (1).

7. Aussitôt que le président ou vice-président
aura proclamé le bureau définitif, le secrétaire ou-
vrira le procès-verbal, lequel devra contenir les
opérations qui auront eu lieu jusqu'à ce moment,
être tenu en double minute, rédigé à la fin de chaque séance, et signé, au plus tard, à l'ouverture
de la séance suivante, par tous les membres du bureau qui y auront assisté.

8. La police du collége ou de la section appartenant au président ou au vice-président, nulle force
armée ne peut, sans leur demande, être placée
auprès du lieu des séances. Les commandants militaires sont tenus d'obtempérer à leurs réquisitions.

9. Doivent toujours être présents, dans chaque

---

(1) Art. 10 et 12 de la loi du 5 février 1817.

bureau, trois au moins des membres qui le composent (1).

Le bureau juge provisoirement toutes les diffi-
ficultés qui s'élèvent sur les opérations du collège
ou de la section, sauf la décision définitive de la
Chambre des députés (2). Il ne doit pas s'occuper
des réclamations qui auraient pour objet le droit
de voter. Il délibère à part; le président prononce
la décision à haute voix.

10. S'il s'élève des discussions dans le sein d'un
collége ou d'une section, le président ou vice-président rappellera aux électeurs qu'aux termes de
l'art. 8 de la loi du 5 février 1817, toute discussion, toute délibération, leur sont interdites : si,
malgré cette observation, la discussion continue,
et si le président n'a pas d'autre moyen de la faire
cesser, il prononcera la levée de la séance, et l'a-
journement au lendemain au plus tard. Les électeurs seront obligés de se séparer à l'instant.

11. Il sera, pour chaque tour de scrutin, procédé à l'appel des électeurs, lesquels, à mesure que
leur nom sera appelé, se présenteront pour voter.
Chacun d'eux, en votant pour la première fois,
devra prononcer le serment dont la teneur suit :

*Je jure fidélité au Roi, obéissance à la Charte
constitutionnelle, et aux lois du royaume.*

12. Les électeurs votent par bulletins de liste,

---

(1) Art. 11, paragraphe 2, de la loi du 5 février 1817.
(2) Art. 11, paragraphe 3, de la loi du 5 février 1817.

contenant, à chaque tour de scrutin, autant de noms qu'il y a de nominations à faire (1).

Chaque électeur écrit secrètement son vote sur le bureau, ou l'y fait écrire, par un autre électeur de son choix, sur un bulletin qu'il reçoit à cet effet du président; il remet son bulletin, écrit et fermé, au président, qui le dépose dans l'urne destinée à cet usage (2).

Le nom, la qualification et le domicile de chaque électeur qui déposera son bulletin, seront inscrits, par le secrétaire ou l'un des scrutateurs présents, sur une liste destinée à constater le nombre des votants.

Celui des membres du bureau qui aura inscrit le nom, la qualification, le domicile de l'électeur, inscrira en marge son propre nom.

Il n'y a que trois tours de scrutin.

Chaque scrutin est, après être resté ouvert au moins pendant six heures, clos à trois heures du soir, et dépouillé séance tenante (3).

13. Continueront d'être reçus, jusqu'à l'heure fixée pour la clôture, les bulletins des électeurs qui, n'ayant pas répondu à l'appel, se présenteront ensuite pour voter.

14. A trois heures, le président ou vice-président déclarera que le scrutin est clos; il comptera le nombre des bulletins, et il en ordonnera le dé-

---

(1) Loi du 5 février 1817, art. 13, paragraphe 1er.
(2) Loi du 29 juin 1820, art. 6.
(3) Loi du 5 février 1817, art. 13.

pouillement. Le procès-verbal constatera le nombre des bulletins trouvés dans l'urne et celui des électeurs qui auront voté.

Si le nombre des bulletins est inférieur ou supérieur à celui des votants, le bureau décidera provisoirement, selon les cas et les circonstances, de la validité de l'opération. Il sera fait mention de la décision au procès-verbal.

15. Nul ne peut être élu député aux deux premiers tours de scrutin, s'il ne réunit au moins le tiers plus une de la totalité des voix des membres qui composent le collége, et la moitié plus un des suffrages exprimés (1).

16. Après les deux premiers tours de scrutin, s'il reste des nominations à faire, le bureau du collége dresse et arrête une liste des personnes qui, au deuxième tour, ont obtenu le plus de suffrages; elle contient deux fois autant de noms qu'il y a encore de députés à élire.

Les suffrages, au troisième tour de scrutin, ne peuvent être donnés qu'à ceux dont les noms sont portés sur cette liste. Les nominations ont lieu à la pluralité des votes exprimés (2).

17. Le bureau raiera de tout bulletin,

1° Les derniers noms inscrits au-delà de ceux qu'il doit contenir;

2° Les noms qui ne désigneraient pas clairement l'individu auquel ils s'appliquent;

_____

(1) Loi du 29 juin 1820, art. 7.
(2) Loi du 5 février 1817, art. 15.

3° Au troisième tour de scrutin, les noms des individus qui ne feraient point partie de la liste double des personnes qui ont obtenu le plus de suffrages au deuxième tour.

18. L'état du dépouillement du scrutin de chaque section est signé et arrêté par le bureau. Il est immédiatement porté, par le vice-président, au bureau du collége, qui fait, en présence des vice-présidents de toutes les sections, le recensement général des votes. Le résultat de chaque tour de scrutin est sur-le-champ rendu public (1).

19. Si une ou plusieurs sections n'avaient pas terminé leurs opérations, ou n'en avaient fait que d'irrégulières, le recensement des votes des autres sections n'en aura pas moins lieu, et les candidats qui auraient obtenu le nombre de voix nécessaire, seront proclamés.

20. Le président prononcera la séparation du collége aussitôt que les opérations seront terminées, et, au plus tard, le dixième jour après l'ouverture (2).

21. Immédiatement après la clôture, le président adressera au préfet du département les deux minutes du procès-verbal de chaque collége ou section de collége, et le procès-verbal des recensements généraux pour les colléges qui seront divisés en sections.

L'une des deux minutes restera déposée aux ar-

_____

(1) Loi du 5 février 1817, art. 13.
(2) Loi du 5 février 1817, art. 12.

chives de la préfecture, et l'autre sera envoyée
par le préfet à notre ministre secrétaire-d'état de
l'intérieur, qui la transmettra aux questeurs de la
Chambre des députés.

Instruction du ministre de l'intérieur. (M. de Martignac.)

Du 25 août 1828.

Monsieur le préfet, en vous adressant, le 12
juillet, des instructions sur les travaux des réunions de maires et de percepteurs, prescrites par
les articles 2 et 3 de la loi du 2 juillet dernier, je
vous annonçais des instructions ultérieures sur la
partie purement administrative des opérations qui
complètent la révision des listes électorales et du
jury.

Tel est l'objet de la présente circulaire.

Suivant l'article 4 de la loi du 2 juillet, MM. les
sous-préfets doivent vous adresser, chaque année,
au plus tard le 1er juillet, les résultats des premières opérations, après les avoir revisées et complétées au moyen des renseignements qu'ils auront
eux-mêmes recueillis.

C'est alors que commencera la révision effective
dont vous êtes chargé.

Elle embrasse deux périodes distinctes : 1° le travail du préfet pour dresser et publier la liste revisée; 2° le jugement par le préfet, en conseil de
préfecture, des réclamations contre la teneur de
cette liste.

§ I.

Révision de la liste par le préfet.

I. *Travail du préfet avant la publication de la liste.*

Je vous ai déja fait remarquer que l'exécution de la loi du 2 juillet exige que l'administration s'assure de la position actuelle des électeurs précédemment inscrits.

L'intervalle de six semaines que la loi a laissé entre la transmission des renseignements donnés par les maires et les sous-préfets, et la publication de la liste, annonce assez que vous devez vérifier avec un soin particulier les éléments que vous aurez réunis, et vous ôccuper, dans tous ses détails, de la rédaction de cette liste.

Pour apprécier le cens électoral de chacun des anciens électeurs, vous devrez comparer les articles dont il se composait en 1827, avec les articles correspondants de la matrice du rôle en 1828, déposée chez le directeur des contributions directes. Il serait plus sûr et plus régulier (*a*) de demander aux percepteurs et aux maires les extraits de rôles et les certificats de possession annale, pour établir, sur pièces probantes, le cens de chaque élec-

---

(*a*) Il a été reconnu, depuis, qu'en effet le meilleur moyen de vérification des droits des électeurs, est de recueillir *d'office*, chaque année, les extraits de rôles et les certificats de possession annale. C'est ce qu'indique une circulaire, en date du 14 avril 1829.

teur ; mais ce mode peut entraîner des frais. C'est
à vous à examiner si, par des moyens plus simples,
vous pouvez satisfaire aux devoirs qui vous sont
imposés par la nouvelle loi, et qui consistent à
concilier le principe de la permanence des listes et
du maintien des électeurs dont les droits ont été
une fois reconnus, avec l'obligation de rayer ceux
qui ont perdu leurs droits, et de publier, d'une
manière détaillée, les éléments du cens électoral
de chacun.

Mais, quel que soit le moyen que vous adoptiez,
vous ne devrez que dans des cas rares demander
aux électeurs déja inscrits de nouvelles pièces justificatives. En principe général, c'est à l'administration à se les procurer. Elle ne doit s'adresser aux
électeurs que pour obtenir les pièces qui ne peuvent être à sa disposition, et seulement quand elle
a des raisons de penser que leurs droits dans la
propriété ou l'industrie dont les contributions leur
ont été précédemment attribuées, ont dû subir des
modifications.

Si la vérification, faite par vous-même, du cens
électoral et des autres qualités de chaque électeur,
vous amène à reconnaître qu'un électeur inscrit
sur la dernière liste se trouve dans l'une des quatre
catégories indiquées au deuxième paragraphe de
l'article 6, vous prononcerez sa radiation par une
décision motivée, qui fera mention des pièces à
l'appui.

Vous pouvez ne pas attendre l'époque de la publication de la liste revisée, pour prendre de telles décisions.

II. *Notification des décisions portant radiation.*

Elles devront être notifiées dans les dix jours. (Loi du 2 juillet, article 8.) Ces dix jours se comptent à partir de la date des décisions, et non de la publication de la liste : c'est ce qui résulte de la discussion et de l'ensemble même de l'article 8.

En prenant, à partir du 1er juillet, de telles décisions, à mesure que vous en aurez recueilli les éléments, vous donnez aux intéressés plus de temps pour rechercher les pièces propres à appuyer les réclamations qu'ils auraient à former. Vous pourrez, en notifiant vos décisions, avertir ceux qu'elles concernent que vous commencerez, à dater du 15 août seulement, à vous occuper, en conseil de préfecture, de l'examen de leurs réclamations.

Les notifications auront lieu, aux termes de l'article 8, suivant le mode employé jusqu'à présent pour les jurés, en exécution de l'article 389 du Code d'instruction criminelle. Une circulaire du ministère de la justice, qui vous a été adressée le 30 juin 1827, contient sur cet objet les instructions nécessaires.

Indépendamment des radiations, vous aurez à effectuer des rectifications de cens ou de domicile. La loi n'a pas prescrit, à ce sujet, de décisions formelles. Vous mentionnerez seulement ces modifications sur le registre matricule dont il sera parlé ci-dessous, et sur un bordereau dont le dépouillement vous servira à former la minute de la liste livrée à l'impression.

Une exception doit cependant être faite pour les rectifications dont le résultat serait une exclusion probable du collége départemental.

III. *Il y a lieu de notifier les décisions portant réduction du cens électoral, quand elles le font tomber au-dessous du* minimum *du cens départemental.*

La loi du 2 juillet ne prescrit de publier, au 15 août, que les listes électorales d'arrondissement. Elle ne s'occupe nullement, dans le titre premier, de la liste du collége départemental, qui n'est formée que deux mois plus tard (article 16), et lorsque la voie des réclamations est complètement fermée ; mais les réductions de cens, effectuées du 15 août au 16 octobre, peuvent avoir pour effet de faire sortir du collége départemental un individu qui n'en reste pas moins électeur d'arrondissement. Or, il est dans l'esprit de la loi du 2 juillet (article 8), et de celle du 2 mai 1827 (article 5), qu'une telle réduction, qui est de nature à faire perdre un droit acquis (celui d'électeur de département), s'effectue par une décision motivée, notifiée dans les dix jours de sa date. Comme il n'y a de droit acquis qu'à l'égard des électeurs qui figurent sur la liste départementale antérieure, cette obligation ne s'applique qu'aux réductions de cens qui affectent ces électeurs, et qui ont pour effet de faire tomber leurs contributions au-dessous du minimum précédemment déterminé. Si, par exemple, le cens départemental était 870 francs, toute rectification qui ferait tomber le cens d'un électeur au-dessous, donnerait lieu à une décision motivée, comme pour le cas de radiation.

IV. *Inscription de nouveaux électeurs.*

En ce qui concerne les nouveaux électeurs, soit qu'ils aient acquis récemment leurs droits, soit que la déchéance encourue par leur négligence à se faire inscrire en 1827, cesse pour eux cette année, la plupart, sans doute, vous auront adressé des demandes, accompagnées de pièces; d'autres vous seront indiqués par les travaux préparatoires des autorités locales. Vous-même devrez d'office rechercher ceux qui ne vous auraient pas encore été désignés, et demander, soit à ces électeurs, soit aux autorités locales, les renseignements et pièces propres à établir leurs droits.

Vous les inscrirez, après avoir pris à cet effet des décisions motivées, qui mentionneront les pièces à l'appui (article 6, dernier paragraphe). Ces décisions pourront être fort succinctes.

Après avoir exposé ce que doit être le travail de la révision annuelle de la première partie de la liste, je crois devoir vous indiquer quelques mesures d'ordre, utiles pour l'exécution de la loi.

V. *Registre-matricule des électeurs; registre des décisions rendues par le préfet pour la révision de la liste; registre du domicile politique.*

Il importe d'établir, si vous ne l'avez déja fait, le registre-matricule indiqué dans la circulaire du 18 février 1817. Ce registre, destiné à servir un

22

certain nombre d'années, par exemple, de cinq à
dix ans, devra être disposé de manière à recevoir
l'indication des mutations survenues, d'une année
à l'autre, dans la situation des électeurs déja inscrits, et l'inscription des électeurs ayant acquis ou
recouvré la capacité légale.

Les détails qui ne pourraient trouver place dans
ce registre, sans lui donner des proportions trop
volumineuses, seraient portés sur un bordereau
renfermant les titres justificatifs des droits de chaque électeur. Ces titres, à l'exception de ceux qui
concernent des intérêts privés, et que l'électeur
réclamerait après les avoir communiqués, seraient
conservés à la préfecture. Les extraits de rôles qui
en font partie, pourront être renouvelés tous les
ans, ainsi que le bordereau indicatif. C'est d'a-
près ces dossiers, refaits annuellement, que seront
opérés les changements sur le registre-matricule
et l'inscription sur la liste revisée.

Il sera utile d'ouvrir en outre des registres particuliers, savoir (1) :

1° Un registre sur lequel vous inscrirez vos décisions, à l'effet d'ordonner de nouvelles inscrip-

---

(1) La loi ne prescrit d'ouvrir un registre pour inscrire les
demandes et réclamations concernant la liste électorale et du
jury, qu'après la publication de la liste revisée (article 10).
Mais vous pouvez, comme mesure d'ordre, établir, si vous le
jugez utile, un registre particulier sur lequel seront inscrites,
à l'arrivée, toutes les demandes, tous les envois de pièces
relatives à la révision, et qui vous parviendraient avant le 15
août.

tions ou radiations d'individus précédemment inscrits, ou des réductions de cens au-dessous du dernier *minimum* d'admission dans le collége départemental.

Ce registre sera indépendant de celui sur lequel seront inscrits les arrêtés que vous prendrez en conseil de préfecture, après la publication de la liste, suivant les formes indiquées au titre II de la loi du 2 juillet.

2° Le registre du domicile politique.

Vous avez dû, depuis 1817, y inscrire les déclarations pour établir le domicile politique *dans votre département*, ou pour le transférer dans un département étranger (art. 3 de la loi du 5 février 1817), et, depuis 1820, celles qui ont pour objet de le transférer d'un *arrondissement électoral à un autre*, dans le ressort de votre département (art. 11 de la loi du 29 juin 1820).

VI. *Déclarations de domicile exigées des fonctionnaires révocables.*

Il y faudra porter les déclarations que l'art. 25 de la loi du 2 juillet exige des fonctionnaires publics temporaires ou révocables, lorsqu'ils voudront être inscrits sur la liste électorale, ou renoncer à cette inscription, pour exercer, dans un autre département, leurs droits électoraux.

L'obligation de recourir aux déclarations expresses dont il s'agit, ne pourrait être opposée aux fonctionnaires qui, avant la promulgation de la loi, étaient déja portés sur les listes électorales. L'inscription régulièrement faite sur la liste anté-

22.

rieure, constitue en leur faveur un droit acquis ; la loi n'a voulu ni pu le leur faire perdre.

VII. *Elections de domicile politique spécial pour les notifications.*

Vous inscrirez, en outre, sur ce registre, les *élections de domicile spécial* que sont tenus de faire, aux termes de l'art. 8, les électeurs qui, n'habitant pas votre département, y possèdent un domicile politique séparé de leur domicile réel.

Vous devrez, par un avis publié immédiatement après la réception de la présente circulaire, inviter ces électeurs à vous adresser une déclaration indiquant la commune et le nom de l'habitant auquel devront être faites toutes les notifications relatives à l'exercice du droit électoral. L'électeur peut choisir ce domicile spécial dans toute autre commune du département que celle où il a son domicile politique ; et ce ne serait que dans le cas où il n'aurait pas fait cette déclaration, que vous adresseriez les notifications au maire de la commune de son domicile politique.

VIII. *Révision de la seconde partie de la liste du jury.*

Je n'ai parlé, jusqu'à présent, que de votre travail concernant la révision de la première partie de la liste du jury. Vous avez à vous occuper également de la révision de la seconde, et, s'il y a lieu, de la troisième partie.

IX. *Jurés appartenant aux quatre dernières catégories de la seconde partie.*

La seconde partie doit contenir les noms et les

qualités des jurés compris dans les catégories désignées au troisième paragraphe de l'art. 2 de la
loi du 2 mai 1827; il est facile de reconnaître
ceux des quatre dernières catégories qui ont perdu
ou acquis la capacité légale. Les cahiers d'observations transmis par les maires et par les sous-préfets, vous seront pour cela fort utiles, et les renseignements que vous aurez par-devers vous, suf-
firont pour compléter ce travail.

X. *Jurés inscrits comme étant électeurs dans
d'autres départements.*

Quant aux jurés qui sont électeurs dans un autre
département, et qui ont leur domicile réel dans le
vôtre, vous ne devrez retrancher d'abord que ceux
dont le changement de position est indépendant
de leur cens électoral, et provient de circonstances
qui vous seraient notoirement connues; savoir :
les décédés, les personnes inscrites qui auraient
perdu les droits civils ou politiques par des jugements, ou celles qui n'auraient plus de domicile
réel dans votre département. Quant aux individus
qui devraient être rayés de la liste des jurés de
votre département, parce qu'ils auraient été, dans
un autre, retranchés de la liste électorale, comme
ne payant plus le cens voulu, ce ne peut être que
par une correspondance suivie avec vos collègues,
pendant le travail de la révision, que vous pourrez
être incessamment informé des changements survenus dans la position de ces jurés-électeurs. Vous
ne pourrez prononcer leur radiation de la seconde
partie de la liste, que lorsque les décisions ou ar-

rêtés par lesquels ils auraient été retranchés de la première partie, vous seraient transmis, soit par le préfet du département où ces individus auraient leur domicile politique, soit par les parties elles-mêmes.

XI. *Révision de la troisième partie de la liste du jury.*

S'il est nécessaire de former, dans votre département, une troisième partie de la liste du jury, ou *liste supplémentaire*, vous vous servirez des documents que vous aurez demandés aux réunions de maires et de percepteurs. Les rectifications de cens affectent l'inscription sur la troisième partie ainsi que sur la première. Vous aurez donc à vérifier la situation des jurés de cette catégorie, comme celle des électeurs. Seulement, il suffira de publier, comme précédemment, le total de leurs contributions, et non pas les éléments détaillés du cens d'inscription. Cette dernière mesure n'est prescrite que pour les électeurs (art. 7 de la loi du 2 juillet).

Remarquez que la loi prescrit (art. 8) de notifier les retranchements opérés sur la seconde et la troisième partie de la liste, comme ceux qui concernent la première.

Elle prescrit aussi (art. 6) de tenir un registre des décisions portant *addition* ou *retranchement* sur les deuxième et troisième parties. Vous pourrez inscrire ces décisions sur un registre séparé, pour ne pas les confondre avec celles qui concernent la liste électorale.

XII. *Jugement quant au fond.*

Vous aurez à statuer sur les droits des électeurs et des jurés, d'après vos propres lumières ; et je n'ai point à vous donner de solutions sur les questions contentieuses qui pourraient s'élever.

Quelques-unes de ces questions sont fort controversées, et ont reçu des solutions diverses, soit devant le Conseil d'état, soit devant les Cours royales. Ces controverses, le doute qui en est résulté, enfin le changement de compétence introduit par la loi du 2 juillet, sont autant de considérations qui vous permettent d'envisager les questions dont il s'agit comme entièrement neuves, et de les décider ainsi que vos méditations vous y porteront.

Si cependant, depuis l'année dernière, des décisions de l'autorité compétente avaient prononcé la radiation d'un électeur ou d'un juré, je pense que, conformément au n° 3 du deuxième paragraphe de l'article 6, vous devez ne pas le comprendre sur la liste publiée le 15 août, sauf à statuer ensuite, en conseil de préfecture, s'il y a réclamation.

XIII. *On peut inscrire d'avance les électeurs et jurés qui doivent accomplir, jusques et compris le 16 octobre, les conditions de temps desquelles dépendent leurs droits.*

Suivant le n° 3 du *Recueil des solutions*, publié le 29 août 1820, pour l'exécution de la loi du 29 juin précédent, le préfet inscrivait, sur les listes d'électeurs, les individus qui, n'ayant pas encore

rempli les conditions de temps nécessaires pour
acquérir la capacité électorale, devaient les accomplir jusques et compris la veille de l'ouverture
du collége. Les articles 2 et 6 de la loi du 2 mai
1827 avaient fixé, au 30 septembre, le terme de
toutes les opérations relatives à la révision annuelle des listes. D'après cette disposition, tous
les individus accomplissant, jusques et compris le
30 septembre, l'âge de trente ans, l'année de possession ou d'exercice d'industrie, les six mois,
cinq ans et dix ans de domicile, exigés par les
lois de 1817, 1820 et 1827, ont été portés, en
1827, sur la liste publiée le 15 août, lorsque leurs
droits avaient été reconnus et constatés. La même
règle doit continuer d'être appliquée sous l'empire
de la loi du 2 juillet 1828; mais le terme d'accomplissement des conditions de temps me paraît devoir être maintenant le 16 octobre au lieu du 30
septembre. En effet, la clôture de la liste qui, fixée
précédemment au 30 septembre, coïncidait avec
le terme d'admission des réclamations, en est aujourd'hui séparée, et se trouve portée au 16 octobre (art. 16 de la loi du 2 juillet). Or, c'est l'é-
poque de la clôture de la révision annuelle, et non
pas le terme d'admission des réclamations, qui doit
former la limite annuelle d'acquisition des droits.
Si donc vous avez reconnu et vérifié les droits
d'individus qui, par l'accomplissement des conditions de temps, acquerraient, jusques et compris
le 16 octobre, la capacité d'électeur ou de juré,

vous devez les inscrire sur la liste publiée le 15 août (a).

XIV. *Epoque de la publication de la liste revisée.*

Vous arrêterez la liste générale du jury assez à temps pour qu'elle soit affichée et déposée, le 15 août avant midi, dans toutes les communes.

XV. *Forme de cette liste.*

Cette liste sera divisée en deux, et, s'il y a lieu, en trois parties, suivant que les deux premières comprendront, ou non, huit cents noms (dernier paragraphe de l'article 2 de la loi du 2 mai).

XVI. *Il n'y a pas lieu de former la liste du collége départemental.*

Il ne faut plus y ajouter la liste du collége départemental. Celle-ci ne doit être formée qu'à l'époque de la clôture. (Art. 16 de la loi du 2 juillet.) A cet égard, votre travail est donc beaucoup simplifié.

Il convient que les listes qui seront déposées dans les sous-préfectures et les mairies, pour être données en communication à toute personne qui

---

(a) Cette inscription, faite d'avance, n'a pas d'inconvénient, parce que la liste ne peut servir, pour les élections, qu'après le 20 octobre, et, pour le jury, qu'à partir du 1er janvier suivant. S'il y avait élection avant le 20 octobre, on se servirait de la liste de l'année précédente, modifiée par un tableau de rectification, selon l'art. 22 de la loi du 2 juillet 1828. (Voyez ci-dessus, section III, § 11 et § VII, pages 173 et 229.)

le requerra (art. 7 de la loi), soient en cahier, et non pas en placard (*a*).

§ II.

Opérations du préfet en conseil de préfecture.

I. *Registre des réclamations.*

Après la publication de la liste revisée, les réclamations contre sa teneur ne peuvent être présentées, reçues et jugées que dans les formes prescrites par le titre II. Le 15 août est l'époque

---

(*a*) Pour compléter ce qui regarde la publication de la liste révisée par le préfet agissant administrativement, et sans l'assistance du conseil de préfecture, il est utile de placer ici l'extrait suivant d'une circulaire du 5 août 1829, relative à l'emploi des documents qui ne sont obtenus que pendant l'impression de la liste.

Extrait de la circulaire du 5 août 1829.

« Monsieur le préfet, l'impression de la liste générale du jury, revisée administrativement par le préfet, et qui doit paraître chaque année le 15 août, exige un temps plus ou moins considérable, pendant lequel sont formées des demandes et recueillis des renseignements dont l'administration ne peut tirer parti pour cette publication. Des observations m'ont été adressées à ce sujet dès l'année dernière, et divers moyens ont été proposés sur la suite à donner à de tels documents.

« Il avait été question de les considérer comme des réclamations contre la teneur de la liste, et de les inscrire, le 15 août, en tête du registre mentionné par l'art. 10 de la loi du 2 juillet 1828, pour que le préfet, en conseil de préfecture, y statuât dans les formes prescrites par le titre II. Mais, après un nouvel examen de la question, j'ai reconnu qu'il serait plus régulier de faire de ces documents la matière d'un *Supplément*

prescrite par la loi (art. 7 et 10) pour ouvrir le
registre destiné à les recevoir. L'inscription sur ce
registre consistera dans l'indication sommaire des
conclusions de chaque réclamation. Le fondé de
pouvoir joindra le mandat en vertu duquel il agit.
Ce mandat peut être en forme de simple lettre,
ainsi qu'une circulaire du 9 octobre 1827 l'avait
déja déterminé.

II. *Toutes les réclamations ne sont pas de nature
à être portées au conseil de préfecture.*

Toutes les réclamations ne seront pas suscepti-

à la liste , qui serait dressé et arrêté par vous dans la même
forme que la liste elle-même , le 15 août , ou même le 14 au
soir , et qui serait aussitôt imprimé , puis transmis , par vos
soins , le plutôt possible , pour être affiché et déposé , dans
toutes les communes , avant le 20 août.

« En effet , tant que la liste générale du jury n'est point affichée , elle ne peut être considérée que comme une minute
susceptible de recevoir d'office toutes les corrections nécessaires
à la régularité des opérations ; et lors même que la liste est
livrée à l'impression , le préfet ne doit pas moins y apporter
tous les changements motivés par les réclamations ou informa-
tions qui lui parviennent avant l'époque indiquée pour l'affiche ; soit qu'il emploie , s'il en est temps encore , la voie de
correction sur les épreuves , soit qu'il procède à la formation
d'un tableau de rectification , qu'il conviendrait , ainsi que je
l'ai dit ci-dessus , d'intituler *Supplément à la liste ,* pour ne
pas le confondre avec les tableaux de rectification mentionnés
dans l'art. 15 de la loi du 2 juillet 1828.

« Je vous invite , en conséquence , à recourir à ce moyen,
plutôt qu'à tout autre , pour donner suite aux documents
dont vous n'auriez pu tirer parti dans la rédaction de la liste
revisée. »

bles d'être introduites au conseil de préfecture :
par exemple, celles qui ne seraient ni motivées,
ni accompagnées de pièces, celles qui seraient présentées par des tiers non inscrits sur la liste, ou qui,
dans le cas prévu par l'art. 13, ne justifieraient pas
de la notification faite à l'intéressé. De telles demandes n'ont pas le caractère des réclamations autorisées par les art. 11 et 12, et ne sauraient être
portées devant le conseil de préfecture, ni faire
l'objet d'un des arrêtés mentionnés à l'art. 14. La
loi a posé elle-même des bornes à une action restée jusqu'ici incertaine, et qu'elle a voulu régulariser sans en étendre les effets. En spécifiant la
qualité des personnes, la nature des actes qu'elles
doivent produire, elle a nécessairement exclu ce
qu'elle n'a pas positivement désigné ; et prendre,
dans ce dernier cas, des décisions en conseil de
préfecture, même pour déclarer les parties *non recevables*, serait reconnaître le droit de saisir le préfet,
en conseil de préfecture, de demandes irrégulières.

Vous devez donc surveiller vous-même la réception des réclamations, et refuser d'admettre et
de porter sur le registre prescrit par l'art. 10 celles
dont il s'agit. Soit que vous exprimiez ce refus
verbalement ou par écrit, vous aurez soin de donner aux individus qui forment de telles demandes
les explications et les éclaircissements propres à
leur indiquer la marche qu'ils doivent suivre, les
formalités qu'ils ont à remplir, et les pièces dont
la production serait nécessaire pour compléter et
régulariser leur action.

III. *Notifications des tiers aux parties intéressées.*

Les notifications que doivent faire les tiers aux parties intéressées, en vertu de l'art. 13, seront effectuées par huissier.

IV. *Communication de pièces aux parties intéressées.*

La communication des pièces respectivement produites, autorisée par l'art. 14, et qui doit avoir lieu *sans déplacement*, sera faite par le secrétaire-général. Le requérant devra justifier de son intérêt à obtenir la communication. Cet intérêt ne peut résulter uniquement de la faculté de former un pourvoi pour ou contre une inscription sur la liste du jury, mais d'une instance déja commencée. C'est ce qui résulte des termes mêmes de l'art. 14.

Pour justifier de son intérêt, le tiers qui a formé la réclamation devra présenter le récépissé qui lui aura été délivré par le secrétaire-général. L'individu dont l'inscription est demandée ou contestée produira la notification qui lui aura été signifiée par l'électeur ou juré réclamant.

V. *Le préfet ne peut, après la publication de la liste, introduire, d'office, des réclamations devant le conseil de préfecture.*

La loi du 2 juillet a distingué les opérations purement administratives, du jugement des difficultés qui se présentent sur la rédaction de la liste revisée et publiée le 15 août. Ces difficultés donnent lieu à des réclamations, qui sont présentées par les intéressés eux-mêmes, ou par des tiers inscrits sur

la liste. (Art. 11 et 12.) Si, jusqu'à la première publication de la liste, vous faites, d'office, des radiations, retranchements ou rectifications (a), vous
ne conservez plus cette faculté lorsqu'il s'agit de
décider en conseil de préfecture, et vous ne pourriez pas introduire d'office des réclamations tendant
à la modifier (b).

VI. *Notifications des arrêtés du préfet en conseil
de préfecture.*

Aux termes des premier et deuxième paragraphes
de l'art. 15 de la loi du 2 juillet, les arrêtés que
vous prendrez en conseil de préfecture, sur les
réclamations mentionnées au titre II, seront tous
publiés dans le plus prochain tableau de rectification (c). Quelques-uns, indépendamment de cette
publication, seront notifiés aux parties intéressées

(a) C'est par une erreur qui s'est glissée dans l'impression de
cette circulaire qu'on lit ici : *Radiations, retranchements et rectifications.* Il faut lire : *Additions, retranchements et rectifications.*

(b) Toutefois, il est d'usage de rayer après le 15 août, sans
intervention d'un tiers, les électeurs et les jurés dont le décès
est notoire, et d'effectuer, sans action formelle de l'intéressé
ou d'un tiers, les rectifications de noms, prénoms, qualifications, en un mot, les modifications qui ne sont pas de nature
à compromettre l'identité de la personne, ou altérer la quotité
du cens.

(c) Ceci ne doit s'entendre que des arrêtés qui sont de nature à modifier la liste, c'est-à-dire qui prononcent des inscriptions, radiations ou rectifications.

et aux tiers réclamants, ainsi que l'indique le tableau suivant :

QUALITÉ du RÉCLAMANT.	OBJET de LA DEMANDE.	RÉSULTAT de la décision.	MODE DE NOTIFICATION.
INTÉRESSÉ direct, par lui-même ou par fondé de pouvoir.	Inscription..	Admission.	Publication seulement.
		Rejet (a)..	Notification spéciale à l'intéressé.
	Radiation...	Admission.	Publication et notification spéciale à l'intéressé.
		Rejet.....	Notification spéciale à l'intéressé.
	Rectification.	Admission.	Publication seulement.
		Rejet.....	Notification spéciale à l'intéressé.
TIERS réclamant.	Inscription..	Admission.	Publication seulement.
		Rejet.....	Notification spéciale à celui dont l'inscription était demandée.
	Radiation...	Admission.	Publication et notification spéciale à celui qui est rayé.
		Rejet.....	Notification spéciale au tiers réclamant, et à l'individu dont l'inscription était contestée.
	Rectification.	Admission.	Publication seulement.
		Rejet.....	Notification spéciale au tiers réclamant, et à l'individu dont l'inscription était contestée.

(a) C'était par erreur que la circulaire du 25 août 1828 men-
tionnait la publication de toutes les décisions prononçant des
rejets de demandes en inscription, radiation ou rectification.
Ces décisions ne sont pas de nature à influer sur la formation

VII. *Publication des tableaux de rectification,
de quinze en quinze jours.*

Les tableaux supplémentaires, au lieu d'être
publiés tous les dix jours, aux termes de l'ordonnance du 4 septembre 1820, le seront tous les
quinze jours, selon l'art. 15 de la loi du 2 juillet.
Ils paraîtront donc, chaque année, les 31 août,
15 et 30 septembre, et 20 octobre. Afin de laisser
le temps de les imprimer et de les envoyer dans
les communes, ils devront être arrêtés quelques
jours d'avance.

VIII. *Clôture du registre destiné à recevoir les
réclamations.*

Le 30 septembre, terme fatal pour les réclamations, les bureaux de la préfecture devront être
ouverts jusqu'à minuit : c'est alors que vous clorez
le registre des réclamations par un arrêté signé de
vous, et contresigné par le secrétaire-général de la
préfecture.

La loi a laissé seize jours d'intervalle entre le
terme d'admission des réclamations et *la clôture de
la liste*, afin que les délais, déterminés par les
art. 13 et 14, puissent être observés à l'égard des
réclamations qui ne seraient formées que le 30
septembre. Dans ce cas, l'intéressé devra répondre
le 10 octobre au plus tard, et le préfet, en conseil,
aura cinq jours pour y statuer.

IX. *On ne peut inscrire, sur le dernier tableau*

---

des tableaux de rectification. Une circulaire, du 6 juillet 1829,
a relevé cette erreur.

de rectification, les individus ayant acquis, du 1er au 16 octobre, la qualité d'électeur ou de juré, autrement que par l'accomplissement des conditions de temps, déclarées avant le 1er octobre.

S'il y a lieu d'inscrire sur le tableau de rectification, dressé le 16 octobre, les individus dont les droits, réclamés avant le 1er de ce mois, se sont complétés du 1er au 16, par l'accomplissement des conditions de temps (*voyez ci-dessus, page* 343), il n'est pas possible d'y porter ceux qui, pendant ces seize jours, ont acquis la qualité d'électeur ou de juré par des circonstances qui n'étaient pas connues ou ne pouvaient l'être le 30 septembre. En effet, aucune réclamation ne peut être reçue après cette époque ; et le préfet, en conseil de préfecture, ne peut statuer que sur des réclamations présentées antérieurement.

X. *On peut rayer les électeurs ou jurés décédés du* 1er *au* 16 *octobre.*

Par le même motif, il n'y a pas lieu de retrancher les individus qui perdraient leurs droits du 1er au 16 octobre. Cependant il convient d'admettre une exception pour ceux dont le décès, survenu dans ce période de seize jours, serait légalement constaté. Leurs noms devront figurer à l'article *Retranchements* du dernier tableau de rectification.

XI. *Formation de la liste du collége départemental, le* 16 *octobre.*

Au moment de la clôture, vous aurez à former la liste du collège départemental. (Art. 16.) Elle

23

sera extraite de la première partie de la liste du jury, en prenant les plus imposés, jusqu'à concurrence du quart de la totalité des électeurs du département. Cette liste devra, le 20 octobre, être affichée dans toutes les communes et déposée aux mairies.

La composition du cens électoral de chacun des électeurs du département se trouvant mentionnée dans les listes d'arrondissement, avec les détails prescrits par l'article 7, il suffira d'indiquer le total des contributions de chacun de ces électeurs, et le numéro de leur inscription sur la liste d'arrondissement. Au moyen de cette indication, on pourra vérifier sur ces dernières listes la composition du cens électoral. Il serait sans objet de le répéter sur la liste départementale, qui n'est publiée que comme résultat d'une vérification déja faite.

XII. *Effet suspensif du recours devant la Cour royale.*

L'article 19 de la loi du 2 juillet 1828 attribue l'effet suspensif au recours formé, devant la Cour royale, contre toute décision du préfet, en conseil de préfecture, prononçant une radiation ou une réduction du cens électoral.

Le bénéfice qu'en peut retirer l'intéressé est limité au temps qui s'écoule entre la notification du pourvoi et l'arrêt définitif de la Cour royale. Si, pendant cet intervalle, il paraît un ou plusieurs des tableaux supplémentaires prescrits par l'article 15 de la loi du 2 juillet, il n'y a pas de nécessité d'y rétablir le réclamant, puisque sa qualité est encore

en litige, et que ses droits n'éprouvent aucun préjudice de ce retard (1); mais, si le 16 octobre arrivait avant que la Cour royale eût statué, l'électeur
ou juré devrait, en vertu de l'art. 19, être rétabli
sur le dernier tableau de rectification.

Si, du 15 août au 20 octobre, il y avait convocation du collége d'arrondissement dont l'électeur
rayé faisait partie, ou du collége départemental,
il y aurait lieu à l'application du titre IV de la loi.
Ce cas sort des circonstances de la révision annuelle, et il n'y a pas à s'en occuper en ce moment.

XIII. *Il n'y a lieu à donner que des instructions
sommaires sur la procédure devant la Cour royale.*

Je n'ai que très-peu d'observations à vous adresser sur les autres dispositions du titre III, concernant les formes du recours et de la procédure
devant la Cour royale. Cette matière est purement
judiciaire, et je ne dois m'occuper ici que des re-
lations entre l'autorité judiciaire et l'autorité administrative pendant l'instance.

XIV. *Le préfet peut adresser des pièces et renseignements au procureur-général.*

Lorsqu'en vertu des dispositions du titre III, un
recours est formé devant la Cour royale contre
un arrêté du préfet, en conseil de préfecture, l'exploit introductif d'instance doit, aux termes de

---

(1) On pourrait, toutefois, indiquer à la suite du plus prochain
tableau de rectification, que l'individu dont il s'agit a formé un recours suspensif.

l'art. 18, être signifié, sous peine de nullité, tant au préfet qu'aux parties intéressées, dans les dix jours après la notification de l'arrêté attaqué. Le but de cette signification n'est pas d'assigner le préfet devant la Cour royale (*a*), puisqu'il n'est point mis en cause, et que la procédure n'est pas dirigée contre lui. Vous n'aurez donc pas à *défendre* dans l'instance. Mais, si vous pensez qu'il y ait lieu de fournir des pièces et des renseignements à l'appui de la décision attaquée, vous devrez les transmettre au procureur-général, avec telles observations que vous jugeriez convenables.

Remarquez qu'il peut être utile d'adresser des documents et des explications, non-seulement dans les instances où l'intéressé direct attaque l'arrêté qui a prononcé sa radiation, réduit le cens électoral pour lequel il était porté précédemment, ou qui a refusé, soit de l'inscrire, soit de lui attribuer un cens supérieur, mais encore lorsque la contestation a été engagée par un tiers, et a lieu entre deux électeurs ou jurés. Il sera même quelquefois nécessaire de recourir à ce moyen, dans l'intérêt de la confection de la liste électorale et du jury, pour suppléer à la négligence d'électeurs ou jurés dûment inscrits, et qui se laisseraient condamner par défaut.

Si la Cour royale, par arrêt interlocutoire, ordonne l'apport de pièces ou la production de ren-

---

(*a*) Il convient de remarquer que plusieurs arrêts de Cours royales ont reconnu qu'il y avait lieu *d'assigner* le préfet.

seignements pour lesquels il faudrait s'adresser à l'administration, la demande vous en serait faite par le procureur-général, à qui vous auriez à les transmettre.

XV. *Observations sur l'exécution du titre IV de la loi du 2 juillet.*

Les trois premiers titres de la loi du 2 juillet concernent la révision annuelle de la liste générale du jury, considérée indépendamment de la convocation d'un collége électoral. Le titre IV détermine l'application de la liste électorale, ou première partie de la liste du jury, au cas où un collége électoral vient à être convoqué : ces règles varient suivant l'époque de l'élection. Si le collége est réuni dans le mois qui suit la publication du dernier tableau de rectification, c'est-à-dire du 21 octobre au 20 novembre inclusivement, la liste électorale n'éprouve aucune modification, et doit servir telle qu'elle a été arrêtée le 16 octobre (article 21). Toutefois les expressions, *il ne sera fait à la liste aucune modification,* ne peuvent s'entendre que de celles qui seraient faites par le préfet, en conseil de préfecture; mais non pas des changements résultant, soit d'arrêts de la Cour royale notifiés après le 16 octobre, soit de pourvois suspensifs formés, après cette époque, dans le délai déterminé par la loi. Dans ces deux cas, et aux termes des art. 19 et 20, les inscriptions, radiations ou rectifications ordonnées par arrêt, ou les réinscriptions résultant de pourvois, modifieraient nécessairement la liste électorale.

Si un collége était convoqué après le 20 novembre, la liste, arrêtée le 16 octobre, devrait,
conformément aux art. 22, 23 et 24 de la loi du
2 juillet, être rectifiée au moyen de décisions publiées dans le tableau que prescrivait déja l'art. 6
de la loi du 2 mai 1827. La formation de ce tableau,
les circonstances auxquelles elle peut donner lieu,
l'exécution de la déchéance prononcée par le dernier paragraphe de l'article 6 de la loi du 2 mai,
seront l'objet d'une instruction spéciale, que je
vous adresserai ultérieurement (a).

XVI. *Dispositions du titre V.*

Je m'arrêterai peu sur le titre v de la loi du 2
juillet. Il a déja été question ci-dessus (page 339)
de l'art. 25 sur la translation de domicile politique
des fonctionnaires temporaires ou révocables. L'application de l'art. 26, concernant la délivrance des
extraits de rôles et certificats négatifs de contributions, est dans les attributions de M. le ministre
des finances, qui a publié des instructions à ce
sujet le 31 juillet dernier. Enfin, l'art. 27, sur la
communication à donner aux imprimeurs, des listes
annuelles et des tableaux de rectification, ne doit
s'entendre que des listes et tableaux déja imprimés,
et non pas des minutes arrêtées par le préfet, et
déposées dans les bureaux. Il y aurait, en effet, de
l'inconvénient à les communiquer avant qu'elles

(a) L'envoi de l'instruction annoncée par ce passage n'a pas eu
lieu. (Voyez, relativement à l'exécution du titre iv, les développements contenus ci-dessus, pages 229 à 267.)

n'eussent reçu, par la voie d'affiche, la publication légale.

XVII. *Le préfet doit envoyer deux exemplaires en cahier des listes et tableaux de rectification.*

Selon les précédentes instructions, vous devrez m'adresser deux exemplaires de chaque liste et de chaque tableau de rectification. Je vous invite à m'envoyer des exemplaires en cahier, tels qu'ils doivent être déposés dans les mairies.

Agréez, etc.

Le ministre secrétaire-d'état au département de l'intérieur,

Signé DE MARTIGNAC.

FIN.

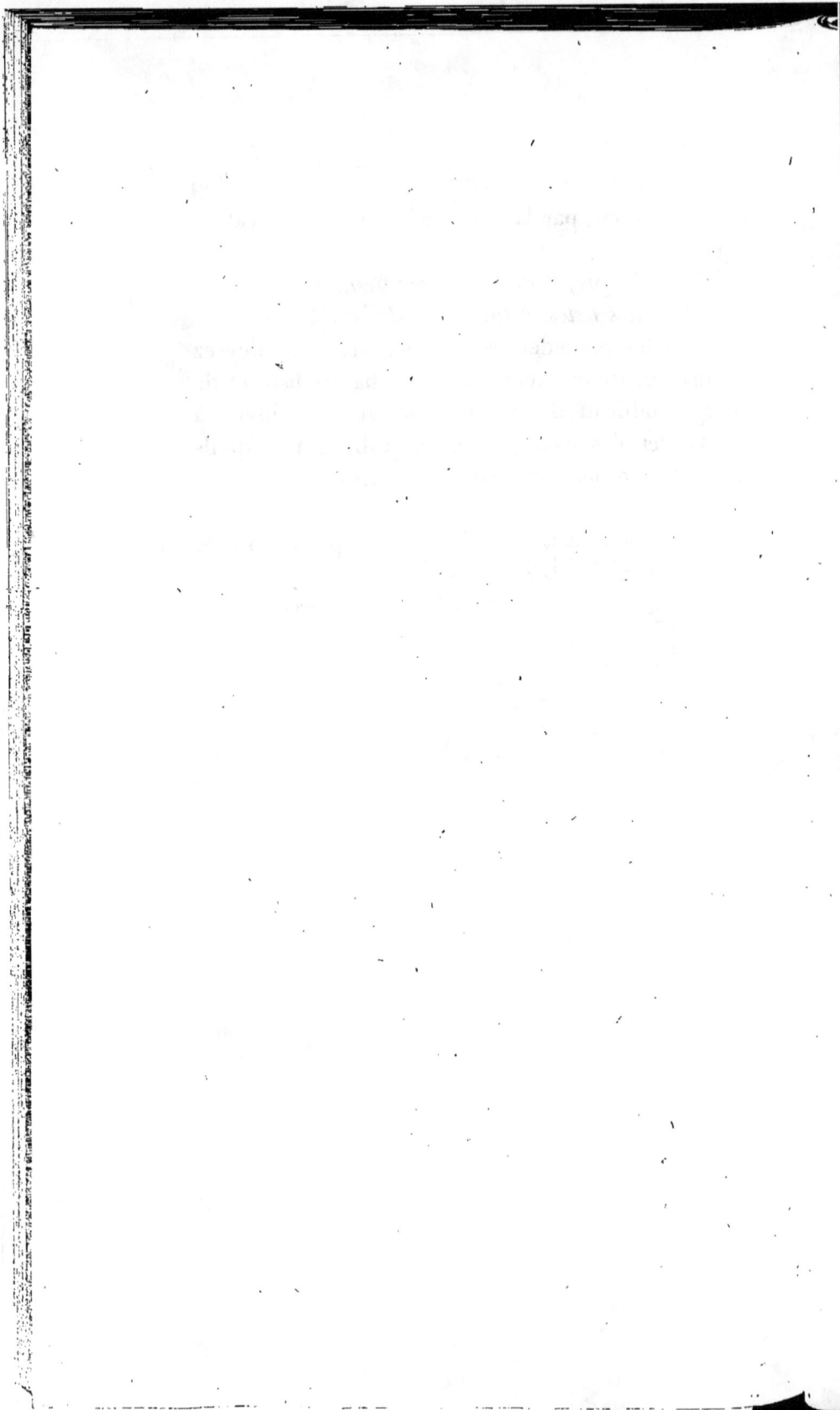

TABLE DES MATIÈRES.

Contribution personnelle et mobilière.

Contribution des portes et fenêtres.

Patentes.

SECTION III. *De la révision des listes électorales et du jury.*

§ I. *Des opérations préparatoires à la révision annuelle.*

§ II. *De la révision effectuée par le préfet.*

§ III. *Publication de la liste revisée.*

§ IV. *Formes relatives aux réclamations portées devant le préfet en conseil de préfecture.*

SECTION IV. *Des formes de la tenue des sessions électorales.*

24.

Observation relative au n° II de la section 1re (pag. 17).

Le département des Vosges ayant aujourd'hui moins de quatre cents électeurs, il y a huit départements où les électeurs ne forment qu'un seul collége; en sorte que des quatre cent trente membres de la Chambre des Députés, vingt-trois sont nommés par les colléges uniques, deux cent quarante-quatre par les colléges d'arrondissement, et cent soixante-trois par les colléges des plus imposés.